다채로운 모프의 향연 콘 스네이크

CORN SNAKES: The Comprehensive Owner's Guide

Original English Language Edition Copyright © 1992, 1995, 2005 by Fox Chapel Publishing Company, Inc. Fox Chapel Publishing Inc. All rights reserved.
Translation into Korean Copyright © 2022 by SIMILE BOOKS. All rights reserved.
Published under license agreement with Fox Chapel Publishing Company, Inc. through Shinwon Agency Co., Seoul.

이 책의 한국어판 저작권은 신원에이전시를 통해 Fox Chapel Publishing Inc.와 독점 계약한 씨밀레북스가 소유하고 있습니다. 저작권법에 의해 한국 내에서 보호를 받는 저작물이므로 무단전재와 무단복제를 금합니다.

다채로운 모프의 향연 콘 스네이크

2023년 01월 20일 초판 1쇄 찍음
2023년 01월 30일 초판 1쇄 펴냄

제작기획 | 씨밀레북스
책임편집 | 김애경
지은이 | 캐시 러브·빌 러브
옮긴이 | 이경아·이수현
펴낸이 | 김훈
펴낸곳 | 씨밀레북스
출판등록일 | 2008년 10월 16일
등록번호 | 제311-2008-000036호
주소 | 서울시 서대문구 충정로 53 골든타워빌딩 1318호
전화 | 02-3147-2220/2221 **팩스** | 02-2178-9407
이메일 | cimilebooks@naver.com
웹사이트 | www.similebooks.com

ISBN | 978-89-97242-15-3 13490

이 책은 저작권법에 따라 보호받는 저작물이며,
무단전재와 무단복제는 법으로 금지돼 있습니다.
※값은 뒤표지에 있습니다.

마니아를 위한 PET CARE 시리즈

19

다채로운 **모프**의 **향연**

콘스네이크

Corn snake

캐시 러브·빌 러브 지음 | 이경아·이수현 옮김 | 이태원 감수

씨밀레북스

prologue

'콘 수프(Corn soup)' : 미래의 **파충류 애호가**들을 위한 **과제**

2004년 개정판을 위한 조사를 진행하면서, 전 세계적으로 급증하는 콘 스네이크의 번식과 관련해 복잡한 상황의 해결은 물론 정보를 얻어내는 것조차 훨씬 힘들어졌다는 점이 분명하게 느껴졌다. 이는 취미로 파충류를 기르는 사람들이 크게 증가한 것이 주요한 원인이다. 이들 대부분은 유전에 대한 부분을 매우 어려워하며, 자신이 진행하는 교배의 '레시피'를 공식적으로 기록하려는 시도를 거의 혹은 전혀 하지 않는다. 딱히 나쁠 것은 없다고 넘기고 싶지만, 사실은 그렇지 않다.

새로이 유입된 수많은 취미애호가들은 콘 스네이크 사육 자체에 매력을 느낀다. 신중하게 실험을 하고 더 높은 수준에서 획기적인 방법을 시도해 보고 싶은 이들은 '콘 수프(Corn Soup)'를 이용해 프로젝트를 시작할 수밖에 없다는 것을 깨닫게 된다. 오늘날 반려뱀으로 기르는 대부분의 콘 스네이크는 적어도 몇 세대를 거슬러 올라가는 번식프로젝트에서 비롯된 것이다. 이 때문에 콘 스네이크의 족보는 누구도 추측하기 힘들 정도로 복잡하게 뒤엉켜 있다. 이런 상황에서 프로젝트는 불가피하게 서로의 영역을 침해할 수밖에 없으며, 비슷해 보이는 표현형은 각각의 개별적인 형질이 더는 구분되지 않을 때까지 합쳐질 것이다. 야생에서 포획한 콘 스네이크로 처음부터 시작하지 않는 한, 교배의 근거로 삼을 유전적 배경을 완벽하게 알고 있는 브리더는 거의 없다. 다음의 비유를 보면 좀 더 쉽게 이해할 수 있을 것이다.

최근에 돌아가신 할머니의 주방을 뒤지던 중 불현듯 어릴 적 할머니 댁에서 맛보던 향수 어린 음식에 대한 기억을 떠올리게 하는 냄새를 맡게 된다고 가정해 보자. 바로 그때 여러분은 예전에 할머니의 요리를 맛있게 하는 데 이용됐으나 지금은 텅 비다시피 한 양념병을 발견한다. 여러분은 집안 대대로 전해져 내려온 요리법으로 음식을 직접 만들어주시던 할머니를 떠올린다. 아쉽게도, 할머니는 그런 요리법을 본인의 머릿속에만 저장해뒀다. 여러분은 원하는 맛을 내기 위해 첨가제를 더 많이 만들고 싶겠지만, 할머니의 찬장 선반에 있는 수십 개의 양념병이 유일한 단서다. 할머니는 양념재료를 대부분 텃밭에서 길러 훤히 알고 계셨기에 양념통에 따로 라벨을 붙일 필요를 느끼지 못했다. 여러분은 어느 병에 무엇이 들었는지 알 수 없기 때문에 여러 가지 양념가루를 넣었다 뺐다 하면서 되는 대로 섞어볼 수밖에 없다. 할머니가 양념을 전부 사용했는지 아니면 일부만 사용했는지조차 알지 못한다. 양념병을 손에 들고 무작정 섞다 보면 할머니가 만든 마법의 조합을 정확히 재현하기까지 얼마나 걸릴까? 이런 곤경에서 벗어나는 방법은 할머니가 만들어둔 혼합양념을 마지막 상태에서 정교하게 분류해 현미경으로 입자를 식별하는 것이다. 더 좋은 방법은 샘플을 실험실에 보내 화학적으로 분석하거나 유전자검사를 해보는 것이다. 두 가지 방법 모두 특별한 장비와 비용이 많이 드는 기술을 필요로 한다.

과학기술은 합리적인 비용으로 DNA검사를 통해 콘 스네이크의 유전자형을 찾는 방법을 조만간 제공할 테지만, 인간의 다양한 의료적 욕구를 처리하는 것과 마찬가지로 이보다 긴급한 사안에 대한 방안이 완벽히 정비되기 전에는 기대하기 힘들다. 그때까지 우리를 비롯해 경각심을 가진 소수의 브리더는, 앞으로의 번식프로젝트에서 어느 정도 예측 가능성을 보장해줄 수 있을 것으로 보이는 내용을 성실하게 기록해나갈 것이다. 상황은 점점 안 좋아지고 있고, 순수한 열성형질을 온전히 보전하기 위해 격리된 군집에 근거한 혈통체계가 필요하다는 목소리가 커지고 있다. 앞으로 콘 스네이크의 유전적 이력을 추적하는 일과 관련해서는 전망이 매우 불투명하다. 점점 더 많은 요리사가 의도치 않은 퓨전 요리를 내놓게 될 것이다.

콘 스네이크의 개체 수는 반려뱀을 기르는 사람들의 선택에 따라 피라미드 형태를 유지할 것으로 보인다. 그들은 실제로 파충류학에는 관심이 없으며, 쉽게 분양되는 멋진 콘 스네이크를 많이 만들어내는 일 말고는 마음 쓸 필요가 없다고 느낀다. 최종적인 조합이 '크레용이란 크레용을 다 꺼내서 되는 대로 마구 문질러 진득진득할 정도로 진한 갈색 얼룩을 만들어냈을 때'와 같지 않을까 우리를 나타내는 이들도 있다. 그러나 아름다움에 대한 인류의 인식과 열망이 언제나 우세하므로 걱정할 필요는 없다. 정체불명의 모프는 자연히 외면당할 것이고, 고유의 아름다움을 지닌 콘 스네이크는 햇밴드 테스트를 통해 명성을 얻게 될 것이다.

캐시&빌 러브

|contents

Prologue 6

Chapter 1 콘 스네이크의 생물학적 특성
section 1 콘 스네이크의 정의와 기원, 유래 12
콘 스네이크의 정의 I 콘 스네이크의 유래 I 콘 스네이크의 학문적 분류 I 콘 스네이크의 사육현황과 전망

section 2 콘 스네이크의 생태 20
콘 스네이크의 서식지 I 콘 스네이크의 크기 I 콘 스네이크의 성장 I 콘 스네이크의 수명 I 콘 스네이크의 먹이활동 I 콘 스네이크의 성별 I 콘 스네이크의 번식

section 3 콘 스네이크의 행동과 습성 28
콘 스네이크의 성격과 기질 I 콘 스네이크의 지능 I 콘 스네이크의 가축화 I 콘 스네이크의 신체언어 I 콘 스네이크의 거식 I 콘 스네이크의 탈피

Chapter 2 콘 스네이크 사육의 기초
section 1 반려동물로서의 콘 스네이크 36
관리가 비교적 쉽다 I 성격이 온순하다 I 크기가 작다 I 핸들링이 수월하다 I 모프가 다양하다 I 수명이 비교적 긴 편이다

section 2 콘 스네이크의 선택기준 42
건강한 개체의 선택(경계심과 집중력 확인, 몸무게 확인, 근육 긴장도 확인, 대변상태 확인, 장애와 상처 확인, 호흡기감염 확인, 외부기생충 확인, 이력 확인, 기질 확인) I 크기의 선택(주버나일의 선택, 성체의 선택) I CB, WC 여부 확인 I 분양처 확인

section 2 콘 스네이크 사육 시 주의할 점 52
새로운 환경에 적응시키기 I 격리/검역 I 법적인 문제 I 콘 스네이크의 이동과 포장 I 콘 스네이크 길들이기와 핸들링

Chapter 3 콘 스네이크 사육장의 조성
section 1 사육장 조성에 필요한 용품 66
사육장(파충류 전용 사육장, 플라스틱 수납상자, 탈출에 대한 대비, 사육장 수용 마릿수) I 바닥재(신문지와 카펫, 우드 칩과 아스펜 베딩, 사이프러스 멀치) I 은신처 I 열원(히팅 패드, 히팅 테이프, 록 히터, 히팅 램프) I 조명(조명의 기능, 조사시간) I 살아 있는 식물

Chapter 4 콘 스네이크의 일반적인 관리
section 1 사육장 및 사육환경 관리 88
온도 관리 I 습도 관리 I 조명 관리 I 청소 관리 I 탈피를 위한 관리

section 2 먹이의 급여와 영양관리 100
콘 스네이크의 먹이(냉동설치류, 냉동소시지 사료)

ㅣ 콘 스네이크의 먹이습관 ㅣ 성장단계에 따른 먹이급여일정 ㅣ 먹이급여방법(살아 있는 먹이 vs 미리 죽여둔 먹이, 냄새로 자극하기, 먹이량 늘리기) ㅣ 해츨링의 먹이급여방법(냄새 이용하기, 약 올리기, 포스 피딩, 모든 방법이 실패할 경우) ㅣ 비타민/미네랄보충제의 공급

Chapter 5 콘 스네이크의 건강과 질병
section 1 질병의 징후와 예방 126

질병의 일반적인 징후(코나 입에서 분비물이 나오는 경우, 구토나 설사가 나타나는 경우, 물그릇에 너무 오랜 시간 동안 몸을 담그고 있는 경우) ㅣ 아픈 콘 스네이크의 관리 ㅣ 건강한 콘 스네이크의 특징(정상적으로 먹고 마신다, 들어 올릴 때 천천히 움직인다, 자연스럽게 혀를 날름거린다, 맑은 눈을 가지고 있다, 바위나 나뭇가지 위에 올라가 있다, 정기적으로 배설한다,

Chapter 6 콘 스네이크의 번식과 실제

section 1 콘 스네이크의 성별구분법 164
팝핑(popping)을 이용한 성별구분법 I 캔들링(candling)을 이용한 성별구분법 I 프로빙(probing)을 이용한 성별구분법

section 2 콘 스네이크 번식 전 준비 170
온도의 조작과 번식 I 동면을 위한 준비와 관리-겨울(광주기, 온도조절) I 동면 이후의 준비와 관리-봄(광주기, 먹이급여)

section 3 번식의 과정 178
번식시기 결정하기 I 교미(암컷의 선택, 암수의 합사, 구애행동, 교미, 추가 교미, 불임) I 임신과 산란(산란상자의 준비와 세팅, 산란, 산란 후 암컷의 관리, 암컷의 상태와 클러치의 크기, 좋은 알과 나쁜 알) I 알상자의 세팅(알상자의 준비, 부화배지의 선택과 세팅) I 인큐베이팅(인큐베이터의 설정) I 알의 관리(문제가 발생한 알의 관리, 건강한 알의 관리, 적절한 부화온도의 유지, 해충 관리) I 부화(부화, 쌍둥이와 이두증) I 부화 이후 유체의 관리(사육장, 바닥재, 해츨링의 분양) I 알의 재흡수 I 두 번째 클러치의 산란 I 대규모 번식에 대한 통계자료

Chapter 7 콘 스네이크의 다양한 모프

section 1 자연 발생 모프 214
자연의 모프(Normal) I 오키티 콘 스네이크(Okeetee corn snake) I 마이애미 페이즈(Miami phase)

section 2 유전과 색상돌연변이 222
유전에 대한 이해 I 아멜라니즘(amelanism; 멜라닌 결핍증) I 애너리스리즘(anerythrism; 빨간색 색소의 결핍) I 하이포멜라니즘(hypomelanism, 멜라닌 저하증) I 캐러멜(Caramel) I 라벤더(Lavender) I 파이발디즘(piebaldism), 칼리코(Calico), 관련 특성

section 3 패턴돌연변이 254
모틀리/스트라이프(Motley/Striped) I 밴디드(Banded) I 지그재그/지퍼(Zigzag/Zipper) I 플레인 벨리(Plain belly) I 패턴리스(Patternless)

section 4 모프의 믹싱과 매칭 266
스노우(Snow) I 버터(Butter) I 앰버(Amber) I 블러드 레드(Blood-red) I 크림슨(Crimson) I 고스트(Ghost) I 퓨터(Pewter) I 프로스티드(Frosted) I 패턴 형질의 결합(변이와 교잡, intergradation/hybridization)

Chapter 01

콘 스네이크의 생물학적 특성

콘 스네이크의 기원 및 유래 그리고 특성과
기본적인 생태에 대해 알아보고, 콘 스네이크
특유의 행동과 습성에 대해 살펴본다.

01 section

콘 스네이크의 정의와 기원, 유래

콘 스네이크(Corn snake, *Pantherophis guttatus*; 이전은 *Elaphe guttata*)는 조용하고 온순한 성격, 비교적 간단한 유지관리, 매우 다양하게 개량된 다채로운 모프 등 뱀 애호가들에게 선호되는 장점들을 모두 갖추고 있어 전 세계적으로 가장 널리 길러지고 있는 인기 반려뱀이다. 이번 섹션에서는 콘 스네이크가 어떤 동물인지 이해하는 데 도움이 되는 기본적인 사항들에 대해 알아본다.

콘 스네이크의 정의

콘 스네이크(Corn snake, *Pantherophis guttatus*, *Elaphe guttata*)는 파충강(Reptilia) 뱀목(Squamata) 뱀아목(Serpentes) 뱀과(Colubridae) 판테로피스속(*Pantherophis*; 옥수수뱀속) 구타투스종(*guttatus*; 옥수수뱀종)에 속하며, 미국 남동부와 중부 전역에서 발견되는 랫 스네이크(Rat snake)의 일종으로 작은 먹이를 몸으로 조여 제압하는(constrictor) 류의 뱀이다. 뱀과에는 킹스네이크(Kingsnake, *Lampropeltis spp.*), 밀크 스네이크(Milk snake, *Lampropeltis triangulum*), 불스네이크(Bullsnake, *Pituophis spp.*), 가터 스네

이크(Garter snake, *Thamnophis spp.*), 워터 스네이크(Water snake), 레이서 스네이크(Racer)도 포함된다. 엘라페속의 콘 스네이크 친척들로는 블랙 랫 스네이크(Black rat snake), 그레이 랫 스네이크(Gray rat snake), 옐로우 랫 스네이크(Yellow rat snake), 텍사스 랫 스네이크(Texas rat snake)(모두 *Elaphe obsoleta* 계통이다), 폭스 스네이크(Fox snake, *Elaphe vulpina*)와 같은 종들을 들 수 있다. 독이 있는 코퍼헤드(Copperhead; 갈색 내지 구리색의 무늬와 진흑색의 줄무늬가 있는 미국 독사)와 외형이 비슷하기 때문에 종종 독사로 오인돼 억울하게 죽임을 당하지만, 콘 스네이크는 기능적인 독이 없고 인간에 무해한 뱀이다. 코퍼헤드보다 색상이 더 밝고 체격이 날씬하며, 눈동자가 둥글고 열감지기관인 피트(pit)가 없다는 점으로 코퍼헤드와 구별할 수 있다.

2002년까지 두 개의 아종(*P. g. guttatus*와 *P. g. emoryi*)이 있는 것으로 간주됐다. 둘 중 그레이트 플레인스 랫 스네이크(Great Plains rat snake, *P. g. emoryi*)는 이후 독자적인 종(*P. emoryi*)으로 분리됐지만, 여전히 취미애호가들은 콘 스네이크의 아종으로 취급하기도 한다. 멕시칸 콘 스네이크(Mexican corn snake), 키 콘 스네이크(Key corn snake), 슬로빈스키 콘 스네이크(Slowinski's corn snake)가 일반적으로 볼 수 있는 대표적인 변이종이다.

멕시칸 콘 스네이크는 텍사스 서부와 남부의 멕시코에 인접해 발견된다. 은색의 머리를 가지고 있으며, 시간이 지남에 따라 갈색으로 변하는 뚜렷한 녹색의 외양을 띤다. 키 콘 스네이크는 로지 랫 스네이크(Rosy rat snake)라고도 불리며, 플로리다 키스의 여러 곳에서 발견된다. 검은색 색소의 침착이 부족하고 배면의 패턴이 흐트러져 있으며, 전반적으로 흐릿한 외양을 가지고 있다. 색상은 은색에서 주황색까지 다양하게 나타난다. 슬로빈스키 콘 스네이크는 키사치 콘 스네이크(Kisatchie corn snake)라고도 불리며, 루이지애나 서부와 텍

콘 스네이크는 농작물에 피해를 입히는 설치류의 천적이라는 이유(인간에게 유용)로 북미 지역에서는 오랫동안 용인돼왔다.

사스 동부의 소나무 숲에서 발견된다. 다양한 색상을 확인할 수 있으며, 대부분의 경우 일반적인 콘 스네이크에 비해 훨씬 더 조용한 기질을 가지고 있다.

콘 스네이크라는 영명은 먹잇감인 설치류를 찾아 북미 원주민의 옥수수창고에 자주 등장하는 습성 때문에 붙여진 것이다. 옥스포드 영어사전은 1675년까지 거슬러 올라가 이러한 어원을 인용하고 있는데, 다른 자료들을 살펴보면 뱀의

콘 스네이크라는 이름은 먹이인 설치류를 찾아 아메리카 원주민의 옥수수 저장창고에 나타나는 습성 때문에 붙었다.

배면 비늘에 나타나는 독특한 체크무늬가 다양한 색을 띠는 인디언옥수수(Indian corn; 보통 먹지는 않고 추수감사절 같은 때 장식용으로 쓰는 알갱이가 큰 옥수수) 알갱이와 비슷하기 때문에 명명됐다고 주장하고 있기도 하다. 농작물에 피해를 입히고 질병을 퍼뜨리는 야생설치류의 개체 수를 조절하기 때문에 인간에게 유익한 동물로 취급된다.

콘 스네이크의 유래

콘 스네이크는 중간 크기의 독이 없는 콘스트릭터로 미국 남부와 동중부의 들판부터 삼림지대에 이르는 서식지에서 볼 수 있으며, 땅거미가 질 무렵부터 초저녁 사이에 활발한 움직임을 보인다. 앞서도 언급했지만, 콘 스네이크라는 이름은 옥수수 저장창고 부근에 자주 모습을 드러내는 녀석들의 습성 때문에 붙여지게 됐는데, 흔히 그런 장소는 콘 스네이크의 주요 먹잇감인 설치류의 번식지가 된다.

실제로 콘 스네이크는 여기저기 흩어진 농장지역과 밀접한 관련이 있으며, 이런 곳은 보통 수풀이 무성하게 우거진 곳의 가장자리를 따라 인간에게 해를 주는 동물들이 번성하기 마련이다. 상업적인 목적으로 뱀을 채집하는 이들은 오늘날 광범위한 토지이용 관행 때문에 일부 농업지역에서는 콘 스네이크를 역사상 그 어느 때보다 흔히 볼 수 있게 됐다고 주장했다. 알록달록한 인디언옥수수를 연상시키는 체크무늬의 배면 역시 콘 스네이크(옥수수뱀)라는 이름을 얻게 된 배경으로 알려져 있다.

사진의 콘 스네이크는 흙길에서 마주쳤을 때 볼 수 있는 것처럼 납작하게 엎드려 있다. 공중에 있는 천적을 피하기 위해 물결 모양으로 몸의 윤곽을 숨기고 있다.

콘 스네이크는 레드 랫 스네이크(Red rat snake)라는 이름으로도 불리지만, 지정된 아종(*E. guttata guttata*)에 대해서만 이런 이름을 붙여야 한다고 보는 이들도 있다. 미국 동부에 서식하는 콘 스네이크 개체군은, 자연 발생한 서식지인 북동부 끝에 자리 잡은 뉴저지주 남중부의 파인 배런스(Pine Barrens)부터 서쪽으로는 테네시주 북서부에 있는 릴풋 호수(Reelfoot Lake) 부근, 남쪽으로는 루이지애나주 남부의 아차팔라야분지(Atchafalaya Basin)에 이르기까지 분포하고 있다.

콘 스네이크는 연안의 수많은 섬이 포함된 이들 지점을 연결한 경계선의 남동쪽 지역에서 살고 있다. 플로리다주 남부에서 반출된 외래식물에 숨어 있던 콘 스네이크가 카리브해의 그랜드캐이맨섬(Grand Cayman I.)과 뉴프로비던스섬(New Providence I.)에 있는 바하마 수도 나소(Nassau)에 들어와 자리 잡았을 가능성도 있다.

콘 스네이크의 학문적 분류

콘 스네이크는 이전에 엘라페속(*Elaphe*)에 속했지만, 유티거(Utiger) 등에 의해 엘라페속은 측계통군(側系統群, paraphyletic; 조상은 같지만 조상의 모든 자손 분류를 포함하지는 않는 생물의 분류를 일컫는 말)임이 밝혀져서 판테로피스속(*Pantherophis*)으로 재분류됐다. 추가적으로 진행한 계통발생학 연구에 따르면, 콘 스네이크 및 몇몇 관련 종의 경우 엘라페보다 판테로피스에 위치하는 것이 맞다고 확인됐다. 그러나 여전히 엘라페 구타타(*Elaphe guttata*)를 사용하고 있는 자료도 많다. 분자생물학 자료에 따르면, 콘 스네이크는 실제로 이전에 분류됐던 올드월드 랫 스네이크(Old World rat snake; 엘라페속이 속한)보다 킹스네이크(Kingsnake, *Lampropeltis*)와 더 밀접하게 관련돼 있는데, '정글 콘 스네이크(Jungle corn snake)'로 알려진 하이브리드를 생산하기 위해 캘리포니아 킹스네이크(California kingsnake, *Lampropeltis californiae*)와 교잡되기도 했다.

최근의 분류학에서는 다수의 학자가 콘 스네이크를 포함한 북아메리카의 모든 랫 스네이크를 판테로피스속으로 옮기는 것에 찬성했다. 이들 뱀은 엘라페(*Elaphe*)라는 속명을 유지하는 유럽과 아시아의 랫 스네이크보다는 킹스네이크(*Lampropeltis*)나 파인/고퍼 스네이크(*Pituophis*) 같은 북아메리카의 콜루브리드(colubrid; 뱀과에 속하는 뱀의 총칭. 전 세계에 분포하며 현존하는 뱀의 3분의 2를 차지한다)와 더 가까운 친척관계인 것으로 보인다. 앞으로 출간되는 책들은 새로운 학명(*Pantherophis guttatus*)으로 표기될 것이다. 본서에서는 새로운 학명에 이견이 있어서가 아니라 독자들의 습관과 익숙함을 고려해 필요에 따라 기존의 속명(*Elaphe*)도 함께 사용하고 있다.

콘 스네이크 콤플렉스(*E. guttata* complex; 서로 유사해서 구분이 어렵거나 아직 다른 종으로 구분하지 못한 종을 통틀어 콤플렉스라 한다)에 존재하는 공식적인 종과 아종의 수는 끊임없이 바뀐다. 오늘날 그레이트 플레인스 랫 스네이크/에모리 랫 스네이크(Great Plains rat snake or Emory's rat snake)를 별개의 종(*Pantherophis emoryi*)으로 보는 견해도 있지만, 여전히 콘 스네이크의 아종(*P. guttatus emoryi/E. guttata emoryi*)에 불과하다고 보는 견해도 있다. 에모리 랫 스네이크는 텍사스주, 오클라호마주, 캔자스주 대부분의 지역과 인근 주의 일부 지역을 포함한 미국 중남부와 멕시코 북동부에 서식한다. 1994년에 그런 아종(혹은 종)을 추가로 쪼개기 위해 현재 에모리 아종의 분포범위에서 남동쪽 끝에 서식하는 개체군에 대해 구타타 메아흘모룸(*E. guttata meahllmorum*)이라는 아종명을 붙였으나 널리 받아들여지지는 않았다.

동부 유타주와 서부 콜로라도주에서 발견되는 미국 서부의 고립된 콘 스네이크 종도 같은 이유로 구타타 인테르몬타나(*E. guttata intermontana*)라는 아종명으로 불린다. 황갈색과 회색이 뒤섞여 칙칙한 흙빛을 띠는 서부의 콘 스네이크 종은

해질녘에 조용한 시골길에서 천천히 차를 몰다 보면 저녁에 활발한 움직임을 보이는 콘 스네이크를 간혹 만날 수 있다.

제1장 콘 스네이크의 생물학적 특성 **17**

아직 동부의 아종만큼은 사람들에게 인기를 얻지 못한 것으로 알려졌다. 2002년 루이지애나주 중북부와 인접한 텍사스주, 아칸소주에서 발견된 콘 스네이크는 슬로윈스키 콘 스네이크(Slowinski's corn snake, E. slowinskii)로 표기됐다.

이 지역에서 나온 콘 스네이크 표본의 색이 다른 지역 표본의 색과 다르다는 점을 오랫동안 인식해온 수집가들은 키사치 콘 스네이크(Kisatchie corn snake)라는 이름을 붙였다. 새로운 종을 판단하

에모리 랫 스네이크(Emory's rat snake or Great Plains rat snake or, *Elaphe guttata emoryi*)는 동부에 서식하는 근연종에 비해 일반적으로 부드러운 색채를 띠고 있다.

는 결정적 요인은 DNA에 나타난 차이로, 이는 브리더와 사육자들에게는 별로 중요하지 않을 사항이다. 해당 지역에서 발견되는 녀석들은 다른 콘 스네이크와 쉽게 이종교배가 된다. 따라서 특별한 종으로서 가치가 있든 없든, 그렇게 교배된 개체들은 파충류사육문화에서 이른바 '콘 수프(corn soup)'[1] 콤플렉스로 불린다.

로지 랫 스네이크(Rosy rat snake, *E. guttata rosacea*)는 오래된 문헌에 등장하는 것을 확인할 수 있으며, 일반적으로 플로리다키스(Florida Keys) 하류에 서식하는 작고 색깔이 흐릿한 콘 스네이크 개체군을 가리킨다. 권위 있는 분류학자들은 최근의 문헌에서 로지 랫 스네이크를 이 지역에 한정된 종으로 구분해두고 있다. 이곳에 서식하는 뱀은 회색이나 담황색 바탕에 흐릿한 주황색 또는 갈색의 반점이 있는 녀석부터 미국 본토 콘 스네이크의 전형적 특징인 붉은빛이 도는 주황색을 바탕으로 붉은색에 가까운 반점을 가진 녀석에 이르기까지 다양한 모습을 띠고 있다.

현장경험이 풍부한 수집가들은 겉모습만 보고도 특정 뱀의 배타적 혈통까지 추측할 수 있지만, 이것이 확실한 방법은 절대 아니다. 이 책의 용도에 맞춰 우리는 앞에서 언급한 모든 종과 아종을 아울러 콘 스네이크라는 이름을 쓰기로 한다.

---

[1] 지구상에 생명을 발생시킨 유기물의 혼합용액을 원시 수프(primordial soup)라고 하는데, 여기서는 이종교배된 콘 스네이크를 원시 수프에 비유했다. - 역자 주

콘 스네이크의 사육현황과 전망

콘 스네이크는 매년 지구상의 다른 어떤 종류의 뱀보다 더 많은 개체가 인공번식되고 있기 때문에 오늘날 파충류시장에서 가장 쉽게 구할 수 있는 뱀이라고 볼 수 있다. 콘 스네이크의 종과 아종의 수는 끊임없이 변하고 있으며, 대부분의 분류는 DNA수준에서 결정된다.

콘 스네이크는 현재 가장 인기 있는 반려뱀으로 초보사육자와 전문가 모두에게 훌륭한 반려동물이 된다. 이처럼 콘 스네이크가 반려동물로서 각광을 받는 데는 여러 가지 이유가 있지만, 몇 가지 주요한 이유를 들자면 다음과 같다. 온순한 성격, 비교적 쉬운 관리, 선택할 수 있는 수백 가지의 아름다운 변이종 등의 장점 덕분에 세계적으로 가장 인기 있는 반려뱀이 됐으며, 이러한 추세는 바뀌지 않을 것이다.

파충류 사육의 매혹적인 세계에 입문하려는 초보사육자라면 콘 스네이크로 시작하면 좋을 것이다. 그러나 특정한 관리요구사항과 긴 수명으로 사육주의 오랜 헌신을 필요로 하기 때문에 책임을 가볍게 여겨서는 안 된다.

놀랍게도, 현재 최고의 반려뱀으로 전 세계에 널리 보급됐음에도 불구하고, 야생 콘 스네이크의 개체 수에 거의 영향을 미치지 않는다. 이는 지구를 지배하는 인류의 압박에 못 이겨 무수한 생명체가 쇠락해가는 상황에서 눈여겨봐야 할 대목이라고 할 수 있다.

1. 엘라페 에모리 인테르몬타누스(*Elaphe emoryi intermontanus*)는 콜로라도주 서부와 유타주 동부에서 고립된(분리된) 개체군으로 발견된다. **2.** 키사치 콘스네이크는 루이지애나주 서부와 텍사스주 동부의 소나무 숲에서 발견된다. 2002년에 공식적으로 엘라페 슬로윈스키(*Elaphe slowinskii*)로 명명됐다. **3.** 사진의 세 마리 콘 스네이크는 과거에 플로리다키스의 로지랫 스네이크로 알려졌던 콘 스네이크 종 사이에 나타나는 색깔변화의 범위를 보여준다.

제1장 콘 스네이크의 생물학적 특성

02 section

콘 스네이크의 생태

다른 모든 반려파충류와 마찬가지로, 콘 스네이크에게 적절한 사육환경을 제공하기 위해서는 자연서식지의 환경과 생태에 대해 파악해두는 것이 중요하다. 미국 남동부가 원산지인 콘 스네이크는 카리브해 전역과 유럽 일부 지역, 하와이를 비롯한 일부 주에 도입됐는데, 화물과 식물의 선적과정 및 반려동물 무역 시 함께 딸려가면서 유입이 이뤄졌다. 생태학적으로 포유류, 새, 개구리, 도마뱀을 포함해 먹이로 소비될 수 있는 토착동물에 영향을 미치는데, 토종 야생동물을 잡아먹거나 서식지 또는 먹이를 놓고 경쟁함으로써 이들의 개체 수 감소에 기여한다.

콘 스네이크의 서식지

야생의 콘 스네이크는 해발 약 1830m까지 서식하며, 풀이 무성한 들판, 숲의 개간지, 팔메토(palmetto; 미국 동남부산 작은 야자나무), 버려진 건물 및 농장 같은 장소를 선호한다. 일반적으로 생후 4개월이 될 때까지는 땅 위에 머무르지만, 나무와 절벽 등 높은 곳을 기어오르는 새끼도 종종 볼 수 있다. 뉴저지부터 플로리다키스까지 미

국 남동부에서 찾을 수 있으며, 추운 지역에서는 겨울 동안 휴면하고 해안가의 좀 더 온난한 기후에서는 추운 계절 동안 바위 틈과 통나무에 몸을 숨긴다. 인가의 처마 밑을 포함해 작고 폐쇄된 공간에서 은신하고, 따뜻한 날에 밖으로 나와 태양열을 흡수한다. 추운 날씨에는 활동성이 떨어지기 때문에 사냥빈도가 줄어든다. 흔히 '아메리칸 콘 스네이크(American corn snake)'라고 불리는 콘 스네이크는 호주 대부분의 지역에서 유해동물로 금지돼 있다. 빅토리아, 뉴사우스웨일즈, 퀸즐랜드에서는 근절캠페인이 활발히 이뤄지고 있으며, 이와 관련한 조언이 적극 권장된다.

콘 스네이크의 크기

오늘날 파충류시장에서 볼 수 있는 개체들은 각지에 흩어진 자연서식지에서 포획된 콘 스네이크의 후손이다. 일부 개체군은 플로리다반도와 플로리다키스의 하류에서 발견되는 녀석들처럼 성체의 크기가 76cm에 불과한 작은 개체로 이뤄지기도 한다. 대서양 중하부에서 발견되는 녀석들은 몸길이가 대개 150~180cm까지 자랄 정도로 제법 크다. 클러치의 크기와 부화한 새끼의 몸길이는 조상들이 서식한 곳의 지리적 환경과 유전적 요인의 영향을 받는다. 플로리다주 북동부에 서식하는 콘 스네이크는 한 클러치에 30개 이상의 작은 알을 낳는 경우가 많으며, 부화한 새끼 역시 몸길이가 23~25cm에 이를 정도로 작다.

참고로 오클라호마주에 서식하는 그레이트 플레인스 랫 스네이크는 8~12개 정도의 큰 알을 낳으며, 부화한 새끼는 33cm가 넘는다. 이와 같은 특징을 보이기 때문에 자신이 기르게 될 뱀의 조상을 알면(자연서식지를 알면) 사육할 품종을 선택하는 데 도움이 될 수 있다.

자연상태의 콘 스네이크는 오래된 통나무더미, 버려진 목재, 나무 틈새와 같은 은신처에서 낮 동안 은신하며 지낸다.

콘 스네이크의 성장

빠르게 성장하는 새끼 콘 스네이크는 먹이무게의 최대 3분의 1까지 체질량으로 바꿀 수 있

콘 스네이크 새끼는 매우 빠르게 성장하며, 생후 첫해에는 몸길이를 쉽게 두 배로 늘릴 수 있다.

으며, 생후 첫해에는 몸길이를 쉽게 두 배로 늘릴 수 있다. 실제로 사육주가 먹이급여에 평균 이상으로 공을 들일 경우, 녀석들의 몸길이는 9~10개월 만에 번식 가능한 최소크기인 약 76cm 정도까지 성장할 수도 있다. 그러나 대부분의 사육자들은 약 18~20개월 만에 성성숙에 도달하는 단계까지 키우며, 이 시기의 몸길이는 평균 91~107cm에 이른다. 야생의 콘 스네이크는 평범한 먹이부터 고도화된 영양식에 이르기까지의 식단을 통해 생후 2~3년이 되면 보통 암컷은 91~107cm, 수컷은 107~152cm까지 성장한다. 먹이가 풍부할 경우 생후 첫해에 최대 8회에 걸쳐 탈피가 이뤄질 수 있으며, 성체가 되고 나면 연중 2~4회로 탈피횟수가 줄어든다.

성숙해지면 성장속도 및 탈피횟수는 점진적으로 감소하지만, 살아 있는 동안 거의 알아차리지 못할 정도로 계속 성장하는 것으로 보인다. 대략 5년 정도 성장하고 나면 눈에 띌 정도로 자라는 일은 없다. 성체가 된 이후로 전체적인 몸무게 역시 계속해서 약간씩 증가하지만, 나이가 많은 일부 개체는 내내 마른 상태를 유지한다. 나이가 많은 콘 스네이크의 몸무게가 갑자기 줄어드는 것은 질병이 발생했다는 징후일 수 있으며, 이러한 징후가 보인다면 질병의 원인을 찾아 치료해야 한다.

갈라진 혀를 내밀고 있는 콘 스네이크 새끼

콘 스네이크의 수명

야생에서는 보통 10년에서 15년 정도 살지만, 사육환경에서는 23년 이상까지 살 수 있다. 사육 하에 있는 콘 스네이크의 최장 수명은 32년 3개월로 기록돼 있다. 동물원 전시용 콘 스네이크의 수명은 20년이 넘는 경우가 많다. 스트레스를 거의 받지 않고 평화롭게 살아가는 콘 스네이크는 이처럼 장수할 가능성이 크다. 이는 특히 물리적으로 부담스러운 클러치 생산횟수 등을 포함해 엄청난 수의 새끼를 생산하는 것을 목표로 한 번식그룹에 속하지 않는 개체에만 해당되는 얘기다.

이런 주장을 뒷받침할 만한 정확한 수치가 없더라도 우리 동료들이 얻은 경험을 통해 과도한 번식은 콘 스네이크의 노화를 촉진한다는 사실이 입증됐다. 우리는 개인적으로 번식능력이 여전히 뛰어난 13~14년 된 콘 스네이크를 몇 마리 보유하고 있다. 몇 년 전에 마크 하젤(Mark Hazel)은 생후 2년째부터 번식을 시작해 생후 16년이 된 지금까지도 한 클러치에 19개의 알을 낳을 정도로 여전히 번식을 잘 하고 왕성한 활동력을 보이는 암컷을 보유하고 있다고 밝힌 바 있다. 하지만 우리는 10~12년 된 콘 스네이크에서 일반적인 근육조직의 손실, 몸무게는 적당하지만 돌출해서 위로 솟은 등뼈, 만성적으로 벌어진 입, 흐릿한 눈, 뚜렷한 이유 없는 생식 장애 등의 노화증상을 보이는 경우도 본 적이 있다. 일반적인 조건 하에 있는 개체들의 수명은 확실히 앞에서 언급한 최고 수명을 뛰어넘었다. 앞으로 영양공급의 증진과 사육기술의 발전에 따라 콘 스네이크의 수명은 계속해서 늘어날 것이다.

콘 스네이크의 먹이활동

콘 스네이크는 완전한 육식성 동물로 야생에서 먹이가 될 만한 생물이라면 무엇이든 사냥해 통째로 삼킨다. 똬리를 틀어 온몸을 고리 모양으로 휘감아 조이면 살기 위해 발버둥 치던 먹잇감은 제압되고 마침내 호흡, 심장박동, 혈액순환이 멈추고 만다. 보통 포유류와 조류는 2분 이내에 숨이 끊어지며, 먹잇감이 변온동물인 경우는 이보다 약간 더 오래 걸리기도 한다. 콘 스네이크의 몸은 밀크 스네이크(Milk snake, *Lampropeltis triangulum*)나 킹스네이크(Kingsnake, *Lampropeltis spp.*)에 비해 '유연하지만', 큰 먹이를 삼키는 능력은 보아(Boa constrictor, *Boa constrictor*)나 파이손(Python, *Python spp.*), 심지어 근연종인 랫 스네이크(Rat snake; *E. obsoleta*)보다도 떨어진다.

어느 날 저녁 운 좋게도 나무에서 다 자란 쥐나 새를 찾아낸 콘 스네이크는, 그것이 집어삼키기 힘들 정도로 큰 먹잇감이라 해도 그냥 지나치기 어려울 것이다. 논리적으로 볼 때, 부피가 큰 먹잇감을 처리하려면 몸을 그에 맞추는 것이 현명한 전략이다. 하지만 콘 스네이크는 반육지생활을 하는 습성이 있기 때문에 새끼쥐나 새가 들어 있는 둥지를 우연히 발견하게 될 가능성도 있다. 앞으로 며칠 동안 철저한 체온조절을 통해 엄청난 양의 먹이를 효율적으로 소화할 수 있다는 사실을 알고 있는 콘 스네이크는 그런 상황에서 둥지의 새끼를 모두 집어삼킬 만반의 태세를 갖춘다.

콘 스네이크는 자기 몸집에 맞춰 다양한 먹이를 찾아다닌다. 주버나일 개체는 청개구리(Tree frog), 아놀(Anole)이나 하우스 게코(House gecko, *Hemidactylus spp.*) 같은 작은 도마뱀, 갓 태

크기에 따른 명칭

- **해츨링**(hatchling) : 유체. 갓 태어났거나 자그마한 새끼 개체를 의미한다.
- **주버나일**(juvenile) : 준성체, 아성체. 어느 정도 성장한, 성적으로 성숙하지 않은 청년기의 개체를 의미한다.
- **어덜트**(adult) : 성체. 성적으로 성숙하고 완전히 성장한 개체를 의미한다.

콘 스네이크는 강한 육식성 동물로 야생에서 먹이가 될 만한 생물이라면 무엇이든 사냥해 통째로 삼킨다.

어린 설치류 정도는 쉽게 먹어치운다. 파충류에 대해 잘 모르는 사람(파충류 숍에서 일한 지 얼마 안 되는 직원 등)이 귀뚜라미 및 곤충류를 먹이로 권하는 경우도 있다고 하는데, 귀뚜라미를 비롯한 곤충은 콘 스네이크의 먹이가 아니다. 몸길이가 90cm가 넘는 성체는 야생에서 완전히 털로 덮인 설치류나 새 등 온혈동물을 주먹이로 삼는다.

콘 스네이크는 일반적으로 저녁이나 밤에 먹잇감을 찾지만, 날씨가 좋으면 밤낮을 가리지 않고 먹이사냥에 나선다. 보통 자기 몸집에 비해 큰 먹잇감을 해치우고 소화가 진행되는 동안 짧게는 며칠에서 길게는 일주일 정도 은신처로 숨어 들어간다. 기온에 따라 다르겠지만 먹이를 먹고 나서 대개 2~4일 후에 배변을 하며, 그 정도 시간이 흐르면 다시 먹이에 관심을 보인다(늘 그런 것은 아니다). 배변을 마친 직후에 다시 먹이를 급여할 필요는 없는데, 자연에서는 이 과정에서 충분한 운동을 하면서 먹잇감을 찾느라 다음 한 주 정도는 그냥 흘려보낼 수도 있기 때문이다.

콘 스네이크의 성별

수컷은 암컷보다 더 길고 무겁게 성장한다. 가장 큰 개체는 몸길이가 183cm, 몸무게가 거의 1kg에 육박한다. 몸길이가 137cm가 넘는 대부분의 콘 스네이크는 실제로 수컷이며, 사육환경에 있는 콘 스네이크 중에 150cm가 넘는 녀석은 거의 찾아보기 힘들다. 이처럼 몸집이 작아지는 경향은 오늘날 콘 스네이크의 번식프로그램에 있어서 엄청난 수준의 근친교배에 따른 결과일 수도 있다. 아주 비좁은 사육장에서 한쪽이 다른 한쪽을 물리적으로 짓누르는 것에 대한 사소한 걱정만 없다면, 우리의 경험상 몸집이 작은 암컷과 몸집이 큰 수컷의 짝짓기, 혹은 반대로 몸집이 작은 수컷과 몸집이 큰 암컷의 짝짓기가 해결 불가능한 장애물이었던 적은 없다. 우선해서 고려해야 할 별다른 사항이 없을 경우, 진행 중인 번식프로젝트에 몸집이 큰 유전자를 주입하려면 될 수 있는 대로 몸집이 큰 암수를 교배하면 된다.

콘 스네이크의 번식

콘 스네이크의 경우 성체 여부를 판단하는 기준은 나이가 아니라 크기다. 번식에 성공한 가장 어린 암컷은 길이 68cm에 나이는 생후 8개월밖에 되지 않았다는 기록이 있다. 한배의 형제끼리 우연히 짝짓기가 이뤄졌고, 산란한 다섯 개의 알 중에 두 개만 부화가 됐다. 하지만 이 경우는 매우 극단적인 사례에 불과하다는 점을 기억해야 하며, 일반적인 번식방식은 아니므로 참고기록 정도로 생각하는 것이 좋겠다.

몸길이가 90cm 미만인 암컷의 번식은, 상당한 수준의 체중감소와 탈수증 때문에 이제 막 성체가 된 어린 콘 스네이크로서는 부담이 아닐 수 없다. 그래서인지 서너 개에 불과한 큼직한 알을 낳는 경향 말고도 에그 바인딩(egg-binding; 산란기 조류나 파충류 암컷의 알이 산도에 막혀 몸 밖으로 나오지 못하는 증상, 알막힘증)을 비롯한 생식문제에 취약한 경향 역시 평균 이상으로 높게 나타난다.

콘 스네이크의 경우 성체 여부를 판단하는 기준은 나이가 아니라 크기다.

03 section

콘 스네이크의
행동과 습성

다양한 색상과 패턴의 변이종이 무수하게 개량돼 있는 콘 스네이크는 일반적으로 크기가 작고 겁이 많은 성격을 지니고 있으며, 지구상에 존재하는 모든 뱀 중 가장 온순한 뱀으로 취급된다. 바로 이러한 점이 현재 콘 스네이크를 최고의 반려뱀으로 선호하게 만든 장점일 것이다. 이번 섹션에서는 콘 스네이크가 지닌 몇 가지 특성과 습성에 대해 간략하게 알아보도록 한다.

콘 스네이크의 성격과 기질
콘 스네이크는 모든 뱀 중에서 가장 조용하고 유순한 편에 속한다. 특정 상황에서 사육주를 문다거나 배변을 하거나 조이는 경향이 없으며, 간혹 핸들링되는 것을 즐기기도 한다. 콘 스네이크를 완전히 길들이고자 하는 애호가들의 시도에도 불구하고 특정 종, 특히 새끼는 때때로 야생의 본능을 나타낼 수도 있는데, 새끼의 경우 부드럽게 핸들링하면 대부분 안정되는 것을 볼 수 있다. 위협을 느끼면 도망치거나 꼬리를 흔들려고 하며(방울뱀에서 흔히 볼 수 있는 행동이지만, 콘 스네이크도 동일한 행동을 보

콘 스네이크는 모든 뱀 중에서 가장 조용하고 유순한 편에 속한다.

^{여준다}) 최후의 수단으로 결국 물 수도 있지만, 의도적으로 사육주를 무는 일은 전혀 없다. 그러나 비록 콘 스네이크가 친근하게 여겨진다고 해서 완전히 안심해서는 안 되며, 항상 예기치 못한 사고가 발생할 가능성을 염두에 둬야 한다. 타고난 사냥꾼으로서 콘 스네이크는 무언가를 공격할 수 있는 '능력'을 지니고 있다. 피부를 관통할 수 있는 날카로운 이빨을 가지고 있으며, 위협을 받거나 궁지에 몰리거나 자극을 받으면 이 이빨을 방어수단으로 사용할 수 있다. 뱀은 사육주가 자신에게 해를 끼치려는 의도가 없다 하더라도, 동요하거나 불안해하고 물고 싶은 유혹을 느낄 수 있다. 이는 모든 뱀에게 해당되며, 콘 스네이크도 예외는 아니다.

그렇다고 해서 겁을 먹을 필요는 없다. 콘 스네이크는 매우 작기 때문에 물게 되더라도 사람에게 실제적이거나 지속적인 피해를 입힐 수 없다. 성체든 새끼든, 물린 상처는 기껏해야 피 한 방울 나는 정도에 그친다. 물린 부위에 상처가 났을 경우에는 신속하게 소독하고, 감염되지 않도록 청결한 상태를 유지해야 한다. 뱀을 기르는 가정에서는 항생제연고를 항상 보유하고 있는 것이 좋으며, 콘 스네이크는 독을 전혀 생산하지 않기 때문에 해독제와 관련해서는 걱정할 필요가 없다.

콘 스네이크의 지능

본능은 뱀의 생존에 중요한 역할을 하지만, 콘 스네이크는 기억하고 학습하는 능력을 분명히 가지고 있다. 콘 스네이크는 야생에서 살아가든 사육환경에 있든 자신이 좋아하는 은신처로 정확히 되돌아가고 수원지를 찾는 능력이 뛰어나다. 또한, 콘 스네이크는 사육장에서 탈출경로를 처음 찾아냈을 때 걸린 시간보다 훨씬 짧은 시간 안에 탈출경로를 다시 찾아낸다고 알려져 있다. 녀석들은 이전에 꾸준히 랫을 급여했더라도 새끼 랫에게 물리는 것과 같은 부정적인 경험을 하게 되면 확실하게 학습하며, 이런 경험을 하고 나면 어떤 크기의 랫이라도 먹지 않으려 한다.

콘 스네이크의 행동/화학적 감각에 대한 연구를 살펴보면, 시각적 신호보다는 냄새 신호가 먹이감지에 중요한 역할을 한다는 것을 알 수 있다. 하지만 1999년 로체스터 대학 데이비드 홀즈먼(David Holzman) 박사의 연구에 따르면, 뱀의 인지능력(특히 공간학습과 관련해)은 실제로 새와 설치류의 인지능력과 맞먹는다고 한다. 홀즈먼은 뱀의 공간지각력을 조사하기 위해 생물학자들이 사용했던 전형적인 테스트 방법에 이의를 제기하며 실험장 구조 자체가 생물학적으로 설치류에게 유리하다고 주장했다.

홀즈먼은 동물을 테스트하는 데 사용되는 전형적인 실험장이 뱀의 타고난 생물학적 목표에 맞게 수정된다면 뱀이 자연환경에서 직면할 수 있는 문제들을 접할 수 있게 될 것이고, 이는 뱀의 지능에 대한 좀 더 정확한 시각을 제공할 것이라고 주장했다. 홀즈먼 박사의 연구는 24마리의 인공번식개체를 선별해 기어 나올 수 없을 정도로 높은 벽이 있고 넓은 욕조에 넣어서 진행됐다. 밑에는 8개의 구멍이 뚫려 있고, 구멍 하나는 대피소로 연결되도록 했다. 강렬한 빛이 실험장을 직접 비추도록 해서 밝고 개방된 공간에 대한 뱀의 자연스러운 거부감을 이용했다. 이는 뱀에게 생물학적으로 의미 있는 목표(아늑하고 어두운 은신처를 찾는 것)를 제공했다.

연구자들은 적절한 인센티브가 주어졌을 때 뱀이 주변 환경을 학습하고 탐색하는 예리한 능력을 보인다는 것을 발견했다. 또한, 뱀이 이전에 많은 파충류학자들이 가정했던 것보다 훨씬 더 시각에 의존한다는 것을 확인했다. 그러나 나이가 많은 뱀의 경우 시각에 의존하는 감각을 적용하는 능력이 상대적으로 뛰어나기 때문에 어린 뱀에 비해 나이가 많은 뱀이 구멍을 더 빨리 찾을 수 있다는 것을 발견했다.

콘 스네이크의 가축화

뱀의 인지능력(특히 공간학습과 관련해)은 실제로 새와 설치류의 인지능력과 맞먹는다는 연구결과도 있다.

뱀 애호가들은 눈앞에 있을 때나 손에 쥐었을 때 고분고분한 태도를 나타내는 것을 보고 뱀이 주인을 알아보고 신뢰한다는 말을 자주 한다. 이런 문제는 길들이기와 가축화라는 관련 주제로 이어진다. 오늘날 적어도 6세대를 거친 인공번식개체가 널리 유통되고 있는데, 1960년대 초에 나타난 오리지널 아멜라니즘(amelanism; albinism; 신체의 일부 또는 전체에 색소가 없는 현상으로 백색증이라고 한다)과 같은 일부 오래된 형질 때문에 이들 종이 본래 갖고 있던 야생의 본능이 무엇이든 이들로부터 번식됐다는 결론에 도달하게 된다.

그러나 우리는 야생의 본능이 사람을 대상으로 발현되지 않고 순화되도록 개선하려는 노력의 과정이 초기단계에 있다고 믿는다. 이와 관련해 단지 연속적으로 몇 차례 인공번식된 세대가 눈에 띄는 변화를 가져오기란 쉽지 않다. 몸집이 더 큰 포유류를 두려워한다거나 적으로부터 방어하는 것과 같은 원시적이면서도 유용한 생존 메커니즘을 제거하려면 더 많은 자식세대를 거쳐야 한다. 차분한 성향을 보이는 콘 스네이크를 얻기 위한 선택적 번식을 통해 진화의 속도를 높일 수는 있겠지만, 현재 설정한 목표에 도달하려면 우리가 생각하는 것보다 훨씬 더 오랜 시간이 필요할 수도 있다.

사람들은 때때로 동물을 의인화(擬人化 characterization; 사람이 아닌 것을 사람에 견주어 표현한 것)하는 경향이 있는데, 우리는 여기에 단순한 화학감각인지(chemosensory recognition)를 넘어서는 무언가가 존재할 가능성에 여전히 마음을 열어두고 있다. 또한, 콘 스네이크의 지능을 명백히 입증하는 추가적인 현상에 관한 소식을 전해 들었으면 하는 바람이 간절하다. 특히 그러한 현상에 특정한 유형의 실험방법이나 단순한 감정을 넘어서는 그 밖의 확실한 증거가 포함된다면 더욱 반가울 것이다.

콘 스네이크의 신체언어

콘 스네이크가 보여주는 신체언어(body language)는 매우 간단하지만, 반려동물로서의 콘 스네이크와 사육주 간에 최상의 관계를 형성하기 위해서는 이들이 보여주는 신호들의 의미를 잘 이해하고 있어야 한다. 신체언어를 파악할 때는 뱀의 기분을 존중해주는 것이 중요하며, 잘 관찰해서 짜증을 내거나 불편해 보인다면 그대로 두는 것이 좋다. 기본적으로 알아둬야 할 콘 스네이크의 신체언어는 다음과 같다.

첫째, 헛바닥을 날름거리는 행동이다. 이는 뱀이 공기 중의 '냄새'를 맡는 행동으로 먹잇감이나 사람이 근처에 있을 때 이를 감지하기 위한 것이다. 또한, 뱀이 깨어 있다는 것을 나타내기도 한다. 둘째, 움직임이 없고 혀를 날름거리지 않는다. 이 경우 뱀은 잠들어 있을 가능성이 크며, 콘 스네이크는 감을 수 있는 눈꺼풀이 없으므로 조심스럽게 접근해야 한다. 셋째, 머리를 뒤로 젖히고 목을 'S'자 모양으로 감는다. 이는 위협을 느끼고 필요한 경우 방어할 수 있도록 준비하고 있는 것이다. 먹잇감을 공격할 준비를 하고 있는 것일 수도 있다. 넷째, 히싱(hissing; 쉿 하는 소리를 내는 것) 행동이다. 이때는 뱀이 여러분에게 '저리 가라'고 말하고 있는 것이다.

다섯째, 꼬리를 흔드는 행동을 하거나 달그락거리는 소리를 낸다. 뱀이 위협을 느끼고 감지된 포식자에게 겁을 주기 위한 것이다. 여섯째, 핸들링 도중 머스킹(musking; 배설강에서 악취가 나는 분비물을 배설하는 행동)이나 배변을 한다. 뱀은 여러분을 포식자로 인식하고 배변이나 머스킹을 통해 도망치려는 것이다. 일곱째, 눈이 흐리거나 푸르게 변한다. 뱀이 탈피할 준비를 하고 있는 것이다. 이때는 앞이 잘 보이지 않기 때문에 방어행동이 강화될 수 있다는 점을 기억하도록 하자.

콘 스네이크의 거식

콘 스네이크를 기르면서 느낄 수 있는 매력 중 하나는, 식욕이 왕성하고 냉동설치류를 잘 받아먹는다는 점이다. 새끼는 간혹 도마뱀, 새, 개구리 냄새를 묻힌 설치류를 선호하기도 하지만, 파충류 숍에서 분양될 때쯤이면 대부분 일반 설치류를 쉽게 먹는다. 이처럼 먹이급여에 큰 어려움이 없는 편이지만, 다양한 이유로 거식하는 경우가 생길 수 있다. 예를 들면, 탈피주기에 접어들거나 계절적 휴면기(가을 또는 겨울 동안)

를 겪고 있을 때다. 번식상황(수컷의 경우 짝을 찾을 때, 암컷의 경우 임신했을 때)일 때 거식을 하기도 하며, 질병에 걸렸을 때나 사육주의 관리가 부적절할 때도 거식이 올 수 있다. 일반적으로 뱀이 한두 끼 정도 먹기를 거부하더라도 크게 걱정할 필요는 없다. 뱀이 계속해서 먹기를 거부해 죽음에 이르기까지는 매우 오랜 시간(수개월에서 수년)이 걸린다. 대부분은 일단 탈피를 마치거나 알을 낳은 후 혹은 거식의 원인을 해결하고 나면 곧 다시 먹기 시작할 것이다. 그러나 3~4주 이상 먹이를 먹지 않는다면 사육방법을 면밀하게 검토하고, 동물병원을 방문해 수의사의 조언을 듣는 것이 좋겠다. 호흡기질환 및 기생충과 같은 요인으로 인해 거식이 발생했을 가능성도 있으므로 이러한 문제를 즉시 해결해 회복할 수 있도록 조치를 취해야 한다.

콘 스네이크의 탈피

뱀은 성장하면서 주기적으로 허물을 벗어 탄력이 떨어지는 낡은 표피를 대신해 깨끗하고 탄력적인 새로운 표피로 갈아입는다. 뱀이 허물을 벗는 이 과정을 기술적으로 탈피(脫皮, ecdysis, shed, molt)라고 한다. 콘 스네이크는 표피손상에 대한 반응으로 더 빨리 그리고 더 자주 허물을 벗으면서 주어진 시간 동안 치유과정을 가속화시킨다. 건강한 콘 스네이크의 경우, 축축하고 얇은 흰 '스타킹'처럼 보이는 표피가 비늘조직은 손상되지 않은 채 완벽하게 하나로 떨어져 나간다. 벗겨진 표피는 녀석들이 허물벗기를 한 곳에 그대로 남아 몇 시간 내에 건조되는데, 햇빛과 비에 노출됐을 때 서너 달이면 완전히 분해되는 질감으로 변한다. 우리가 외관상 목격할 수 있는 탈피과정은 시작부터 마무리까지 약 7~10일 정도 걸린다.

어느 날 갑자기 뱀의 피부색이 평소보다 훨씬 칙칙해 보이는 것을 발견할 수 있을 것이다. 이런 증상이 나타나면 하루나 이틀 내로 뱀의 눈이 우윳빛이나 푸르스름한 빛깔로 흐려지는 것을 확인할 수 있다. 이 현상은 며칠 더 지속되다가 없어지는데, 실제로 탈피하기 전에 며칠 동안은 평소의 눈 색깔을 보인다. 이 기간에 뱀은 평상시보다 더욱 겁이 많아져서 은신하게 되고, 평소에는 차분하던 녀석도 일시적으로 예민해지거나 언제든 사육주의 손을 물 태세로 바뀐다. 녀석들의 식욕은 줄어들었다가 낡은 허물을 벗어버리자마자 맹렬하게 되살아난다.

Chapter 02

콘 스네이크 사육의 기초

콘 스네이크를 기르기 전 알아둬야 할 것, 건강한 개체 고르는 법 등에 대해 살펴보고, 분양받기 전 고려할 사항들에 대해 알아본다.

01 section

반려동물로서의 콘 스네이크

앞서도 언급했듯이, 콘 스네이크는 반려동물로서 갖춰야 할 여러 가지 장점들로 인해 초보사육자는 물론 전문가에게도 매우 이상적인 반려뱀으로 인기를 끌고 있는 종이다. 현재 800여 가지가 넘는 다양하고 화려한 모프는 애호가의 눈길을 사로잡는 가장 큰 매력이며, 계속해서 개량종이 증가하고 있는 추세다. 이번 섹션에서는 반려동물로서의 콘 스네이크가 지닌 매력에 대해 소개한다.

관리가 비교적 쉽다
콘 스네이크를 기르기 위한 사육장은 비교적 간단하게 세팅이 이뤄지며, 관리도 수월하기 때문에 초보자에게 이상적이라고 할 수 있다. 콘 스네이크는 활동성이 상당히 떨어지기 때문에 큰 사육장이 필요하지 않다. 온도편차를 제공하기 위한 최소크기인 113L짜리(30갤런)의 사육장, 숨을 수 있는 은신처와 나뭇가지, 케이지 퍼니처, 기본 조명이 필요하다. 일주일에 한두 번만 먹이를 급여하면 되며, 콘 스네이크가 선호하는 먹이(냉동 또는 살아 있는 쥐)는 파충류 숍에서 손쉽게 구할 수 있다.

콘 스네이크를 기르기 위한 사육장을 세팅하는 것은 비교적 간단해서 초보자에게 이상적이라고 할 수 있다.

성격이 온순하다

콘 스네이크는 사육주를 물거나 공격하는 일이 거의 없는 온순한 뱀이며, 독이 없다. 갑자기 덤비거나 하는 일이 없고, 오랜 시간 동안 이어지는 사람의 관심을 견딜 수 있다. 이는 뱀과 상호작용하고 핸들링하는 것을 즐기는 사육자 또는 이전에 뱀을 다뤄본 적이 없는 초보사육자에게 반려동물로 기르기 이상적인 장점이다.

물릴 염려없이 핸들링을 시도할 수 있는데, 최소한 매주 핸들링을 하면 금방 익숙해질 것이다. 물론 다른 뱀과 마찬가지로 화를 내거나 두려움으로 인해 공격할 수도 있는데, 물린 부위가 약간 아프겠지만 심각한 부상을 입히지는 않는다. 물렸을 경우에는 사육장으로 되돌려 보내고 진정시킬 시간을 주도록 한다. 또한, 콘 스네이크는 움직임이 느리기 때문에 실수로 떨어뜨릴 가능성도 작다.

크기가 작다

개체마다 약간씩 차이는 있지만, 콘 스네이크는 대부분의 경우 평균 60~120cm 정도로 자란다. 이처럼 작은 크기는 반려뱀을 기르고 관리하는 일을 훨씬 수월하게 만드는 장점이 된다. 그러나 편안하게 핸들링을 할 수 있을 정도로는 충분히 커진다(잘못 다루거나 짜부라지는 것에 대한 걱정이 필요 없을 정도). 크기가 작기 때문에 큰 사육장이 필요하지 않다는 장점도 있다. 75L짜리 크기의 사육장이면 은신처, 물그릇, 바닥재 등 필요한 용품을 배치하기에 충분한 공간이 제공된다. 주의할 점은 몸집이 작기 때문에 탈출에 능하므로 탈출방지를 위한 조치를 취해야 한다는 것이다.

핸들링이 수월하다

콘 스네이크는 기질이 유순하기 때문에 적절한 훈련을 통해 쉽게 핸들링을 할 수 있다. 그러나 다른 모든 뱀과 마찬가지로 핸들링에 대해 사육주와 신뢰를 쌓는 과정을 거쳐야 한다. 콘 스네이크를 처음 데려왔을 때는 핸들링에 익숙하지 않고 잡는 것에 불편함을 느낄 수 있다. 시간이 지남에 따라 서서히 익숙해질 것이며, 갓 부화한 어린 해츨링의 경우 특히 수월할 것이다. 새끼는 간혹 만지는 것을 좋아하지 않을 수도 있으므로 집에 데려온 후 며칠 동안은 새로운 환경에 적응하도록 시간을 주는 것부터 시작하면 핸들링을 시도했을 때 사육주를 공격하는 것을 방지할 수 있다.

적응시간을 준 후 한 번에 10분에서 15분 동안 핸들링을 시도하면 된다. 뱀이 위협을 느끼거나 겁에 질리지는 않는지 관찰하면서 천천히 진행해 보자. 처음에는 일주일에 한두 번, 특히 어린 새끼의 경우 짧은 시간 동안 핸들링을 함으로써 사육주와의 신뢰를 천천히 쌓을 수 있다. 일단 신뢰를 얻으면 매일 핸들링할 수 있을 정도로 익숙해진다.

모프가 다양하다

현재 파충류시장에서 구할 수 있는 콘 스네이크의 모프는 800여 가지가 넘는 것으로 추정된다. 콘 스네이크 전문브리더들이 새롭고 흥미로운 모

콘 스네이크는 기질이 유순하기 때문에 적절한 훈련을 통해 쉽게 핸들링을 할 수 있다.

제2장 콘 스네이크 사육의 기초

사육주가 선택할 수 있는 멋진 모프들이 다양하게 존재한다는 사실이 콘 스네이크의 인기가 가장 큰 이유라고 할 수 있다.

프를 지속적으로 개량함에 따라 이 수는 계속해서 증가하고 있는 추세다. 콘 스네이크의 전형적인 패턴은 작고 칙칙한 노란색 및 검은색 띠를 두른 다홍색의 큰 반점이나 밴드로 구성되지만, 브리더들의 꾸준한 노력으로 색상 및 패턴에 있어서 매우 다양하고 화려한 모프가 개량돼 나왔다. 일반적으로 색상 모프, 패턴 모프, 복합 모프(compound morph) 등 세 가지 유형의 모프 중에서 선택할 수 있다.

색상 모프는 선명한 빨간색과 금색에서 스노우 화이트에 이르기까지 다양하게 나타난다. 이러한 색상 모프 중 일부는 야생에서 자연적으로 발생하지만, 특정 색상 모프의 경우 모프 번식에 공을 들인 전문브리더를 통해 구할 수 있다. 패턴 모프는 다양한 색상을 띨 수 있지만, 종종 이 유형의 모프에서 발견되는 일반적인 패턴이 나타난다. 일부 패턴 모프의 변형된 형태는 모틀리(Motley), 디퓨전(Diffusion), 스트라이프(Stripe)가 포함될 수 있다. 복합 모프는 색상 모프와 패턴 모프가 혼합돼 있는 것으로 수천 가지의 변이형이 있다. 이처럼 사육주가 선택할 수 있는 멋진 모프들이 다양하게 존재한다는 사실이 콘 스네이크의 인기가 많은 가장 큰 이유다.

수명이 비교적 긴 편이다

콘 스네이크는 햄스터나 다른 작은 반려동물과 달리 6년에서 8년까지 살 수 있다. 30년 이상 살 수 있는 볼 파이손(Ball python, *Python regius*)과 같은 다른 인기 있는 반려파충류처럼 수명이 긴 것은 아니지만, 그렇다고 그리 짧은 것도 아니다. 적절한 관리를 받으며 최대 15년까지 사는 경우가 많으며, 일부는 완벽한 조건에서 최대 20년을 살기도 한다. 몇몇 경우에는 12년 이상 사는 것으로 알려져 있다. 따라서 몇 년 동안 함께할 반려뱀을 원하지만 볼 파이손처럼 오래 사는 좋은 부담스러워 내키지 않는 사육자라면, 콘 스네이크가 이상적이라고 할 수 있다.

콘 스네이크는 이처럼 많은 장점들을 가지고 있기 때문에 완벽한 반려동물처럼 들리겠지만, 모든 반려동물과 마찬가지로 단점도 있다는 점은 염두에 둬야 한다. 콘 스네이크를 포함한 뱀을 들이려 할 때 가장 큰 문제 중 하나는 먹이급여문제다. 냉동설치류를 구해 보관한 다음 해동하는 일은 번거롭게 느껴질 수도 있고, 매주 죽은 쥐를 다루는 것이 일부 사람들의 경우 불쾌한 과정일 수 있다. 또 다른 문제는 사육장이다. 콘 스네이크는 확실히 돌보기가 가장 쉬운 뱀 중 하나지만, 충족해야 하는 특정 서식지 요구사항이 있으며, 사육장은 정기적인 청소 및 유지관리가 필요하다. 또한, 탈출에 능숙하기 때문에 반드시 사육장에 꼭 맞는 뚜껑을 갖춰야 한다는 것도 주의해야 할 사항이다.

또한, 콘 스네이크는 기꺼이 핸들링을 허용하지만, 사육주에게 애정을 갖고 대하는 동물이 아니다. 개나 고양이에게서 얻을 수 있는 것과 같은 보상에 대한 기대없이 관심을 주고 보살펴야 한다. 이러한 점이 반려동물과 많은 상호작용을 할 시간이 없는 사람들에게는 매력적일 수 있지만, 콘 스네이크가 가장 좋은 친구가 될 것이라고 단정적으로 말할 수는 없겠다.

콘 스네이크는 반려동물로 기르기 좋은 여러 가지 장점들을 가지고 있지만, 사육주의 상황과 맞지 않는 부분도 있으므로 그런 점도 잘 고려해 선택하도록 하자.

02
section

콘 스네이크의
선택기준

지금까지 콘 스네이크라는 동물에 대해 기본적으로 알아야 할 내용들을 간략하게 살펴봤다. 이제 입양 시 주의해야 할 사항에 대해 알아보자. 콘 스네이크를 입양하기 위해 선택할 때 가장 중요한 것은 건강한 개체를 찾는 일이다. 건강하지 않은 개체를 들인 경우 시간과 비용이 낭비되고, 다른 개체에 질병을 옮기는 등 부정적인 영향을 미치게 된다. 콘 스네이크를 선택할 때 고려해야 할 사항들은 다음과 같다.

건강한 개체의 선택

콘 스네이크를 새로이 입양할 때 어떤 녀석을 선택해야 할까? 이는 콘 스네이크를 기르려는 궁극적인 목표가 무엇인지에 따라 달라질 것이다. 반려뱀으로 기를 개체가 필요한 것인지, 아니면 번식프로그램에 포함시킬 개체가 필요한 것인지 생각해야 한다. 그러나 어떤 목적으로 입양하든 가장 중요한 것은 건강한 개체를 선택하는 일이다. 겉모습만 보고서는 건강하고 문제가 없는 완벽한 녀석을 고르는 것이 힘들기 때문에 잠재적으로 문제가 될 만한 여러 가지 징후를 살펴보는 것이 좋다.

사진의 콘 스네이크는 너무 마른 상태다. 솟아오른 등줄기와 주름 잡힌 표피를 주의 깊게 살펴보기 바란다. 이처럼 허약한 개체는 선택하지 않도록 주의해야 한다.

■ **경계심과 집중력 확인** : 뱀은 보통 적에게 사로잡히거나 탐색 중일 때 주변의 새로운 자극을 살피느라 혀를 날름거리면서 신중하고 조심스러운 움직임을 보이게 마련이다. 탐색전을 펼치며 느릿느릿 기어가는 모습은 뱀이 사로잡혔을 때 보여주는 일반적인 행태다. 또 주변의 갑작스러운 움직임이나 바닥재 및 구조물의 흔들리는 진동에 놀라서 살짝 '튀어 오르기'도 하는 모습을 보여준다.

■ **몸무게 확인** : 건강한 콘 스네이크의 단면은, 표피가 처지거나 갈비뼈가 튀어나오거나 등뼈가 솟아오르지 않고 불룩하게 부푼 빵 덩어리를 연상시키는 모습을 띤다. 배면의 비늘은 상당히 납작한 편이라 측면과 직각을 이루는 것을 확인할 수 있다.

■ **근육 긴장도 확인** : 외형적으로 강하고 단단하다는 느낌이 들어야 하며, 손가락으로 몸을 만졌을 때 어느 정도 저항력이 느껴져야 한다. 배면과 꼬리 부분이 물컹거리는지 살펴보자. 행동이 굼뜨고 허약한 녀석이라면 선택을 피하는 것이 좋다.

■**대변상태 확인** : 대변은 누르스름한 반고체 형태거나 찐득찐득한 액체가 섞인 단단한 암갈색 덩어리여야 하며, 맑은 액체도 약간 섞여 있을 수 있다. 대변이 초록색이나 푸른색을 띤다든지, 어떤 형태로든 피가 섞여 나온다든지, 지나치게 젤리 같다든지, 매끈거리거나 물컹거린다든지, 대변 무게의 절반 이상을 액체가 차지한다면 이는 모두 문제가 있다는 신호이므로 선택을 피하는 것이 좋다.

■**장애와 상처 확인** : 이상한 혹이 있거나 몸이 뒤틀렸거나 움푹 들어간 자국이 있는 뱀은 중상을 입었거나 유전적인 문제가 있을 수 있으므로 선택을 피하는 것이 좋다. 이런 증상을 확인하는 가장 좋은 방법은, 두 손으로 뱀을 가볍게 부여잡고 몸 전체를 훑어가면서 이상한 부분이 없는지 느껴보는 것이다. 꼬리가 약간 구부러진 것 정도는 반려뱀으로서 기르기에 큰 문제가 되지는 않겠지만, 그런 증상을 보이는 녀석들은 번식용으로는 적합하지 않다는 점을 알아두자. 머지않아 탈피할 예정인 것이 아니라면 눈은 선명하게 보여야 하고, 양쪽 눈의 크기와 모양이 같아야 한다. 총배설강(혹은 항문)은 꽉 닫혀 있어야 하며, 보송보송하게 말라 있어야 한다.
벗겨지지 않은 허물 조각은 지나치게 건조한 사육장환경 같은 다른 문제의 징후일 수도 있지만, 아래에 있는 진피까지 포함되지 않는다면 비교적 문제가 되지 않으며 개선될 수 있다. 갈라진 표피와 비늘감염 또는 긁힌 상처를 치료하면서 겪는 어려움은 우리 몸에 비슷한 상처를 입었을 경우와 마찬가지로 판단하면 된다. 오래된 표피의 흉터는 콘 스네이크의 전반적인 건강이나 번식에는 영향을 주지 않으며, 다만 외적인 아름다움을 반감시킬 뿐이라는 점을 참고하자.

■**호흡기감염 확인** : 휘파람소리와 같은 소리가 나는지 혹은 꾸르륵하는 소리가 나는지 숨소리를 들어보고, 콧구멍이나 입에서 액체나 거품이 나오는지도 살펴본다. 목 부위가 붓는다거나 불룩해지는 증상은 호흡기감염이 발생했음을 보여주는 징후일 수 있으며, 그런 질환이 있는 경우는 선택하지 않는 것이 바람직하다. 입은 편안하게 다물고 있는 것이 좋고, 구내염의 전조증상일 수 있는 염증이나 상처로 인한 딱지 및 출혈도 없어야 건강한 뱀이므로 이 부분을 잘 살펴보도록 하자.

■**외부기생충 확인** : 뱀의 몸에 기생충이 붙어 있는지 살펴본다. 가장 심각한 것은 마이트(mite)다. 마이트는 대개 붉은색이나 검은색을 띠며, 후추 알갱이만큼 작다. 마이트는 뱀의 비늘 사이로 밀고 들어가기도 하고, 표피에서 느릿느릿 기어 다니기도 한다. 마이트는 숙주의 피를 빨아먹는 방식으로 해를 입히는데, 심각한 감염이 있거나 뱀의 크기가 너무 작은 경우 흡혈량이 상당할 수 있다. 특히 많은 파충류가 서식하는 곳에서 온 마이트는 질병을 옮길 수도 있다. 눈과 인접한 비늘 가장자리 아래와 턱밑을 살펴보고, 뱀이 양손을 미끄러지도록 한 뒤에 손바닥을 확인해 보자.

외부기생충의 또 다른 종류인 틱(tick; 참진드기)은 대개 몸길이가 2~6mm 미만이다. 마이트보다 더 크고 납작한 비늘 모양의 흡혈동물로, 구기를 이용해 숙주에 들러붙는다. 틱은 콘 스네이크에서는 거의 발견되지 않으며, 있다 해도(적은 수) 콘 스네이크 사육주에게는 그다지 큰 문제가 되지는 않으므로 걱정할 필요는 없다.

■**이력 확인** : 건강한 개체를 선별할 때 건강상태 말고도 고려해야 할 요소에는 뱀의 과거 이력도 포함된다. 분양처에 뱀의 이력에 대해 물어봄으로써 뱀이 먹이를 자발적으로 먹는지, 어떤 종류의 먹이를 좋아하는지 알아낼 수 있다. 갓 태어난 쥐인 핑키, 특히 해동된 핑키를 받아들이는 데 익숙한 뱀은 대부분의 상황에서 먹이를 능숙하게 받아먹는다. 분양처를 방문하면 여러분이 지켜보는 앞에서 새끼 콘 스네이크에게 먹이를 급여하도록 요청해 잘 받아먹는지 시험해 보는 것도 괜찮다.

만약 콘 스네이크를 데리고 곧바로 떠날 예정이라면, 실제로 먹이를 먹이지는 않고 그냥 녀석이 스스로 먹이를 먹으려 하는지만 확인하면 된다. 뱀이 먹이를 먹으려 하지 않는다 해도 그리 실망할 필요는 없다. 이와 같은 시험을 하는 동안 신경이 날카로워져 있거나 배가 고프지 않은 상태일 수도 있기 때문이다.

■**기질 확인** : 뱀의 개별적인 기질은 직접 핸들링을 해보면 파악할 수 있다. 주버나일 개체는 일반적으로 다 자란 성체보다 예민한 편이라는 점을 기억하자. 핸들링은 다가오는 사람의 손처럼 크고 위협적인 존재에 맞서 방어하는 행동을 보이는 것이 보통이다. 이런 식으로 공격성을 나타내는 것은 정상이며, 녀석들이 좀 더 성

뱀의 개별적인 기질은 직접 핸들링을 해보면 파악할 수 있다.

장하고 사육주 자신에게 위협적이지 않다는 사실을 믿게 되면서 공격성은 차츰 사라지게 된다. 특히 처음 붙잡혔을 때는 매우 예민하고 재빠른 녀석도 간혹 있지만, 성체가 되고 나면 대개 침착한 태도를 보인다. 대기 중의 냄새입자를 수집해 먹잇감이 주변에 있다는 것을 알아차리면 콘 스네이크는 흥분한 나머지 처음 눈에 띄는 대상을 움켜쥐려고 손을 덥석 물 수도 있다. 킹스네이크(Kingsnake, *Lampropeltis spp.*)처럼 자신들이 두려워하는 천적의 체취를 사육주의 손에서 느끼면 날뛰거나 적대적인 반응을 보이기도 한다. 이와 같은 행동을 나타내는 것을 미리 방지하려면 콘 스네이크를 만지기 전에 항상 손을 깨끗이 씻어 냄새를 제거해야 한다.

크기의 선택

입양 시 주버나일(혹은 해츨링) 개체를 선택하든 성체를 선택하든 각각 장단점이 있다. 주버나일 개체를 입양하면 일반적으로 좀 더 다양한 색상과 패턴을 선택할 수 있다는 장점이 있다. 또한, 뱀의 대략적인 나이도 알 수 있고, 분양처를 통해 부모

해츨링을 입양하는 경우 성장하면서 체색이 아름답게 변해가는 것을 눈으로 확인할 수 있다는 장점이 있다.

개체를 확인하는 등 과거 이력에 대해서도 살펴볼 기회를 얻을 수 있다. 이는 앞으로 콘 스네이크를 번식시킬 계획을 세울 때 상당히 유용한 정보가 될 것이다. 주버나일 혹은 성체를 선택할 경우의 장단점을 간략하게 소개하자면 다음과 같다.

■**주버나일의 선택** : 대부분의 콘 스네이크가 최고의 전성기를 누리는 처음 몇 년 동안, 어린 뱀이 성장하면서 체색이 아름답게 변해가는 것을 눈으로 확인하는 것은 물론 젊음의 활력을 느낄 수 있을 것이다. 어린 뱀은 다 자란 뱀보다 공간을 덜 차지하므로 플라스틱 상자나 기타 작은 사육장에서 사육을 시작해도 괜찮다. 이제는 야생에서 새끼 콘 스네이크를 구하기가 쉽지 않기 때문에 파충류시장에서 만나게 되는 어린 뱀은 대부분 인공번식된 개체일 가능성이 크다. 이는 사육환경에 쉽게 적응하고 야생채집개체에 비해 기생충에 감염돼 있을 가능성이 적다는 의미다.

하지만 주버나일 개체를 입양하는 것은 몇 가지 단점을 가지고 있다. 상대적으로 허약한 주버나일은 특히 어린아이들이 보이는 지나친 관심 및 핸들링으로 인해 스트레스를 받는다. 스트레스를 받은 주버나일은 먹이를 잘 먹으려 하지 않고, 먹이를 먹은 지 며칠 내에 다시 토해낼 수도 있다. 일부 개체의 경우 핑키(pinkie mouse; 갓 태어난 새끼 쥐로, 털이 없고 분홍색을 띤다)처럼 사육주가 손쉽게 제공할 수 있는 종류의 먹이를 완강히 거부하기도 한다. 정상적으로 먹이를 먹고 소화시킬 때는 성체가 먹는 양의 2~3배를 쉽게 먹어치울 수도 있다. 먹이를 격주로 급여하는 것이 꼭 필요한 것은 아니지만, 이런 식으로 먹이를 급여할 만큼 시간과 경제적 여유가 충분하다면 새끼를 빠르게 성장시킬 수 있을 것이다. 콘 스네이크는 보통 2년 혹은 2년 이내에 성숙해질 만큼 빨리 자란다. 성체로 키우는 데 시간이 오래 걸리지 않기 때문에 새끼로 출발해서 사육의 재미를 느껴보는 것도 괜찮을 것이다.

■**성체의 선택** : 나이가 많은 콘 스네이크는 몸집이 크고 근사하지만, 젊은 뱀에 비해 색상이 둔탁하고 어두운 경향이 있다. 건강해 보이는 성체의 경우도 여러 가지 이유로 분양하려고 내놓을 수 있는데, 중고차와 마찬가지로 생식장애 같은 치명적인 결함이 있을 수도 있음을 주의해야 한다. 몸길이가 150cm에 이르는 건장한 콘 스네이크는 당장 번식을 진행할 브리더에게는 더할 나위 없이 좋은 크기로 보이겠지만, 이 경우 적어도 분양자가 사육을 포기한 이유는 생각해봐야 한다.

일반적으로 기대할 수 있는 중요한 부분은 기질적으로 변화될 염려가 없다는 것이다. 콘 스네이크는 개체마다 각기 다른 성격을 보이지만, 경험에 비춰볼 때 크기와 나이를 막론하고 매우 온순한 편이다. 예외적으로 그렇지 않은 개체를 만나게 될 수도 있는데, 몸집이 크고 나이가 많은 개체는 아무리 인내심을 갖고 부드럽게 다룬다 해도 근본적인 기질이 바뀌지 않는다고 생각하는 것이 좋다.

CB, WC 여부 확인

야생채집개체를 구할 수 있고 혹은 인공번식개체를 구할 수도 있다. 야생 콘 스네이크의 경우도 대체로 온순하고 사육환경에 금세 적응하며, 훌륭한 반려동물이 될 수 있다. 반면에 식성이 까다로울 수도 있고 상처나 그 밖의 결함, 이상적이지 않은 색상, 드러나지 않은 질병이나 기생충을 가지고 있을 수도 있다. 야생채집개체의 경우 몸길이가 46~76cm에 이르는 개체가 사육환경에 가장 잘 적응한다. 이 정도

야생 콘 스네이크의 경우도 대체로 온순하고 사육환경에 금세 적응하며, 훌륭한 반려동물이 될 수 있다.

면 다소 허약한 새끼단계를 넘어섰고, 아직 나이가 많지 않아 스트레스가 많을 법한 사육환경에 나름 잘 적응할 것이다. 오늘날 파충류시장에서 구할 수 있는 인공번식개체가 매우 많아져서 굳이 자연에서 채집할 필요가 없게 됐지만, 야생의 콘 스네이크를 포획해서 사육하더라도 해가 되지는 않는다. 수많은 콘 스네이크가 가진 고유의 아름다움은 놀랍기 그지없으며, 애호가들의 눈길을 사로잡는다.

원서식지에서 콘 스네이크를 찾는 일은 흥미로우면서도 교육적 가치가 있다. 콘 스네이크를 찾기 쉬운 장소는 교외의 서식지와 농경지 주변 지역이다. 흔히 그런 곳에는 쥐 같은 설치류가 자신의 천적인 동물의 개체 수를 능가하는 새끼를 낳고 살아간다. 큰 고목의 엉성한 나무껍질 아래, 버려진 통나무더미, 속이 빈 나뭇가지, 쓰레기더미, 오래된 건물의 벽이나 지붕을 살펴보면 찾을 수 있다. 탁 트인 개활지의 쓰레기더미 역시 콘 스네이크를 찾아내기 좋은 장소일 수 있다. 후덥지근한 저녁에 인적이 드문 비포장도로를 천천히 운전하다 보면 온기를 머금은 도로를 가로질러가거나 도로 위에서 몸을 녹이는 콘 스네이크를 쉽게 만나게 된다.

인류문명이 고도로 발전함에 따라 사실상 야생동물이 자취를 감춘 몇몇 지역을 제외하면 콘 스네이크가 자연에서 멸종위기에 처했다고 보기는 어렵다. 하지만 콘 스네이크는 인간에 의해 집약적으로 이용되는 아주 작은 섬(플로리다키스제도 저지대)이나 서식지 주변(뉴저지주)과 같은 일부 지역에서는 보호를 받고 있기도 하다. 또한, 조지아주 전역에서도 보호를 받고 있는데, 그 이유는 아직 확실치 않다.

인공번식개체는 쉽게 찾아볼 수 있다. 오늘날 많은 도시에 파충류를 취급하는 희귀동물 숍이 있으며, 이들은 대부분 온라인 쇼핑몰도 같이 운영하는 것을 볼 수 있다. 분양처를 선정할 때는 콘 스네이크의 건강을 점검하기 위해 앞에서 열거한 몇 가지 사항을 분양자에게 직접 들어보고 결정하도록 한다. 분양자가 이 분야에서 얼마나 일했는지 알아보고, 최근에 콘 스네이크를 입양한 사육주의 고객만족도에 관해서도 물어보면 선택하는 데 많은 도움이 될 것이다.

분양처 확인

될 수 있으면 여러분이 사는 지역의 브리더가 운영하는 숍에서 직접 콘 스네이크를 확인하고 선택하는 것이 좋겠다. 콘 스네이크를 꼼꼼하게 살펴볼 수 있는 곳에서 부모개체 및 형제개체와 비교해보고 관련된 질문을 충분히 던져본 뒤에 직접 선택하는 것이 가장 좋은 방법이다. 콘 스네이크의 건강을 확인하는 것 말고도 성별을 직접 재확인할 수도 있다(이 부분에 대해서는 뒤에서 자세하게 다룰 예정이다).

파충류 박람회도 콘 스네이크를 얻는 좋은 기회가 될 수 있다(요즘은 우리나라에서도 파충류 박람회가 매년 정기적으로 열리고 있으며, 많은 파충류 애호가들의 성원을 받고 있다). 박람회에서는 아주 저렴한 분양가에 다양한 개체를 선택할 수 있다는 장점이 있다. 다만 일 년 내내 영업하는 직업적인 분양업자나 전문브리더가 아니라 박람회를 위해 멀리서 찾아온 개인브리더에게서 입양하는 경우는 박람회를 마친 뒤에 자문을 구하거나 문제발생 시 도움을 요청하기 힘들 수도 있다는 점을 기억하자. 개인브리더를 통해 뜻하지 않게 멋진 반려뱀을 구할 수도 있겠지만, 숨겨진 문제점을 뒤늦게야 발견하게 되는 경우 곤란한 상황이 발생한다. 분양자가 그런 문제로 골머리를 앓지 않기 위해 의도적으로 집에서 먼 곳까지 찾아와 떠넘기는 경우도 있을 수 있다.

콘 스네이크
사육 시 주의할 점

이것저것 살펴보고 마음에 드는 콘 스네이크를 입양했다면 이제 즐거운 마음으로 사육을 시작하는 일만 남았다. 콘 스네이크는 온순하고 관리가 수월한 뱀이기 때문에 사육주로서 알아둬야 할 기본적인 사항만 잘 숙지하면 건강하게 기를 수 있다.

새로운 환경에 적응시키기
어떤 방법을 이용해 이동하든 운송과정 자체는 동물에게 순탄치 않고 부담스러우면서도 다소 충격적인 경험이며, 새끼의 경우라면 특히 그 정도가 심할 것이다. 따라서 이동을 마치고 새로운 환경에 적응할 수 있도록 배려해줘야 한다. 입양하고 처음 몇 주 동안 가능한 방법을 모두 동원해 새로운 반려뱀이 스트레스를 덜 받고 새로운 집에 잘 자리 잡도록 만들어주는 것이 가장 중요하다. 우선 새로 들인 반려뱀이 숨을 은신처와 깨끗한 물이 담긴 그릇 같은 기본적인 용품을 갖춘 적절한 사육장이 준비돼 있어야 한다. 조용하며 비교적 스트레스가 덜한 환경을 제공하고, 격리를 목적으로 한다면 사육장에는 다른 뱀을 합사하지 않는 것이 가장 좋다.

분양받은 개체를 운송하는 과정은 동물에게 순탄치 않고 부담스러우면서도 다소 충격적인 경험이 된다.

초기 사육장의 바닥재로는 신문지가 적절한데, 검사용으로 채취할 뱀의 허물이나 배설물을 쉽게 찾아낼 수 있는 재료이기 때문이다. 뱀이 도착했을 때 자루나 용기 속에 베딩이 함께 딸려왔다면 은신처가 될 새로운 상자에 그것을 넣어 익숙한 냄새를 제공하는 것도 좋은 방법이다. 이제 막 도착한 새로운 반려뱀을 위해 사육주가 취할 수 있는 최고의 배려는 최소한 3일 동안 녀석이 혼자 있도록 내버려두는 것이다. 녀석들은 살아오던 환경이 완전히 바뀌어 극도로 예민해져 있는 상태다. 새로 들여온 콘 스네이크를 살펴보고, 만져보고, 먹이를 급여하고, 자랑하고 싶은 사육주에게 이는 무척이나 지키기 힘든 요구사항일 것이다. 모든 것을 뱀의 입장에서 생각해 보고, 제발 뱀을 손으로 만지고 싶은 유혹을 뿌리치기 바란다.

더욱 중요한 사항은, 최소한 4일 정도는 지난 후에 먹이를 급여(평상시 급여할 양보다 적은)해야 한다는 점이다. 처음에 제공한 소량의 먹이를 아무런 문제없이 완전히 소화하는 것을 확인한 뒤에 평상시와 같은 급여량을 제공하면 좋다. 대부분의 콘 스네이크는 이동용기에서 나오자마자 먹이를 곧바로 먹을 테지만, 이는 불필요하면서도 바람직하지 않은 절차다. 인내하고, 인내하고, 또 인내하자! 여러분이 입양한 새끼 콘 스네이크가 신뢰할 만한 분양처에서 구한 것이라면 스스로 먹이를 잘 먹게 될 것이다. 그렇게 기다리다가 새로 얻은 반려뱀을 시험해보기까지 시간이 오래 걸려 보증기간이 지나지나 않을까 하는 걱정에 사로잡힐 필요는 없다. 4일만 지나면 장기적으로 성공을 거두는 데 필요한 먹이급여일정을 진행할 수 있다.

격리/검역

새로 들인 뱀이 기존에 기르던 뱀들 사이에 질병과 기생충을 퍼뜨릴 가능성도 있다. 최선의 예방책은 새로 들인 뱀을 기존의 뱀들로부터 격리하는 것이다. 적어도 한 번의 탈피기 동안에는 완전히 다른 공간에 두는 것이 가장 이상적인 안전예방책이다. 두어 달을 넘지 않는 그 기간에도 새로 들인 뱀의 건강에 문제가 없는지 계속 살펴보는 것이 좋다. 어떤 브리더는 특히 크립토스포리디움(Cryptosporidium; 와포자충과의 원생동물 기생충의 속. 치료제가 없는 기생충이다) 검사와 관련해서 새로운 뱀을 격리해 철저히 살펴보는 데 최소한 6개월이 필요하다고 조언하기도 한다.

다른 뱀을 만지기 전에는 반드시 손을 깨끗이 씻어야 한다. 이때 될 수 있으면 액체 염소표백제와 물을 1대 9의 비율로 섞은 용액이나 살균력이 있는 비누를 사용하는 것이 안전하다. 또한, 기존의 건강한 개체들을 먼저 살피고 난 다음 격리개체를 살핌으로써 기존 개체에 질병이 퍼질 가능성을 최소화하도록 주의를 기울인다.

격리기간 중에는 기생충 문제를 의심할 만한 이유가 있거나 그렇지 않더라도 안전책을 세우는 차원에서 새로 들인 뱀의 대변샘플을 채취해 수의사에게 검사를 의뢰해보는 것도 좋다. 기생충은 개별적인 종 수준까지 밝힐 필요는 없다. 일반적인 유형(이를테면, 회충이나 촌충)만 파악해도 대개는 적절한 치료법을 찾을 수 있기 때문이다. 주로 고양이와 개를 전문적으로 다루는 수의사라도 기본적인 분변검사는 할 수 있어야 하지만, 모든 수의사가 파충류를 다룰 수 있거나 익숙한 것은 아니다(따라서 여러분이 거주하는 지역에서 파충류 치료가 가능한 수의사를 미리 수소문해 볼 필요가 있다).

사정이 여의치 않으면 다른 지역의 수의사에게 대변샘플을 우편으로 보내 분변검사를 의뢰해 볼 수도 있다. 하지만 실질적인 치료에 앞서 어떻게든 파충류 치료가 가능한 수의사에게 상담을 의뢰하는 것이 좋다. 파충류에 대한 치료경험이 없는 수의사는 포유류에 필요한 양의 약물을 투여하는 실수를 저지르기 쉬운데, 이는 파충류에게는 지나치게 높은 투여량이기 때문에 상당한 주의가 필요하다.

■주의 : 격리기간은 사정이 허락하는 한 반드시 준수하는 것이 바람직하며, 성급하게 그 기간을 단축해서는 안 된다. 특히 "내 콘 스네이크는 세계적으로 유명한 브리더인 '구스 구타타(Gus Guttata)'에게서 데려온 거야. 일반적인 예방책은 필요치 않아!"라는 식의 낡은 논리에 넘어가지 말자. '기존에 기르던 뱀 무리에 들여오는 새로운 개체를 격리하는 것'과 같은 간단한 절차에 경계를 늦추는 일이 없도록 하자.

법적인 문제[1]

새로운 콘 스네이크를 들이기 전에 여러분이 사는 지역(임대사무실의 경우 건물주의 확인도 필요하다)에서 적용되는 파충류의 입양 및 사육과 관련된 법률조항을 확인해 볼 필요가 있다. 오늘날에는 전문가라 해도 완전하게 파악하기 힘들 정도로 야생동물보호법 조항이 복잡하다. 야생동물보호법의 의도는 좋지만, 때때로 이러한 규정이나 금지조항은 파충류를 무서워하고 싫어한다든지 모든 사람이 자신과 같은 감정을 갖지 않는다는 사실을 이해하지 못하는 사람들에 의해 성급하게 고안된다.

아니면 야생동물을 구하기 위한 손쉬운 해결책은 자유방임에 가까운 법을 통해 '보호'하는 것이라고 생각한다. 이러한 법들은 보통 수십 마리의 야생동물을 보유하고 있거나 분양한다는 이유로 해마다 몇몇 개인에게 벌금을 물리는 데 그친다. 그 사이 불도저가 서식지를 계속 파헤치면서 수많은 야생동물이 영원히 사라질 위기에 처해 있다. 우리는 우리가 거주하고 있는 집이라는 사적인 공간에서조차 콘 스네이크를 비롯한 그 밖의 파충류와 교감할 자유에 직간접적으로 영향을 미칠 수 있는, 끊임없이 바뀌는 관련 법규에 대해 알아둬야 한다. 파충류와 관련된 법은 대개 다음과 같은 세 가지 측면에 주안점을 두고 있다.

---

1 법적인 문제와 관련해 본서에서 다루고 있는 내용은 미국의 경우를 든 것이다. 우리나라의 경우와는 차이점이 있고 다른 부분도 있는 내용이지만, 파충류 애호가들이 해외의 사례를 참고해도 좋겠다는 판단 하에 원서의 내용을 그대로 옮겨 싣는다. - 편집자 주

야생동물보호법의 의도는 좋지만, 때때로 이러한 규정이나 금지조항은 파충류를 무서워하고 싫어한다든지 모든 사람이 자신과 같은 감정을 갖지 않는다는 사실을 이해하지 못하는 사람들에 의해 성급하게 고안된다.

첫째, 멸종위기에 처한 종을 보호한다. 둘째, 자연발생지가 아닌 지역에서 번식해 침입종이 될 경우 탈출해서 문제를 일으킬 수 있는 종의 유입을 막는다. 셋째, 사람을 놀라게 하거나 해칠 수 있는 종이 특정 지역사회의 관할권 내에 들어오지 못하도록 막는다. 콘 스네이크는 현실적으로 볼 때 멸종위기종과 관련된 첫 번째 설명과는 맞지 않는다. 그럼에도 불구하고, 여전히 조지아주에서는 거의 모든 파충류 종에 대해 주 전역에서 보호하는 일반적인 야생동물보호법에 따라 콘 스네이크를 취급한다. 따라서 조지아주 내에서는 아무리 '비야생적인' 색상과 패턴의 모프를 보인다 해도 콘 스네이크를 거래하는 행위 자체가 불법으로 간주된다.

워싱턴주에서는 외래종에 대한 규제가 선전구호가 되다시피 했기 때문에 두 번째 항목은 최근까지만 해도 우려할 일은 아니었다. 어디서든 살아남는 강인함 덕분에 역사상 가장 인기 있는 반려뱀으로 주목받아 세계 각지로 운송된다는 이유를 들어 콘 스네이크가 장차 입법과정을 통해 두 번째 항목에 들어가더라도 그리 놀랄 일은 아니다. 오늘날 수많은 콘 스네이크 애호가에게 영향을 미칠 수 있는 항목은 세 번째다. 뱀에 대해 사람들이 느끼는 두려움이 예전과 비교해 많이 줄어들었다고

제2장 콘 스네이크 사육의 기초

는 해도 모든 사람의 마음이 바뀐 것은 아니다. 뱀은 젊은 세대에게는 반려동물로 받아들여지는 추세지만, 기성세대의 이해를 구하는 수준에는 아직 이르지 못했다. 그런데 관련법을 제정하는 사람들은 대부분 기성세대에 속해 있다. 관련법이 적용될 때 이를 위반하다 걸리게 되면 그 법이 이치에 맞든 아니든 가능한 한 피하는 것이 상책이다. 막대한 손실을 불러오는 혹독한 대가를 치를 수 있기 때문이다.

콘 스네이크 사육에 적용되는 법과 관련해 여러분이 사는 지역의 담당부서와 주 야생동물보호부서에 모두 문의해 보는 것이 좋다. 익명으로 전화를 걸어 여러분과 통화하는 상대의 이름과 직책을 묻고, 그들이 인용하는 법률조항의 참조번호를 요구할 때, 특히 소규모 지역 관청과 관련한 우리의 경험이 여러분에게 도움이 될 것이다. 더구나 사무적인 성향이 강한 공무원이 성의 있는 태도를 보이도록 유도하고 골치 아픈 문제를 해결하는 데도 도움이 될 것으로 보인다. 대개 도서관에는 동물에 관련된 지방법을 확인해 볼 수 있도록 참고자료집에 지자체조례전집이 갖춰져 있으며, 상당수의 도서관은 그런 정보를 온라인상에 게시해두고 있다.

파충류 애호가들을 위협하는 숨은 적(미국의 경우)

콘 스네이크를 비롯한 그 밖의 모든 파충류를 자유롭게 기르는 활동을 위협하는 두 가지 형태의 반대세력(휴메인소사이어티-USUS, Humane Society of the United States-와 페타-PETA, People for the Ethical Treatment of Animals)이 새롭게 등장했다. 긴밀한 연대를 보이는 이들 동물권익단체는 이제 파충류 사육과 거래에 눈을 돌려 모든 파충류를 반려동물로 기르는 행위를 완전히 금지하는 것을 궁극적인 목표로 삼는다. 이들 단체는 파충류는 반려동물로 전혀 적합하지 않다는 의견을 공개적으로 내놨다. 그들은 거의 모든 파충류가 케이지에 갇혀 고통을 받다가 짧은 생을 마감한다는 믿음을 갖고 있다. 그런 평가에는 사육환경에 있는 콘 스네이크까지 포함되지만, 전혀 모르는 상태에서 이뤄진 평가는 아니다.

이들이 펼치는 교묘한 전략은, 공감대를 불러오기 위해 제작된 영화를 통해 고립된 문제에 대한 대중의 관심을 집중시켜 그처럼 충격적 이미지가 현재 파충류 사육의 일반적 관행을 보여주는 것처럼 넌지시 암시한다. 지난 수십 년간 파충류사육계에 나타난 엄청난 진전(반려동물로 기르는 대부분의 파충류가 야생채집개체가 아니라 인공번식개체라는)을 인정한다면, 여러분의 돈을 뜯어내려는 저들의 주장은 힘을 얻지 못할 것이다. 저들은 사육상태에서 이뤄지는 파충류 번식은 외면한다. 모든 파충류 사육을 그만둬야 자연에 있는 야생동물을 구할 수 있다는 믿음을 대중에게 심어주기 위해서다. 현재 두 단체 모두 선의에서 비롯된 시민들의 막대한 기부금을 이용해 파충류 취미활동과 거래를 완전히 뿌리 뽑으려 한다. 이들 단체로 들어간 기부금은 지역 휴메인소사이어티(위에서 언급한 단체와는 완전히 다른 조직이다) 보호소에 수용된 가엾은 동물을 돕는 데는 한 푼도 쓰이지 않는다.

대부분의 브리더와 파충류 분양업자가 분양된 뱀을 포장할 때는, 이송 중의 충격이나 극심한 온도변화로부터 뱀을 보호하기 위해 튼튼한 판지상자 안에 두꺼운 스티로폼 상자를 채운 다음 뱀을 담은 용기를 넣는다.

콘 스네이크의 이동과 포장

이동을 위해 뱀을 포장할 때는 운송상자 안에서 미끄러지거나 튕기지 않도록 컵 또는 마대 주위에 구겨진 신문지를 채워 넣어야 한다. 스티로폼을 덧댄 무거운 판지상자(열대어시장에서 일반적으로 사용하는)는 손상을 줄 수 있는 심각한 외부온도의 변화로부터 일시적으로나마 적당하게 보호해주는 역할을 한다. 그렇지 않으면 예민한 파충류가 운송 도중에 지나치게 열을 받거나 한기를 느낄 수 있다. 화학반응을 일으키는 핫 팩이나 얼음 팩을 상자 안에 넣으면 좀 더 안정적인 온도를 유지하는 데 도움이 된다. 핫 팩을 사용하는 경우 내부에 있는 건조분말이 화학반응을 하는 가온과정에서 산소가 소모되기 때문에 적절한 환기에 신경을 써야 한다.

동물을 자주 운송해야 하는 개인브리더 및 사업가가 폭발적으로 증가함에 따라 운송물을 안전하고 올바르게 포장하는 방법에 대한 지식은, 이전에 이러한 문제에 경험이 없는 많은 사람들에게 중요해졌다. 모든 콘 스네이크는 업계에서 표준이 된 두 가지 유형의 용기 중 하나에 개별적으로 운송할 수 있다. 주버나일 개체는 스

항공편을 이용한 뱀의 이동(미국의 경우)

공항에서 진행되는 화물수송체계는 오랫동안 국가 간 파충류 수송을 담당한 믿을 만한 방법이다. 2001년 9월 11일 이후로 각국의 항공사는 대부분 선적 주체를 알 수 없는 화물운송은 하지 않고 있으며(미국 뉴욕의 세계무역센터 건물과 국방부 펜타곤에서 일어난 항공기 자살테러사건으로 강화된 항공기 운송규정에 따른 것으로 보인다), 사업규모에 맞춰 선적을 자주 할 계획이 없다면 신규 선적업체로 등록하는 일도 매우 어려워졌다. 이런 조치는 이따금 필요할 때만 화물수송에 맡기는 민간인으로서는 엄두도 못 낼 정도로 큰 장애물이다. 화물수송횟수가 많지 않은 이들은 지역의 파충류 분양업자를 찾아 그들에게 수수료를 지급하고 선적을 맡기는 것이 그나마 불편을 덜어내는 방법일 것이다.

몇몇 대형 택배사는 탈출이 불가할 만큼 전문가 수준으로 선적물을 포장할 수만 있다면 사람에게 해를 주지 않는 살아 있는 뱀의 배송을 합법적 절차에 따라 허용한다. 페덱스(FedEx), 유피에스(UPS; U.S. Postal Service), 디에이치엘(DHL) 같은 운송회사의 세부정책을 사전에 확인해보는 것이 좋다. 상자를 최대한 꼼꼼히 포장했다고 직원을 설득할 수 있다거나 '친구도 언제나 이런 식으로 해왔기 때문에' 여러분의 상자 역시 통과되리라 기대해서는 안 된다. 그런 결정을 내리는 사람은 접수담당자가 아니며, 의심스럽다는 생각이 들면 담당자는 일자리를 잃지 않기 위해 회사의 방침을 고수하면서 여러분의 선적물을 접수하려 들지 않을 수도 있다. 수많은 운송회사에 특별한 면제조항이 사례별로 허용되고 있지만, 대개 당국의 정책을 기반으로 한 운송회사의 방침은 파충류를 허용하도록 수정되지 않을 듯하다. 운송회사의 지점마다 다른 지점이 어떤 품목을 허용하는지 거의 알 길이 없으므로 여러분이 어쩌다 그런 서비스를 이용하려고 한다면 골칫거리가 될 것이다. 입증되지 않은 방법으로 포장된 뱀의 운송을 허용한 결과 운송 도중 뱀이 상자에서 나와 관련자들을 놀라게 하고 아수라장을 만들지나 않을까 우려하는 운송회사의 입장도 한편으로는 이해가 된다. 이 같은 이유로 유피에스(U.S. Postal Service; US포스탈서비스)는 살아 있는 뱀을 비롯한 그 밖의 파충류 운송을 여전히 허용하지 않고 있는 실정이다.

연방법에 따라 수송품목을 제대로 표기하려면 컨테이너 밖에 붙이는 라벨은 레이시법(Lacey Act; 1900년에 제정돼 1981년에 개정된 야생동물거래금지법)의 지침을 충실히 따라야 한다. 원래 이 법은 야생동물보호구역에서 불법적으로 포획돼 미국의 각 주를 넘나들며 운송되는 야생동물에 적용되는 것이지만, 운송품목의 원산지와 상관없이 미국 내에서 운송되는 모든 종류의 야생동물에 널리 적용되는 것으로 해석되고 있다. 규정에 따르면, 선적 컨테이너 밖에 붙이는 라벨에는 ① 알아보기 쉽게 쓴 운송회사와 수취인의 이름, ② 운송되는 동물의 수와 학명, ③ 독성 여부가 포함돼 있어야 한다. 주 사이에 운송되는 품목에 '6 엘라페 구타타(*Elaphe guttata*)-독 없음'으로 표기하면 레이시법을 완벽하게 따른 것이다. 뱀을 무서워해서 소포를 부적절하게 다룬다거나 뱀을 훔칠 수도 있는 사람들이 운송물을 처리할 때 안에 들어 있는 내용물이 무엇인지 명확히 알지 못하게 해주므로 우리는 이처럼 정확한 방식을 선호한다.

살아 있는 콘 스네이크의 국제적인 수출입은 이보다 훨씬 복잡해서 이 책의 범위를 벗어나는 내용이 된다. 워싱턴 D.C.에 있는 '미국어류및야생동물국(U.S. Fish & Wildlife Service)'에 문의하면 더 많은 정보를 얻을 수 있다. 또 웹사이트(www.fws.gov)를 방문해도 좋다. 여러분이 직접 콘 스네이크를 출하하지 않는다면 그 대안은 뱀의 포장과 출하를 대신해줄 입증된 야생동물중개인을 고용하는 것이다. 물론 도움에 대한 대가는 당연히 치러야 한다.

냅식 뚜껑과 측면에 여러 개의 공기 구멍이 있는 플라스틱 델리컵과 튜브에 잘 맞는다. 천 자루나 튼튼한 베갯잇은 길이가 약 46cm 이상인 개체에 가장 적합하다.

콘 스네이크 길들이기와 핸들링

콘 스네이크의 길들이기에 관한 내용이 꼭 필요한지 의문을 제기하는 독자도 있을 것이다. 콘 스네이크는 대다수의 다른 뱀보다 성격이 차분하고 온순

콘 스네이크는 온순한 동물이지만, 선천적으로 타고난 본능 역시 전혀 변하지 않은 채 그대로 남아 있다는 점을 잊지 말아야 한다.

한 편이며, 콘 스네이크가 반려뱀으로서 인기를 얻은 데는 이러한 기질도 한몫했다. 반려뱀은 어느 정도로 길들이면 될까? 본서의 초판본에서 이 부분에 대해 우리가 얻은 풍부한 경험을 요약했다. 그 후로 우리는 모든 사람이 두려움으로 인해 뱀에게 어쩔 수 없이 물리는 걸 아무렇지 않게 웃어넘길 수 있는 것은 아니라는 사실을 인정하게 됐다. 파충류 사육 붐은 취미활동 분야에서 완전히 새로운 바람을 일으켰다. 이들은 일반적으로 우리를 비롯한 다른 동시대인이 수십 년에 걸쳐 터득한 점진적인 학습곡선이 결여돼 있는 경향이 있다(우리가 흔히 뱀에 대해 직관적이라고 당연하게 여기는 것). 이런 주제를 추가한 것도 바로 이와 같은 애호가들을 위해서다.

콘 스네이크를 '길들이는' 방식에 진전이 있었음에도 불구하고, 취미로 파충류를 기르는 이들이 아직 우리가 목표한 바를 100% 달성했다고 자신할 수 없는 게 사실이다. 이는 실패에 대한 인정이라기보다는 여전히 진전을 거듭하고 있는 노력에 대한 현실적인 평가로 봐야 한다. 인간이 콘 스네이크를 사육한 지는 아직 반세기가 채 되지 않는다. 수천 년에 걸쳐 개, 고양이, 말, 닭, 금붕어를 길러온 엄청난 내공에 비하면 우리는 이제 시작인 셈이다. 이 점은 우리도 야생동물을 다루고 있다는 주장에 대해 파충류를 반대하는 사람들이 공격할 때 거의 고려되지 않는 사실이다.

당연하다고 여겨지는 온순함은 취미로 콘 스네이크를 기르기 시작한 사람들에게는 실책의 원인이 되기도 한다. 이들은 우리에게 친숙한 사랑앵무(Budgerigar,

제2장 콘 스네이크 사육의 기초　**61**

Melopsittacus undulatus), 사랑스러운 새끼고양이와 함께 희귀동물 숍에 전시된 새끼 알비노 콘 스네이크가 길들여져 있어야 한다고 생각한다. 결국 정의에 따르면, 사람들이 기르는 반려동물은 길들여져 있어야 하는 것이 된다. 오늘날 거의 모든 사람들이 반려동물을 기르고 있다고 해도 과언이 아니다. 그렇다면 이들 반려동물은 야생에 살던 자신의 조상 때부터 완벽하게 길들여져 왔다는 말인가?

놀라울 정도로 다채로운 색상과 패턴을 지닌 새끼 콘 스네이크는 선천적으로 타고난 본능 역시 전혀 변하지 않은 채 그대로 남아 있다. 콘 스네이크는 인간을 다만 자신을 간식거리로 만들 수 있는 거대한 포식자 가운데 하나로 여길 뿐이다. 이는 순전히 녀석이 알에서 깨어날 때부터 계획된 생존 메커니즘이다. 어린 콘 스네이크는 줄행랑을 친다거나 재빨리 꼬리를 흔들어 상대에게 겁을 줘서 쫓아내는 등 자신이 아는 유일한 방식으로 스스로를 지키려고 할 것이다. 방울뱀(Rattlesnake)이 완벽하게 갈고 닦은 '꼬리 흔들기' 기술은 콘 스네이크를 비롯한 그 밖의 많은 다른 뱀에서도 흔히 확인할 수 있으며, 이는 녀석들의 신경이 매우 날카로운 상태임을 나타내는 신호다. 작전에 실패하면 녀석들은 상대를 물려고 덤벼들 것이다.

새끼 콘 스네이크에게 물리더라도 기껏해야 샌드버(Sandbur, *Cenchrus spp.*; 북미 원산의 가시 돋친 열매가 생기는 까마중 무리, 돼지풀의 일종)로 찌른 수준으로 피 한 방울 정도만 나올 뿐 상처는 거의 남지 않는다. 다 자란 콘 스네이크라 해도 흰쥐나 성난 고양이가 물었을 때 날 수 있는 정도의 상처조차 입히지 못한다. 하지만 '콘 스네이크는 사람을 물지 않는 반려동물'이라는 광고를 액면 그대로 믿는 사람들에게 현실은 전혀 예상치 못한 깨달음을 갖게 해줄 것이다. 명백한 진실은, 다른 사람들에 비해 지나친 개성을 보이는 이들이 있다는 점이다. 이 점은 오래전부터 사람들과 함께 살아온 반려동물은 물론 심지어 사람을 포함한 모든 동물에도 그대로 적용되는 부분이다.

처음 새끼 콘 스네이크를 집어들 때는 담대하면서도 천천히, 한 치의 주저함도 없이 접근하는 것이 중요하다.

콘 스네이크를 처음 들였을 때 실시해야 하는 초기검진 말고도 새로운 반려뱀이 적응하기까지 며칠을 두고 지켜봐야 한다. 처음에는 핸들링하는 시간을 한 번에 몇 분 이내(10~15분 정도면 새로운 반려뱀이 적응하는 데 충분한 시간이며, 그 이상은 바람직하지 않다)로 제한하도록 한다. 여러분이 TV를 보는 동안 조용히 함께 있는 시간을 늘려가다 보면, 위협적이지 않은 방식으로 녀석이 여러분에게 익숙해지는 시간이 올 것이다. 어떤 사람들은 새로 들인 반려뱀의 케이지 안에 티셔츠 같은 헌 옷가지를 넣어 두기도 한다. 그들은 그렇게 해야 반려뱀이 자신들의 냄새에 하루빨리 익숙해지는 데 도움이 된다고 주장한다. 하지만 그런 방식이 효과가 있을지는 알 수 없을뿐더러, 오히려 옷가지 때문에 녀석이 아픈 것을 확인하지 못하게 될 수도 있다.

처음 새끼 콘 스네이크를 집어들 때는 담대하면서도 천천히, 한 치의 주저함도 없이 접근하는 것이 중요하다. 꼬리를 흔들거나 들이받고 무는 등의 '좋지 않은 행동'은 무시하는 것이 좋다. 그런 것은 그리 중요하지 않다. 만약 머뭇거리면서 녀석에게 손을 가까이 댔다가 도로 거두는 동작을 반복한다면, 겁에 질린 작은 뱀에게 두려움과 분노를 불러일으키는 결과를 초래하게 된다. 정말 불안하다면 임시로 가벼

모든 훈련시간은 언제나 긍정적인 분위기로 마무리해야 한다.

운 장갑을 낀 채 진행하면 된다. 처음 몇 분 동안은 콘 스네이크가 가장 부정적인 반응을 보일 가능성이 크다. 불안하게만 하지 않으면 녀석은 점차 새로운 환경에 적응해나갈 것이다. 해츨링 개체는 유난히 꼬물거리며 동작도 잽싸기 때문에 처음에는 케이지 바로 위까지만 들어 올리는 것이 바람직하다. 그 정도면 녀석이 여러분의 손에서 꼬물거리며 빠져나와 떨어져도 괜찮은 높이라고 할 수 있다.

이쯤에서 중요한 조언을 하나 하자면, 모든 훈련시간은 언제나 긍정적인 분위기로 마무리해야 한다는 것이다. 좋지 않은 행동을 할 때마다 콘 스네이크를 케이지에 도로 집어넣는다면, 여러분은 지금 녀석이 케이지로 돌아가고 싶을 때면 그런 행동을 하도록 가르치고 있는 셈이 된다. 뱀은 지능이 아주 높은 편은 아니지만, 반복적인 학습을 통해 이처럼 단순한 행동 정도는 충분히 익힐 수 있기 때문이다. 어린아이나 반려견의 버릇을 가르칠 경우를 떠올려보면 좀 더 이해하기 쉬울 것이다.

될 수 있으면 모든 것을 뱀의 관점에서 생각하려고 노력하는 자세가 중요하다. 우리 인간은 파충류보다 영리한 존재이므로 인내심을 갖고 끈질기게 매달리다 보면 언젠가는 본인이 목표한 바를 이룰 수 있게 될 것이다.

Chapter 03

콘 스네이크 사육장의 조성

콘 스네이크를 기르는 데 꼭 필요한 사육장과 바닥재 등에 대해 살펴보고, 사육장환경 조성에 필요한 기타 용품들에 대해 알아본다.

01 section

사육장 조성에 필요한 용품

모든 파충류와 마찬가지로, 콘 스네이크를 건강하게 기르기 위해서는 최대한 자연 서식지에 가까운 사육환경을 제공해야 한다. 이를 위해 사육장, 바닥재, 열원, 케이지 퍼니처 등의 기본용품을 구비해야 하며, 이러한 용품들은 모두 콘 스네이크가 집에 도착하기 전에 사전에 준비하는 것이 바람직하다. 이번 섹션에서는 콘 스네이크를 기르는 데 필요한 기본적인 용품에 대해 간략하게 알아본다.

사육장

콘 스네이크는 아주 작은 공간이라도 찾아내서 비집고 들어가는 데 선수다. 탈출이 가능한 환경이라면 녀석은 분명 탈출하고야 말 것이다! 탈출한 뱀이 외부로 나가 타인에게 불편을 끼치는 것은 결국 뱀의 소유권을 제한하는 법률 제정의 주된 원인이 된다. 이러한 이유로 반려뱀을 잃고 싶지 않은 마음에 덧붙여 녀석의 탈출을 사전에 막기 위해 최선을 다하는 것도 뱀 사육주의 의무라고 할 수 있다. 콘 스네이크를 위한 사육장을 구매할 때는 탈출방지용 제품을 선택하는 것이 좋겠다.

콘 스네이크는 아주 작은 공간이라도 찾아내서 비집고 들어가는 데 선수로 탈출이 가능한 환경이라면 결국 탈출한다.

■**파충류 전용 사육장** : 가장 쉽게 구할 수 있는 유형은 현재 많은 파충류 숍에서 판매되고 있는 제품으로, 천장부 혹은 천장과 옆면 상부를 그물망으로 처리하고 전면을 미닫이 혹은 여닫이로 만든 유리 재질의 전용 사육장이다. 유리섬유나 플라스틱으로 만든 제품도 상당히 좋다. 이들 대부분은 슬라이딩 핀 형태의 잠금장치를 갖추고 있다. 콘 스네이크 성체 한 마리를 기르는 데 필요한 사육장은 최소한 76×30×30(가로×깊이×높이 cm, 약 75L) 정도 되는 크기의 유리수조가 적당하다고 본다. 성체가 여유롭게 기어 다니고 운동할 수 있는 환경을 제공하려면 더 큰 사육장이 보다 적절하다.

해츨링 개체부터 몸길이가 대략 46cm에 이르는 콘 스네이크의 경우는 이보다 작아도 괜찮다. 좀 더 면밀한 모니터링을 위해 더 큰 규모의 사육장으로 옮기기 전에 커다란 플라스틱 테라리움(terrarium; 유리용기 안에 식물과 흙으로 꾸민 작은 생태계를 의미)이나 플라스틱 상자 혹은 약 20~40L짜리 유리수조에서 출발하는 것이 가장 좋다. 녀석들은 이런 사육장 속에서는 길을 잃지 않고 사육주의 눈에 잘 띠며, 건강이상이나 배설물청소 여부도 쉽게 확인할 수 있다.

주버나일 개체를 성체용 사육장에서 기르기로 했다면, 특히 유리로 된 미닫이문 주변의 구멍이나 틈새를 확인해 꼼꼼하게 막아줘야 한다. 애초에 그런 사육장은 한시도 가만있지 않고 움직이는 새끼가 아닌, 다 자란 성체용으로 설계됐기 때문이다. 이보다 큰 규모의 사육장을 손수 제작할 경우, 벽체로 이용되는 소재는 작은 구멍 없이 표면이 매끄러워야 청소와 소독이 쉽다. 단연 유리가 최고겠지만, 플렉시글라스(Plexiglas; 독일 및 미국 Rohm & Hans Co.의 폴리메타크릴산메틸 수지의 상품명)나 유리섬유, 알루미늄, 밀봉된 목재로도 만족스러운 결과물을 얻을 수 있을 것이다.

탈출경로를 찾기 위해 뱀이 비좁은 공간에 주둥이를 비집고 들어가지 못하도록 갈라진 틈새가 없어야 한다. 틈새에 주둥이가 다치거나 몸뚱이 일부가 틈새로 들어가 꼼짝 못하고 갇힐 수도 있다. 세균이 모여 증식할 수 있는 수분이나 분뇨가 흘러들지 못하도록 아주 작은 틈새라도 철저히 밀봉하는 것이 특히 중요하다. 사육장 내의 뱀이 유독가스를 들이마시지 않도록 실란트나 페인트는 완전히 굳혀야 한다.

사육장 상단부에서 환기가 제대로 되지 않는다면(사육장을 덮고 있는 뚜껑 때문에) 공기 순환이 충분히 이뤄지도록 사육장의 양쪽 측면에 각각 26㎠의 구멍이 최소한 두 개씩 있어야 한다. 미풍이 조금만 불어도 교차환기가 이뤄지도록 구멍 중 하나는 낮고 다른 하나는 높게 위치해야 한다. 구멍을 덮는 그물망은 망 간격이 3mm를 넘지 않아야 하며, 내부 표면은 그물망을 손가락으로 세게 문지르더라도 마모성이 느껴지지 않을 정도로 거칠지 않은 재질이어야 한다. 그물망이 거칠 경우 뱀이 탈출경로를 엿보다가 주둥이를 그대로 문질러 상처를 입을 수도 있기 때문이다.

최근에는 일체형으로 만든 다양한 크기의 플라스틱 사육장, 앞면이 유리로 된 파충류 전용 사육장이 인기를 끌며 널리 이용되고 있다. 전면에 탈부착이 가능한 유리 미닫이문이 장착돼 있기 때문에 사육주 입장에서 접근성이 뛰어나며, 환기장치와 채광창도 갖추고 있어 매우 유용하다. 또 사육장 내부가 매끄러워서 청소와 소독이 쉽다는 장점도 지니고 있다. 어떤 사육장은 옆에서 볼 때 정사각형 모양을 띠고 있으며, 비슷한 형태의 사육장을 포개어 쌓아올릴 수 있다.

■ **플라스틱 수납상자** : 해츨링 개체는 꼭 맞는 뚜껑이 달린 투명하거나 반투명한 플

26L들이 플라스틱 수납상자는 콘 스네이크 성체의 사육장으로 널리 이용된다. 이와 같은 플라스틱 수납상자는 공간을 효율적으로 활용할 수 있는 맞춤형 랙 시스템 선반에 사용할 수 있다.

라스틱 수납상자에 유지관리하는 것이 가장 쉽다. 이와 같은 수납상자는 대형마트의 가정용품매장에서 구할 수 있다. 상자 위쪽의 가장자리를 따라 네 면에 각각 지름 3mm 이하의 작은 구멍들을 뚫어줄 수 있다. 습도를 유지하려는 목적인지(건조한 사막기후에 거주하는 경우), 아니면 사육장 안의 공기를 밖으로 배출하려는 목적인지(플로리다주처럼 상대습도가 높은 곳에 거주하는 경우)에 따라 구멍의 개수는 달라진다.

플라스틱 수납상자는 특수 제작된 랙 시스템(rack system; 일정한 크기의 컨테이너나 팔레트를 여러 층의 선반에 올려서 보관하는 시스템)에 잘 들어맞는다. 여기서 위쪽의 선반은 그 밑에 있는 선반의 뚜껑 위로 4.6mm를 넘지 않게 놓여 있다. 위쪽의 선반을 이보다 더 낮게 하면 뱀이 탈출할 수 있을 정도로 상자 뚜껑이 열리는 상황을 막아준다. 선반과 선반 사이의 간격을 이보다 좁게 설계한 랙 시스템은 뚜껑이 없는 더 큰 수납상자를 이용한다. 즉 수납상자 위쪽의 선반 바닥이 바로 아래쪽 수납상자의 뚜껑 역할을 한다. 선반과 선반 사이의 간격이 좁을수록 불필요한 수직공간을 최소로 줄여 좁은 공간에 실질적으로 더 많은 수납상자가 들어갈 수 있게 해준다.

랙 시스템은 수납상자 안에 있는 뱀을 보여주기 위한 장치가 아니기 때문에 쉽게 들여다볼 수 있도록 하기 위해 수납상자를 밝게 비추는 것은 중요하지 않다. 녀석들은 어두침침한 곳에서 될 수 있는 한 방해를 받지 않아야 안정감을 느낄 것이다. 이렇게 높이 선반을 쌓아 올린 경제적인 랙 시스템은 뱀을 대규모로 번식하는 전문브리더에 의해 개발됐으며, 그 결과 진행 중이던 번식프로젝트에서 많은 수의 뱀을 유지할 수 있었다. 오늘날에는 전문성을 갖춘 멋진 사육장이 대량으로 생산, 판매되고 있다. 인터넷, 파충류 박람회 등을 통해 이처럼 전문성을 갖춘 사육장을 생산하는 제조업체를 찾아보는 것도 좋은 방법이다.

■ **탈출에 대한 대비** : 어떤 형태의 사육장을 이용하든 뱀의 탈출을 방지하기 위해서는 꼭 들어맞는 문, 무게감이 있는 뚜껑, 확실한 잠금장치가 필수적이다. 콘 스네이크는 민첩하게 기어오르거나 작은 틈새를 비집고 들어가는 실력으로 치면 거의 전설적이다. 몸집이 작은 녀석은 젖은 몸의 일부를 유리에 들러붙게 해서 기어오를 수도 있다. 탈출할 때마다 녀석들은 처음에 어떤 식으로 해냈는지 기억하는 것처럼 보인다. 여러분이 즉각적으로 대처하지 않으면 녀석들이 다음번에 탈출하는 데 걸리는 시간은 처음 탈출방법을 찾아냈을 때 걸린 시간의 10분의 1에 불과할 것이다.

콘 스네이크가 간혹 사육장을 탈출할 방법을 찾을 때 '자유를 향한 녀석들의 질주'는 결코 계산된 것이 아니며, 빠르지도 않다. 콘 스네이크가 사육장을 탈출한 즉시 방문 아래를 옷가지로 틀어막아 틈새를 밀봉하다시피 해야 한다. 특히 몸집이 작은 개체일수록 대개 위쪽을 탐색하는 경향이 있으므로 높은 선반 위나 안쪽, 창틀 주변, 블라인드나 커튼 봉, 벽에 걸린 그림 뒤쪽, 공중에 걸어놓은 식물 따위에 숨어 있는지 찾아보도록 한다. 날이 어두워진 직후에 손전등을 비춰 방 안을 살펴보고, 탈출한 뱀이 주변을 탐색하고 있을 저녁과 밤에도 몇 번이고 다시 확인하자. 철망으로 환기구를 덮어두면 뱀이 방 밖으로 탈출할 가능성이 줄어들 것이다.

창문이나 벽에 뚫린 구멍 주변에 탈출구가 없다면 콘 스네이크는 바닥으로 내려가 방 가장자리를 따라 기어 다니며 출입문이나 벽의 틈새를 찾아낼 것이다. 방문 주변 바닥에 이쑤시개를 갖다 놓으면, 녀석들이 어슬렁거리며 그곳을 지나가다 건드리는 경우를 확인할 수 있다. 밀가루나 소금 역시 뱀의 이동경로를 추적하는 데 효과적이다. 생쥐 사육장의 부스러기 한 움큼 또는 살아 있는 새끼쥐 몇 마리를 20L 들이 양동이에 넣은 다음, 이 양동이를 방구석에 있는 선반 옆 바닥에 두면 배고픈 뱀이 기어와 잡아먹도록 유인할 수 있다. 양동이에 판지를 여러 겹 끼워두는 식으로 은신처를 제공하면 뱀은 안심하고 숨어들어 그곳에서 먹이를 소화한다.

교묘하게 만든 뱀 트랩은 탁 트인 공간으로 자유롭게 나가지 않고 방 가장자리를 따라 기어 다니는 뱀의 습성을 고려한 장치다. 60~90cm의 플라스틱 PVC 파이프를 이용해 이와 같은 트랩을 만들 수 있다. 우선 두꺼운 종이 두 장을 15cm 길이의 원뿔 모양으로 돌돌 말아 끝에 2.5cm 너비의 구멍을 만들어둔다. 파이프 끝에 깔때기 구멍이 안쪽을 향하도록 원뿔 모양의 종이를 붙여둔다. 물고기를 잡는 깔때기 트랩과 같은 원리로 작동하는 이런 장치는 뱀이 벽을 따라 기어 다니다가 어두운 은신처로 들어가 헤매도록 유인한다. 녀석들은 일단 들어가고 나면 여간해서는 출구를 다시 찾지 못하고 그곳에 웅크리고 있다가 여러분의 눈에 띄고 말 것이다. 따라서 트랩을 설치했다면 날마다 트랩 안을 확인하는 것이 필수다.

어떤 사육자들은 작은 뱀을 옭아매기 위해 글루 트랩(glue trap; 설치류용으로 제작됨)이나 덕트 테이프(duct tape; 강력접착테이프, 끈적끈적한 면이 위로 올라가도록 사용)를 사용했다. 효과적이기는 하지만, 이러한 장치들은 뱀이 빠져나올 수 없을 정도로 강력하고, 때로는 탈출과정에서 피부가 손상되거나 턱이 비틀리게 된다는 단점이 있다. 집에서 기르는 개나 고양이도 주의 깊게 지켜봐야 한다. 녀석들의 민감한 후각과 청각 덕분에 사람보다 먼저 탈출한 반려뱀을 발견할 수도 있기 때문이다. 감독을 소홀히 하면 사육주가 구조하기도 전에 녀석들이 발견한 뱀을 갖고 '장난'을 치다가 상처를 입히거나 죽일 수도 있으므로 세심한 주의가 필요하다.

■**사육장 수용 마릿수** : 번식기간을 제외하고, 콘 스네이크를 단독으로 관리하는 것은 개체의 관찰을 위한 오래된 사육방법이다. 생후 처음 몇 달 동안은 이처럼 주의 깊은 관찰이 특히 중요하다. 단독으로 사육하면 각 개체의 성격적 특성을 확실히 파악할 수 있기 때문에 각각 필요에 따른 적절한 조치를 취할 수 있게 된다.

생후 처음 몇 달 동안은 주의 깊은 관찰이 필요하기 때문에 사육장 하나에 한 마리만 단독으로 기르는 것이 좋다.

사육장 내에 있는 개체들 가운데 누가 어떤 신호를 남겼는지 훤히 알고 있다면 탈피나 생명유지에 필요한 그 밖의 작용 역시 확실하게 파악할 수 있다. 여러 마리의 뱀을 임시로 한곳에 수용할 때 녀석들이 서로 '바짝 달라붙어' 있는 걸 좋아하는 듯하다고 해서 그들에게 동료애가 필요하다는 의미는 아니다. 그런 행동은 외로움을 이겨내려는 것이라기보다는 그저 자신들에게 제공된 최고의 은신처를 동료뱀과 공유하는 것에 불과하다. 몸을 숨길 수 있는 선택의 여지가 없을 때는 서로의 똬리에 뒤엉키는 것이 그나마 몸을 그대로 노출하는 것보다는 낫기 때문이다.

두 마리 이상이 같은 사육장에서 함께 지낸다면 한 가지 먹이를 두고 경쟁을 벌이지 않도록 먹이를 급여할 때 주의 깊게 살펴야 한다. 두 마리에게 동시에 먹이를 급여하는 경우 눈앞에 다양한 먹이가 있더라도 배가 고픈 상태의 두 녀석은 거의 예외 없이 똑같은 먹이를 잡으려 들 것이다. 두 녀석이 양쪽 끝에서 먹이를 향해 달려들 때 먼저 상대의 주둥이를 덥석 문 쪽이 제압해 집어삼킬 수도 있다. 사육 중인 콘 스네이크에서 카니발리즘(cannibalism; 동족을 잡아먹는 습성) 현상을 보이는 경우는 극히 드문데, 이런 상황에서 비롯돼 나타나는 것일 수도 있다.

짝짓기 직전에 찍은 두 마리의 아름다운 콘 스네이크

공격적인 동료와 벌이는 치열한 경쟁에서 밀려 먹이를 제대로 먹지 못하는 녀석은 겁에 질리거나 두려움에 떨 수도 있다. 이런 경우 깨끗한 빈 쓰레기통 등을 임시사육장으로 사용하면 먹이를 급여하는 동안 한 쌍의 콘 스네이크를 편리하게 떼어놓을 수 있을 것이다. 일반적으로 먹이를 먼저 움켜쥐는 뱀을 살며시 들어 올려 임시사육장에 넣는다. 그런 녀석일수록 모험심이 강하고 급식 중에 산만해지는 경향이 덜하기 때문이다. 그렇게 옮겨진 녀석은 흩어져 있는 사육장 바닥재를 잘못해서 삼켜버릴 위험에서 벗어나 느긋하게 먹이를 먹을 수 있다. 둘 중 한 녀석의 몸에 남아 있는 먹이냄새가 상대의 먹이반응을 유도할 수도 있으므로 녀석을 원래 있던 사육장으로 다시 데려올 때는 조심해야 한다. 이와 같은 방법으로 먹이를 급여한 뒤에는 적어도 30분 정도 기다렸다가 녀석을 사육장으로 다시 돌려보낸다.

같은 사육장에 두 마리의 콘 스네이크를 기를 예정이라면, 적어도 처음 3개월 동안은 둘을 격리해 관리해야 한다. 녀석들에게는 격리와 적응의 시간을 주는 것이고, 사육주에게는 이들을 관찰할 수 있는 시간을 갖게 하는 것이다. 도착하자마자 두 마리를 같은 사육장에 바로 집어넣으면, 스트레스를 주면 안 되는 시기에 스트레스의 강도를 높여버리는 꼴이 되고 만다. 그렇게 되면 사육장에 새로운 동료가 들어옴으로써 어느 정도 기질과 성향이 변할 수 있기 때문에 원래 이들이 갖고 있던 성격이나 습관을 개체별로 파악할 시간이 없어진다. 또한, 둘 중 한 녀석이 전염성 질병에 걸린 경우 사육장에 함께 있게 될 다른 녀석도 감염될 가능성이 크다.

성성숙에 도달하기 시작한 젊은 수컷과 암컷 한 쌍을 함께 두면 암컷이 감당할 만한 몸집이 되기도 전에 임신할 가능성이 거의 100%다. 해마다 봄이 되면 우리는 암수 한 쌍의 어린 콘 스네이크를 기르는 사람들에게서 '쿨링(cooling; 사육 하에서는 자연 상태의 동면과 유사한 조건을 인위적으로 만들어주게 되는데, 이 과정을 쿨링이라고 한다)을 하지 않아 번식이 안 될 거다'라는 걱정 어린 전화와 이메일을 받는다. 이런 사람들의 경우 예상치 못한 한 클러치의 알, 알막힘증 또는 기타 여러 가지 건강문제의 위험이 증가된 미숙한 암컷을 마주하게 될 것이다. 콘 스네이크를 자연에서처럼 혼자 생활하도록 관리하면 이와 같은 잠재적인 문제가 발생하는 것을 막을 수 있다.

바닥재

좋은 바닥재의 조건은 첫째, 배설물을 잘 흡수해 냄새가 멀리 퍼지지 않도록 해야 한다. 둘째, 뱀이 움직일 때 마찰력을 줄 수 있도록 사육장 바닥을 덮어야 한다. 셋째, 시각적으로도 매력이 있어야 한다. 뱀 사육장에 사용할 수 있는 바닥재는 다음과 같다.

■**신문지와 카펫** : 신문지는 미관상 별로 좋지 않은 재료지만, 비용이 저렴하고 더러워지면 쉽게 교체할 수 있다는 장점이 있다. 여러모로 효과적이기는 하지만, 뱀이 그 밑으로 들쑤시고 다니거나 배변을 할 때 접히기 쉽다는 단점도 있다. 실내용이나 실외용 카펫은 외관상 좀 더 나은 바닥재지만, 그 밑에 습기가 들어차 냄새가 나거나 세균이 증식할 수 있다. 뱀은 카펫 밑으로 숨어들어가 사육주의 눈에 띄지 않고 오랫동안 젖은 오물 속에 누워 있을 때가 많다. 따라서 오염된 카펫을 하루 안에 교체할 수 있도록 사육장에 맞춰 미리 카펫 조각을 잘라두는 것이 좋다. 카펫 조각은 세탁하고 소독한 뒤에 완전히 말리려면 시간이 오래 걸린다는 단점도 있다.

좋은 바닥재의 조건은 우선 배설물을 잘 흡수해 냄새가 멀리 퍼지지 않도록 해야 하고, 뱀이 움직일 때 마찰력을 줄 수 있도록 사육장 바닥을 덮어야 한다. 또한, 시각적으로도 매력이 있어야 한다.

■우드 칩과 아스펜 베딩 : 우드 칩과 아스펜 베딩은 오늘날 미국에서 많이 이용되는 재질의 바닥재다. 사용 시에는 2.5~5cm의 두께로 깔아줘야 한다. 일부 브리더는 사니칩(Sani-Chip)이라고 알려진 아주 작은 입자의 우드 칩을 선호한다. 아스펜 베딩(Aspen bedding)은 잘게 찢은 나무섬유로 먼지나 냄새가 거의 없고 바닥재의 역할을 톡톡히 수행해낸다. 흡수력이 좋아 배설물을 제거하기 쉽게 한데 모을 수 있다. 서로 뒤엉킨 아스펜의 구조적 성질 때문에 콘 스네이크가 탐색하면서 구멍이 뚫리고, 그 아래 형성된 '굴' 속에 은신처를 마련할 수도 있다. 이 바닥재는 겁이 매우 많아 사람 눈에 띄는 것을 경계하는 녀석에게 특히 도움이 된다.

■사이프러스 멀치 : 사이프러스 멀치(Cypress mulch; 미국 남부에서 정원을 가꿀 때 흔히 이용되는 편백나무 멀치) 역시 아스펜과 같은 성질이 있어서 바닥재로 효과적이다. 하지만 멀치 유형의 바닥재가 모두 파충류에게 좋은 것은 아니다. 삼나무, 소나무, 전나무, 호두나무처럼 송진(진액)이 나오는 나무 멀치는 피하는 것이 좋다. 이와 같은 나무

들은 유독성 냄새가 나거나 기름이 함유돼 있어서 주버나일 개체 또는 환기가 잘 안 되는 사육장에 사는 동물에 특히 위험하다. 이러한 나무의 껍질로 만든 베딩은 더더욱 피해야 한다. 논리적으로 따지면, 벌레를 쫓아내는 나무의 천연화학물질이 다른 어느 부위보다 외부에 노출된 나무껍질에 집중돼 있을 것이기 때문이다. 유독가스를 들이마시고, 나무껍질 입자가 떨어졌을 수도 있는 물을 마시고, 그런 물질과 밀접하게 접촉한 일부 파충류의 경우 해마다 문제가 발생했다.

은신처

콘 스네이크는 선천적으로 겁이 많은 편이라 사람 눈에 띄지 않는 나무 구멍이나 틈새, 동물의 굴, 쓰레기더미 밑, 오래된 건물의 벽과 지붕에 틀어박힌 채 많은 시간을 보낸다. 이는 여러분이 기르는 뱀의 사육장 안에 비슷한 은신처를 제공해야 녀석들이 심리적으로 안정을 찾을 수 있다는 의미이기도 하다. 뱀 한 마리가 몸 전체를 안으로 들여놓을 수 있으면서, 같은 크기의 뱀이 추가로 들어갈 만큼 크지는 않은 은신처가 이상적이다. 특히 주버나일 개체는 성장을 위해 사육주의 눈에 띄지 않고 몸을 숨길 수 있는 아늑한 장소를 확보할 필요가 있다.

새로 들인 새끼 콘 스네이크가 탈출경로를 찾느라 사육장을 철저히 탐색한 뒤 거의 모든 시간을 은신처에서 지내는 것은 자연스러운 일이므로 걱정하지 않아도 된다. 몸집이 어느 정도 자라면 녀석은 곧 자신감을 드러내며 눈에 띄는 곳에 더욱 빈번하게 모습을 드러낼 것이다.

콘 스네이크는 먹이를 소화하거나 허물을 벗거나 임신을 했거나 혹은 쉬는 동안에도 천적의 공격에 대해 안심할 수 있는 좁고 어두운 곳으로 비집고 들어가는 것을 좋아한다. 구겨진 신

식품용기를 은신처로 사용할 경우는 뱀이 먹이를 먹은 후 팽창한 몸의 가장 불룩한 부분보다는 약간 큰 출입구를 만들어둬야 한다.

뱀은 오랜 시간 동안 은신처에 숨어서 지내므로 반드시 은신처를 제공해야 심리적으로 안정을 찾을 수 있다.

문지 한 장으로도 충분할 수 있겠지만, 뱀이 움직일 때 미끄러지거나 뒤집히지 않을 정도로 단단히 자리를 잡을 수 있는 묵직한 은신처가 더 효과적이다. 적절한 은신처를 제공하면 녀석들은 상당한 시간을 편안하게 숨어서 보낼 것이다. 이런 점을 고려해주지 않는다면, 인간의 기준으로 볼 때 콘 스네이크는 다소 불편한 삶을 살아가게 되는 셈이다. 배가 고프다든지 짝을 찾는 특별한 경우를 제외하면, 녀석들이 은신처를 나와 주변을 어슬렁거리며 배회하는 일은 거의 없을 것이다.

흔히 볼 수 있는 식품용기도 훌륭한 은신처가 될 수 있다. 다만 이러한 물품을 은신처로 사용할 경우는 뱀이 먹이를 먹은 후 팽창한 몸의 가장 불룩한 부분보다는 약간 큰 출입구를 만들어둬야 한다. 마가린통, 판지상자, 속이 비었거나 오목한 나무조각, 혹은 이런 용도로 특별히 주문제작된 수많은 아이디어 제품 등이 모두 훌륭한 은신처가 될 수 있다. 플라스틱으로 제조된 제품은 종이나 나무로 된 제품보다 청소하기가 쉽다. 그에 비해 판지상자는 비용이 들지 않을 뿐더러 오염되면 사용 후에 버릴 수 있다. 돌을 쌓아 은신처를 만들 경우 잘못해서 돌더미가 무너져 뱀을 꼼짝 못하게 가두거나 깔아뭉개지 않도록 단단히 쌓아올려야 한다.

벽이나 천장에 추가로 은신처가 될 만한 상자를 매달아두면 사육장 바닥의 배설물을 치우기가 수월해진다. 높은 곳에서 은신처를 찾는 경향이 강한 콘 스네이크로서는 지면보다 위쪽에 있는 은신처를 이용하는 것이 당연하다. 텅 빈 통나무를 길게 반으로 자른 것과 같이 가늘고 긴 은신처는 히팅 램프 아래, 히팅 테이프 또는 히팅 패드 위로 사육장을 가로질러 배치함으로써 온도범위를 확장할 수 있다.

이렇게 해주면 뱀이 먹이를 섭취한 뒤에 배가 불룩해진 상태로 노출된 공간에서 일광욕을 할 필요 없이 원하는 소화온도를 선택할 수 있기 때문에 스트레스를 피할 수 있다. 사육장 내에서 온도가 다른 구역의 양쪽 끝에 두 개의 은신처를 각각 설치해두면 뱀이 선호하는 은신처의 형태나 온도범위 사이에서 선택을 강요받지 않고도 이러한 이점을 얻을 수 있다.

열원

콘 스네이크는 사람이 편안함을 느끼는 온도와 비슷한 온도대에서 잘 살아간다. 이는 대략 21~31℃에 해당한다. 하지만 체온을 스스로 조절할 수 있는 우리 인간과는 달리 **변온동물**(變溫動物, poikilotherm; 체온을 조절하는 능력이 없어서 외부온도에 따라 체온이 변하는 동물)인 뱀은 체온이 일정하게 유지될 경우 신체기능이 버텨낼 수 없다. 뱀은 소화, 배아 발달, 기생충이나 감염에 대한 억제, 정자형성 등과 같은 자연적 기능을 촉진하기 위해 더 높거나 낮은 온도를 경험해야 하는 경우가 있다.

파충류에 있어서 체온조절은 신체의 다양한 기능에 필요한 최적의 체온을 유지하기 위해 높고 낮은 열 영역을 의도적으로 넘나드는 자유로운 선택과정이다. 자연에서 태양은 직접적(일광욕)이든, 간접적(뱀이 머무는 장소를 덥히는 방식)이든 궁극적인 열원이 된다. 뱀은 자신에게 필요하다는 것을 느낄 때 이와 같은 직간접적인 방법을 통해 열기를 얻는다. 햇빛을 받으며 일광욕을 취하는 것은 콘 스네이크가 가장 많이 사용하는 체온조절방법이다. 녀석들은 야생에서 거의 1년 내내 햇볕을 쬘 수 있다. 콘 스네이크에게 이처럼 중요한 자유를 누리지 못하게 하는 것은, 이들에게 제공되는 제한적이면서도 일정한 사육환경에서 발생하는 수많은 건강문제 이면에 도사리고 있는 중요한 원인으로 작용하게 된다.

플라스틱 상자로 만든 사육장의 한쪽 끝에 평평한 히팅 테이프를 덧대주면 따뜻한 영역이 생겨 소화에 필요한 최적온도를 제공할 수 있다. 종이타월의 심지를 반으로 잘라 만든 은신 '터널'은 뱀이 은신할 수 있는 동시에 열과 관련해 선호하는 쾌적한 장소를 선택할 수 있도록 해준다.

■**히팅 패드** : 사육장의 제한된 영역에 열을 제공하는 좋은 방법은 사육장 한쪽 끝의 바닥이나 안쪽에 가온장치를 설치하는 것이다. 유사시에는 사육장 한쪽 끝 아래에 히팅 패드(heating pad; 허리 통증에 이용)를 깔아두면 그런대로 효과가 있다. 하지만 방수가 안 될 수도 있기 때문에 뱀이 배변을 하거나 누전의 위험이 있는 사육장 내부에는 사용하지 말아야 한다. 일부 모델에서 제공되는 접착테이프는 사육장 바닥에 영구적으로 들러붙기 쉽고 다른 사육장으로 쉽게 옮길 수 없기 때문에 사용하지 않는 것이 좋다. 대신 다른 사육장으로 옮기기 전까지 은박테이프로 붙여둔다. 히팅 패드를 사용할 때는 사육장 바닥 전체를 덮지 않도록 주의해야 하는데, 그렇게 해야 콘 스네이크가 필요할 때 열기를 피해 다른 곳으로 이동할 수 있다.

■**히팅 테이프** : 씨앗의 발아를 돕기 위해 토양을 덥히거나 추운 지방에서 옥외 수도관이 동파되지 않도록 보온재로 흔히 쓰이는 히팅 테이프를 준비하는 것도 괜찮다. 과거에 파충류 사육자들은 일반적으로 선반 뒤쪽 가장자리를 따라 길게 히팅

테이프를 둘러 사용했고, 그 덕분에 각 사육장의 끝부분이 히팅 테이프 위에 놓여 핫 스폿(hot spot)이 형성됨으로써 대부분 이점을 얻을 수 있었다. 참고로 보통 이러한 장치에 내장된 온도조절장치는 기온이 영하로 내려갈 때만 작동되기 때문에 쓸모가 없다. 우리가 살펴본 모델들은 전부 온도조절장치가 분리된 경우에 더 효율적으로 기능했다. 별도로 설치된 온도조절장치는 밤낮으로 계속 가온을 하기보다는 기온이 최저치를 찍지 않더라도 작동하도록 만들어져 있어서 유용하다.

오늘날 파충류 사육자들은 파충류의 필요에 맞춰 특별히 제작된 새로운 온도조절장치 덕분에 편리함을 누리고 있다. 현재는 주어진 상황으로부터 추정하는 과정을 통해 온도를 변경하는 전기장치가 이용되는데, 이는 뛰어난 성능의 제어장치에 의해 정확히 추적되고 조절된다. 얇은 히팅 패드나 히팅 테이프를 결합한 이런 장치는 사육장 바닥 밑 또는 사육장 내 바닥재 아래에 부착해 공간을 거의 차지하지 않기 때문에 훨씬 간단해진 데다 화재나 충격의 위험까지 줄여줬다. 여러 가지 모델 및 제조사에 대해 꼼꼼히 살펴서 적절한 것을 선택하도록 하자.

■**록 히터** : 히팅 록(heating rock)은 내부에 전기선을 사용해 파충류가 그 위에 누워 있는 동안 녀석의 배를 따뜻하게 해주는 기능을 하는 열원이다. 보통 크기의 은신처보다 크기 때문에 적어도 히팅 록 면적의 세 배에 이르는 은신처 밑에 배치하면, 뱀이 열기를 흡수하는 동안 은신처에 숨을 수 있고 사육주의 눈에 보이지 않는 곳에 있을 때라도 열기가 심해지면 피할 공간이 충분한 장치다. 뱀 사육 초창기에는 여러모로 편리한 이점으로 인해 히팅 록이 많이 사용됐지만, 뱀에게 화상을 입히는 주범으로 악명이 높았기 때문에 더 이상 권장되지 않는다. 또한, 바위 표면만 뜨거워지고 사육장 전체에 열을 제공하지 않는다는 단점도 있다.

■**히팅 램프** : 스포트라이트나 후드 반사경을 이용해 뱀이 쉽게 이용할 수 있는 특수 제작된 일광욕 바위 혹은 나뭇가지에 백열등이 향하도록 설치할 수도 있다. 복사열을 내는 이러한 장치는 사육장의 한쪽 끝으로만 향하게 해서 반대쪽 끝에는 시원하면서도 어두침침한 은신처가 남아 있도록 해야 한다. 백열등 바로 밑에 있는

일광욕등은 사육장의 한쪽 끝에만 비치도록 설치해야 하며, 일광욕을 위한 온도는 32℃를 넘지 않아야 한다.

가로목(햇대)의 일광욕 온도는 32℃를 넘지 않아야 한다. 이처럼 약간 '뜨거운' 지점이 있어야 뱀은 자신이 원하거나 필요한 온도에 이르도록 적절하게 체온조절을 할 수 있다. 또한, 몸을 충분히 덥혔다 싶으면, 자연에서 햇빛을 피해 그늘로 옮기듯 뜨거운 지점을 떠날 수도 있다. 뱀이 전구 위로 곧장 기어가 화상을 입는 일이 생기지 않도록 금속망으로 된 사육장 덮개나 측면의 통풍구를 통해 빛을 비춰야 한다.

조명

사육자 입장에서는 가온을 위한 조명 외에도 내부와 그곳에 사는 콘 스네이크를 아름답게 밝히는 조명으로 사육장 전체를 비추고 싶을 것이다. 콘 스네이크의 색깔은 햇빛만 비치는 대낮에 가장 보기 좋지만, 실제로 흐린 날 확산된 조명을 받으면 녀석들의 체색은 밝은 직사광선에 노출될 때보다 훨씬 선명해 보인다.

■**조명의 기능** : 오랫동안 수족관용으로 사용돼온, 햇빛을 모방한(혹은 햇빛 이상의) 형광등은 콘 스네이크를 아름답게 보이게 해주고 때로는 자연광에서보다 더욱 선명

조명을 받으면 콘 스네이크의 체색은 밝은 직사광선에 노출될 때보다 훨씬 선명해 보인다.

한 느낌을 준다. 일부 형광등 제품의 경우 '제한된 양의 자외선을 방출해 수많은 생명체에게 도움을 준다'고 광고하는 것을 볼 수 있다. 이제껏 알려진 바로는 형광등이 내뿜는 자외선은 몇몇 도마뱀과 거북에게는 중요하지만, 건강한 뱀에게는 그다지 중요해 보이지 않는다. 그렇다고 해를 주는 것도 아니다. 다만 병든 동물이 형광등 자외선을 아주 가까이서(대략 60cm 거리) 쏘일 수 있다면 도움이 될 수도 있다.

백열등은 대개 노란빛을 내지만, 어떤 것은 상대적으로 노란빛이 덜한 경우도 있다. 지이 리빌 전구(GE Reveal bulb)는 다른 백열등과 비교해 만족스러운 결과를 주는 제품이다. 할로겐등(Halogen lighting)은 흰색에 가깝다. 할로겐등도 따뜻한 온기를 내뿜고 콘 스네이크에게 해가 될 정도는 아니지만, 붉은색과 주황색이 살짝 빠져나간 것처럼 녀석들의 몸 색깔을 바꾼다. 현재 주어진 정보에 따라 여러분의 필요에 가장 부합하고 전구에 불이 들어왔을 때 눈을 즐겁게 해주는 브랜드나 스타일의 조명을 선택하는 것이 좋다. 가장 높은 연색지수(CRI; color rendering index)[1]를

---

1 기준 광원과 특정 광원에 의해 조명된 경우를 비교해 색감의 유사도를 나타내는 지수. 태양광의 CRI는 100이다.

가진 전구를 이용
하면 여러분이 기
르는 반려파충류
의 가장 자연스러
운 색상을 연출할 수
있을 것이다. 비타 라이트(Vita-Lites)에 대
한 초기실험으로 파충류문화 발전에 중추적인 역할을
했던 파충류계의 선구자 요셉 라즐로(Joseph Laszlo)는, 파충류가 햇빛과 비슷한 조명 아래서 살아갈 때 더욱 자연스럽게 행동한다고 주장했다. 우리도 그런 조명이 녀석들을 행복하게 한다는 데 동의하며, 될 수 있으면 햇빛을 최대한 이용하려고 노력한다. 분명 최상의 선택은, 따뜻하게 볕을 쬐는 장소를 제공하고 최고의 색채를 연출하기 위해 여과되지 않은 햇빛이 사육장으로 가득 흘러들게 하는 것이다.

다만 열의 축적으로 인해 사육장 내부에 소규모 온실효과가 나타나는 것을 막기 위해서는 사육장의 상당한 부분에 그늘이 드리워지도록 해야 한다. 이것이 여의치 않다면 방에 아무런 색깔도 띠지 않은 채광창을 설치하는 것이 바람직한 차선책이다. 채광창 바로 밑에 산광기(diffuser; 빛을 확산시키기 위해 광원 앞에 장치하는 기구나 물체)를 달아주면 방 전체에 햇빛이 퍼지도록 할 수 있지만, 이 경우 햇빛이 직접 사육장을 비춰 따뜻하게 덥히는 것은 힘들 수도 있다는 점을 알아두도록 하자.

■**조사시간** : 파충류 사육장에 설치하는 인공조명의 조사시간은 간단한 타이머로 손쉽게(그리고 규칙적으로) 조절할 수 있다. 야생 콘 스네이크의 최북단 서식지인 뉴저지주 중남부에서 하루 중 낮 길이는 동지(북반구에서는 12월 21일)일 때 최저 9시간이었다가 하지(6월 21일)일 때 최고 15시간 30분에 이른다. 따져보면 12월 말부터 6월 말까지 매일 2분 정도 늘어난 것이다. 서식지 남쪽 끝인 플로리다주 남부에서는 최저 11시간에서 최고 14시간 30분으로, 하루에 1분 넘게 늘어난 것으로 나타난다.

조사시간을 설정할 때는 콘 스네이크가 사육장 내에 머무르는 시간을 어림잡아 계산해야 한다. 날마다 타이머를 재설정할 필요는 없다. 다만 2주 단위로 15~30분을 추가하는 정도는 괜찮다. 물론 낮의 길이가 짧아지는 반년 동안에는 그 반대의 상황이 적용된다. 콘 스네이크와 모든 파충류가 야생에서 하루 24시간 불을 밝히고 사는 것은 아니다. 조명이 계속 켜져 있는 사육환경에서 지내도록 하는 것은 녀석들의 생체시계에 지장을 주고 스트레스를 유발한다. 가장 간단한 해결책은 날마다 여러분이 잠을 자는 시간에 사육장의 모든 조명을 꺼두는 것이다. 아니면 저렴한 전기타이머를 구해 하루에 12시간은 조명을 켜두고 12시간은 꺼두는 것도 괜찮다.

보온을 위해 조명을 켜두는 일은 없도록 해야 한다. 콘 스네이크가 여러분과 같은 방에서 밤을 보낸다면 추위를 크게 느끼지 않을 것이다. 뱀이 추운 방에서 많은 양의 먹이를 소화시키는 것이 걱정된다면, 먹이를 적게 주거나 히팅 매트를 넣어주는 것도 괜찮다. 1년 동안 매일 사육장의 조명이 켜지는 시간을 바꾸는 것은 번식을 자극하는 비결이다. 이에 대해서는 나중에 자세하게 다룰 예정이다.

살아 있는 식물

기본적인 비바리움을 멋진 전시용 사육장으로 변신시키려면 살아 있는 식물로 장식해 자연적인 요소를 가미하면 된다. 살아 있는 식물의 초록빛은 통나무와 돌만으로 이뤄진 밋밋한 환경에 생명력을 불어넣는다. 살아 있는 식물을 추가하려면 뱀이 반복적으로 기어 다녀 납작하게 눌리더라도 견딜 수 있는 튼튼한 종을 선택하는 것이 좋다. 또한, 사육장 조명은 많은 식물이 적절히 자라는 데 필요한 빛의 세기나 스펙트럼을 제공하기 어려우므로 조도가 낮은 실내에서도 잘 자라는 종이

살아 있는 식물의 초록빛은 통나무와 돌만으로 이뤄진 밋밋한 사육장 환경에 생명력을 불어넣는다.

효과적이다. 포토스(*Pothos*; Araceae과에 속하는 속씨식물 속의 하나) 종은 대부분의 가정환경에서 살아남을 수 있을 정도로 생명력이 강하기 때문에 사육장 안에서 직접 기를 수 있는 덩굴식물이다. 식물이 건강한 상태를 유지하게 하려면 대체식물로 교체해 돌아가면서 자연광을 받을 수 있게 해준다. 알로에, 브로멜리아드(Bromeliad; 아열대지역에 서식하는 파인애플과 식물), 스네이크 플랜트(Snake plant; *Sansevieria*-산세비에리아)는 성체 콘 스네이크가 그 위로 계속해서 기어 다니더라도 견딜 수 있을 만큼 튼튼한 식물이다. 뱀이 돌아다니거나 숨을 곳을 찾다가 넘어뜨리지 않도록 화분에 담겨진 채로 사육장 가장자리나 모퉁이에서 멀리 떨어진 곳에 배치한다.

살아 있는 식물을 기르려면 물을 줘야 하며, 이 경우 식물 주변 너머로 물이 스며들어 사육장 바닥재에 수분이 지나치게 많아질 위험도 있기 때문에 조화를 활용하는 것보다는 더 많은 손길이 필요하다. 축축한 토양에는 세균이나 기생충이 번식할 가능성도 크다. 따라서 콘 스네이크에게 자연에 가까운 환경을 제공하려고 할 때 고려해야 할 부분이기도 하다. 이런 이유로 미국의 파충류 애호가들 사이에서 콘 스네이크의 사육장에 살아 있는 식물을 넣어주는 경우를 찾아보기 힘들다.

Chapter 04

콘 스네이크의 일반적인 관리

콘 스네이크를 기르는 데 있어서 기본적으로 관리해야 할 사항에 대해 살펴보고, 먹이의 종류와 급여방법 등에 대해 자세하게 알아본다.

01 section

사육장 및 사육환경 관리

계속해서 반복적으로 언급하는 말이지만, 콘 스네이크가 비교적 관리가 쉬운 파충류라고 해서 아예 신경을 안 써도 탈없이 잘 지낼 수 있다는 의미는 전혀 아니다. 사육주는 적절한 온도와 습도를 비롯해 쾌적하고 올바른 조건을 제공하기 위해 주기적으로 사육환경을 점검함으로써 콘 스네이크가 건강하고 행복한 생활을 영위할 수 있도록 노력해야 한다. 이번 섹션에서는 콘 스네이크를 기르면서 기본적으로 관리해야 할 사항에 대해 간략하게 알아본다.

온도 관리

반려동물로 기르는 대부분의 파충류와 마찬가지로, 콘 스네이크가 사육환경에서 잘 지낼 수 있도록 하기 위해서는 다양한 온도대가 제공돼야 한다. 이를 온도편차(temperature gradient; 온도구배)라고 하며, 필요에 따라 체온을 조절하기 위해 뱀이 사육장의 한쪽 끝에서 다른 쪽 끝으로 이동할 수 있도록 만들어주는 것이 중요하다. 사육장 전체에 걸쳐 온도가 다른 3개의 영역을 제공하는 것이 가장 완벽하며, 이렇게

콘 스네이크가 사육환경에서 잘 지낼 수 있도록 하기 위해서는 다양한 온도대가 제공돼야 한다.

해주면 온도범위가 다른 영역 사이를 자유롭게 이동하면서 체온을 조절할 수 있다. 사육장 바닥의 한쪽에는 히팅 매트를 부착하고, 적절한 조명을 추가하면 효과적으로 온도편차를 조성해줄 수 있다. 히팅 매트를 설치한 곳의 위쪽 부분에 조명을 배치하면 따뜻한 영역을 조성하는 데 도움이 될 것이다. 콘 스네이크가 생활하기에 이상적인 사육온도에 대해서는 파충류 사육자들 사이에 약간의 논쟁이 있지만, 대부분 다음과 같은 온도범위를 유지하면 무난하게 생활할 것이다.

시원한 영역은 23~24℃, 따뜻한 영역은 25~27℃를 유지하는 것이 좋으며, 따뜻한 영역 안에 32℃의 일광욕장소를 제공하면 좋다. 밤에는 약 21℃ 정도로 떨어지는 것이 안전하며, 18℃ 이하로 떨어지지 않도록 주의해야 한다. 사육장을 충분히 따뜻하게 유지함으로써, 뱀이 먹이를 소화하고 탈피를 원활하게 하며 일반적으로 환경에서 편안하고 안전하다고 느낄 수 있도록 만들어주는 것이 매우 중요하다. 콘 스네이크의 사육장을 가온하는 가장 쉬운 방법은 사육장의 한쪽 끝(따뜻한 쪽)에 일광욕전구를 한두 개 배치하는 것이다. 콘 스네이크의 경우도 매일 12시간의 광주기를 필요로 하기 때문에 일광욕전구가 일반적으로 최선의 선택이 된다. 전구의 정확한 와트 수와 설치위치는 실내온도에 따라 약간 달라지겠지만, 일반적으로 75~120W의 전구가 온도를 적절한 범위 내에서 유지하는 데 적합하다.

사육장 높이 및 실내온도와 같은 다양한 요인에 따라 열 전구의 와트 수가 달라지기 때문에 콘 스네이크에게 맞는 온도를 올바른 위치에 맞추려면 약간의 시간이 걸릴 수 있다. 따라서 콘 스네이크를 집으로 데려오기 최소 일주일 전에 사육장에 미리 설치하고 작동을 점검하는 것이 중요하다. 고품질의 적외선온도계(infrared radiation thermometer)를 구비해두면 필요할 때마다 즉시 온도를 측정할 수 있다. 스티커나 게이지 타입의 온도계는 유용하지 않으므로 사용하지 않는 것이 좋겠다. 빨간색, 파란색 또는 기타 색상을 띠는 전구는 자연광을 제대로 구현하지 못할 뿐만 아니라 뱀의 눈에 매우 자극적이기 때문에 선택을 피하는 것이 좋다.

세라믹 열 방출기는 밤에 실내온도가 18°C 이하로 떨어지는 경우 야간열원으로 사용하기에 좋다. 12시간의 광주기를 제공하기 위해 밤에는 전구를 꺼야 하는데, 세라믹 열 방출기는 빛을 발산하지 않는 발열체이기 때문이다. 콘 스네이크는 온도에 대한 내성이 강한 편이지만, 밤에 약간의 가온을 하면 더 편안하게 지낼 수 있다. 할로겐전구와 형광UVB전구를 함께 사용하면 콘 스네이크에게 적절한 열과 UV를 제공할 수 있을 것이다. 콘 스네이크의 경우 생존을 위해 UVB를 필요로 하지는 않지만, UVA/UVB 빛은 모든 파충류의 면역체계와 건강 및 생활조건을 크게 향상시키는 것으로 나타났으므로 효과적으로 사용할 수 있을 것이다.

사육장을 가온하기 위해 일반적으로 사용하는 또 다른 방법은 히팅 패드 또는 히팅 매트를 설치하는 것이다. 대부분의 파충류 전문가에 따르면, 히팅 매트는 사육장 전체를 효율적으로 가온하지 못하기 때문에 이상적인 장치라고 할 수는 없다. 특히 온도조절장치가 부착돼 있지 않은 경우 뱀이 화상을 입는 경우가 많다는 점에 주의해야 한다. 다른 장치가 준비돼 있지 않은 경우 온도를 주의 깊게 모니터하면서 사용하면 약간의 추가적인 열을 제공하는 데는 괜찮지만, 가능한 한 빨리 일반적인 일광욕전구로 전환하는 것이 좋겠다.

습도 관리

콘 스네이크는 상대적으로 습한 미국 남동부 지역에 서식하기 때문에 서부의 고퍼 스네이크(Gopher snake, *Pituophis spp.*)처럼 비슷한 크기의 사막 종에 비해 높은 습도를 필요로 한다. 일반 가정의 낮은 상대습도는 생각지도 못한 탈피부전이나 탈수문제를 일으킬 수 있다. 이는 특히 주버나일 개체에게 중요한 문제가 될 수 있는데, 성체에 비해 훨씬 더 건조해지기 쉽기 때문이다. 이런 경우에는 사육장 내에 좀 더 습한 환경을 조성해줄 필요가 있다. 증발을 통한 수분손실을 줄이기 위해 사육장의 주요 환기부를 덮어주는 것이 가능한 방법 가운데 하나다. 사육장 철망뚜껑 위에 신문지를 올려두는 것도 효과적이겠지만, 수증기를 좀 더 철저하게 가두려면 두서너 개의 공기 구멍만 뚫어둔 비닐 시트를 테이프로 붙여둘 수도 있다.

콘 스네이크가 물그릇 안에서 똬리를 틀고 보내는 시간을 확인하면 건조함, 과열, 탈피, 진드기감염 등 콘 스네이크가 불편함을 겪고 있는 문제의 수준에 대해 파악하는 데 도움이 된다. 물속에서 계속 며칠을 보내는 경우도 있을 텐데, 이때는 표피에 물집이 잡힐 수 있으므로 평소보다 자주 들여다보고 확인할 필요가 있다.

콘 스네이크를 건강하게 기르기 위해서는 반드시 작고 견고한 물그릇(지름이 7.5~15cm)을 제공해야 한다. 뱀이 탈피에 어려움을 겪을 경우, 필요하다고 판단되면 이보다 큰 그릇을 임시로 추가해 몸을 흠뻑 적실 수 있도록 해주기도 한다. 뱀이 가장 많이 돌아다니는 사육장 가장자리를 따라 배설물이 쌓이기 때문에 물그릇은 모두 중앙에 배치하는 것이 좋다. 하지만 이제 막 태어난 새끼의 경우는 예외다. 갓 태어난 해츨링은 탈수상태에 이를 때까지 물을 찾지 못할 수도 있기 때문에 물그릇을 사육장 가장자리에 둬야 별다른 문제없이 빨리 찾아낼 수 있다.

뱀이 똬리를 틀어 들어 올리더라도 물이 쉽게 쏟아지지 않도록 테두리가 바깥쪽으로 벌어지지 않은 똑같은 모양의 물그릇을 두 개 구입

갓 태어난 해츨링은 물그릇을 찾지 못할 수도 있다. 따라서 해츨링이 주로 돌아다니는 사육장 가장자리에 물그릇을 두는 것이 좋다.

한다. 바닥에 빈 공간 없이 속이 꽉 찬 형태라야 무게감이 있어서 제자리에 고정될 수 있다. 해로운 세균의 증식을 막기 위해 물은 적어도 사흘에 한 번꼴로 갈아주고 그릇도 세척해야 한다. 물이 깨끗하더라도 그릇이 더러우면 비위생적이라는 점을 명심하기 바란다! 세척한 물그릇은 거꾸로 세워두고 말린다. 모든 물그릇은 표백제나 그 밖의 살균력이 강한 용액에 10분 이상 주기적으로 담가서 그릇 표면에 세균이 증식하지 못하도록 한다.

습도를 높이는 또 다른 방법은 사육장 전체의 습도를 높이지 않으면서도 습한 은신처를 제공하는 탈피전용상자를 넣어두는 것이다. 탈피전용상자는 다른 은신처보다 어둡고 아늑해서 일부 콘 스네이크의 경우 그 안에서 너무 많은 시간을 보낼 수 있다는 단점이 있다.

콘 스네이크가 물그릇 안에서 똬리를 틀고 보내는 시간을 확인하면 건조함, 과열, 탈피, 진드기감염 등 콘 스네이크가 불편함을 겪고 있는 문제의 수준에 대해 파악하는 데 도움이 된다.

콘 스네이크의 몸이 계속해서 눅눅한 상태에 있으면 물집이 생길 수 있고, 이처럼 습한 조건은 곰팡이와 세균이 증식하기 쉬운 환경을 제공한다. 콘 스네이크를 자주 살펴보되, 특히 탈피전용상자에서 살다시피 한다면 배면 비늘에 염증이 있거나 비정상적인 홍조를 띠지는 않는지 주의 깊게 들여다보도록 한다. 가장 안전한 절충안은 탈피가 이뤄지기 전 뱀의 눈이 푸른빛을 띨 때 사육장에 축축한 은신처를 넣어뒀다가 탈피가 끝난 뒤에 이를 제거하는 것이다. 습기 제공을 위해 사용된 재료는 버리고, 다음번 탈피주기에는 새로운 재료를 추가해 사용할 수 있다.

여러분이 사는 지역이 얼마나 건조한지에 따라 사육방법 그리고 정기적인 분무가 필요한지 여부가 결정된다. 심하게 건조하지 않은 지역에 살더라도 에어컨이나 겨울철 이뤄지는 가정난방 때문에 뱀이 살아가는 공간의 공기가 심각하게 건조해진다면 문제가 될 수도 있다. 콘 스네이크가 스펙터클(spectacle; 뱀의 표피의 일부인 각막을

야생에서와 마찬가지로, 사육환경에서도 12시간의 밤과 12시간의 낮을 제공해줘야 건강하게 지낼 수 있다.

덮고 있는 투명한 덮개로 brille이라고도 한다)을 포함해 허물을 한 번에 벗지 못한 경우에는 탈피가 원활해질 수 있도록 습도를 좀 더 높여줘야 할 필요가 있다.

조명 관리

콘 스네이크는 밤에 활동하는 야행성 동물이기 때문에 많은 사람들이 집 안과 파충류 사육장이 있는 방의 조명(자연적인 조명주기를 제공하는) 외에 별도의 조명이 필요하지 않다고 말한다. 그러나 이는 잘못된 생각이다. 야생에서 어두운 밤과 밝은 낮이 존재하는 것처럼, 사육환경에서도 뚜렷한 낮과 밤의 주기를 제공하는 것이 필요하다. 테라리움 전용 조명을 제공하면 콘 스네이크의 자연적인 생체리듬을 조절하고 자연스러운 행동을 장려하는 데 매우 유용할 것이다. 간단하게 설명하면, 콘 스네이크 사육장의 조명은 하루에 12시간 켜고 12시간 꺼져 있어야 한다. 보다 자연스러운 주야주기를 제공하고 싶다면 여름에는 13시간, 겨울에는 11시간의 광주기를 단계적으로 제공하도록 한다. 이와 같이 계절에 따른 광주기를 제공하면 뱀의 자연스러운 호르몬 리듬을 촉진해 전반적인 건강을 개선하는 데 도움이 될 수 있다.

청소 관리

일주일에 한 번 요산염과 대변을 제거하고 물그릇을 깨끗이 세척하며, 대변 및 탈피허물 제거 등이 필요할 때마다 청소를 실시하도록 한다. 콘 스네이크에게 해로울 수 있는 박테리아를 제거하기 위해 적어도 한 달에 한 번은 사육장 전체를 철저하게 청소해야 한다. 사육장 전체를 청소할 때는 먼저 콘 스네이크를 임시로 옮길 만한 적절한 사육장을 준비해야 하며, 바닥재를 비롯해 세척 및 교체가 필요한 용품이 있는지 확인한 다음 단계에 따라 청소를 시작할 수 있다. 3개월마다 바닥재 전체를 교체해주고, 사육장과 구조물을 청소한 다음 소독하는 것이 좋다.

전체청소를 할 때는 종이타월, 스프레이 소독제, 분무기, 쓰레기봉투 및 기타 필요한 재료들을 준비한다. 그런 다음 콘 스네이크를 임시사육장으로 옮긴다. 잠글 수 있는 뚜껑과 공기 구멍이 있는 중간 크기의 상자(예, 러버메이드-Rubbermaid)가 좋다. 물그릇, 은신처, 나뭇가지, 바위, 식물 등 케이지 퍼니처와 장식물을 모두 제거하고, 욕조나 세면대에 넣는다. 열원 및 조명과 같은 전기장치는 모두 플러그를 빼놓는다. 오래된 바닥재를 제거하고, 진공청소기로 찌꺼기를 청소한다. 물과 종이타월, 스프레이를 사용해 먼지, 대변 등을 제거한 다음 항균소독제를 사용해 소독한다. 다른 용품을 청소하는 동안 완전히 건조될 수 있도록 사육장 문은 열어두는 것이 좋다. 항균비누와 뜨거운 물로 용품을 세척하고, 오염을 깨끗하게 제거하기 어려운 경우 일부 품목은 희석된 표백제용액(표백제 1대 물 4대)에 하룻밤 정도 담가둬도 된다.

물그릇은 항균비누와 뜨거운 물로 깨끗이 세척하고, 역시 뜨거운 물로 헹궈준다. 손톱이나 수세미로 플라스틱 그릇을 문지를 경우 그릇에 흠집을 남기고, 향후 청소하기가 더 어려워지므로 주의해야 한다. 손가락의 매끄러운 부분을 사

매일, 매주, 매월 단위로 청소가 필요한 부분을 잘 숙지해서 깨끗하고 쾌적한 환경을 제공할 수 있도록 관리에 신경 써야 한다.

용해 그릇을 깨끗이 문지르거나 밤새 담가두도록 하자. 청소가 끝나면 새 바닥재를 추가하고 케이지 퍼니처를 교체하며, 물그릇은 신선한 물로 다시 채워준다. 뱀을 다시 넣은 다음 전기장치를 연결하고, 모든 잠금장치와 걸쇠를 고정한다.

탈피를 위한 관리

사육장 환경이 탈피에 도움이 되는지 확인하자. 탈피가 이뤄지기 전 며칠 동안 습도가 높으면 허물을 벗는 것이 쉬워질 것이다. 사육장과 바닥에 분무기로 물을 분사하는 것도 사육장 내의 주변 습도를 높이는 데 도움이 된다. 사육장의 환기구역에 빳빳한 종이나 플라스틱 시트를 살짝 올려두면 일시적으로나마 습도를 유지하는 데 도움이 될 것이다. 가장 좋은 방법은 출입구가 달려 있는 플라스틱 재질의 탈피전용상자를 추가하고, 콘 스네이크가 파묻힐 수 있는 축축한 이끼나 종이를 제공하는 것이다. 탈피에 앞서 콘 스네이크의 눈이 깨끗해지고 난 뒤에 며칠 동안 이런 조치를 취해주면 허물이 말끔하게 한 조각으로 벗겨질 수 있을 것이다.

탈피시기가 되면 콘 스네이크는 사육장 내에서 활발하게 움직이며, 코와 턱의 낡은 허물을 벗기 위해 벽과 바닥 및 사육장 퍼니처에 주둥이를 계속 문지른다. 일단 탈피가 시작되면 우리가 발에 꼭 끼는 스타킹을 벗을 때처럼 녀석은 허물을 벗겨내기 위해 앞으로 기어나간다. 탈피가 제대로 이뤄지면, 허물은 뱀이 이동하는 방향을 가리키는 꼬리 부분과 함께 한 조각으로 뒤집힌 채 녀석의 몸에서 떨어져 나간다. 이 부분은 최근에 벗겨진 허물을 현장에서 발견하고 탈피한 뱀이 어느 방향으로 갔는지 궁금할 때 확인하면 유용하다.

갓 벗은 허물은 유연하고 촉촉한 감촉이 느껴지며, 눈을 덮고 있던 스펙터클이라 불리는 투명한 눈꺼풀과 꼬리 끝의 비늘까지 모두 벗겨져야 한다. 습도가 너무 낮거나 콘 스네이크가 피부염증과 빈약한 먹이섭취로 고생했다면, 허물이 누더

탈피시기에 사육장 내에 분무를 해 습도를 높여줌으로써 탈피가 원활하게 이뤄지도록 하는 데 도움을 줄 수 있다.

눈이 푸른색을 띠거나 불투명한 상태가 되면 약 4~10일 이내에 탈피가 이뤄질 것이다. 이 기간에 콘 스네이크의 색깔은 칙칙하고 윤기를 잃어버린다는 점을 잊지 말자. 평소에는 유순한 개체라도 이 시기가 되면 약간 더 예민해질 수 있다.

기처럼 여러 조각으로 벗겨질 수도 있다. 간혹 오래되고 건조한 허물이 뱀의 몸뚱이 여기저기 그대로 붙어 있는 경우도 있다. 만약 그런 허물 조각이 뱀의 몸에 남아 있다면 세균 증식의 온상이 될 수 있으므로 손으로라도 제거해줘야 한다. 우선 축축하게 적셔서 구긴 신문지나 헝겊 따위를 가득 채운 자루에 뱀을 하룻밤 넣어두고, 녀석이 자루 속을 기어 다니면서 스스로 낡은 허물을 벗을 수 있게 해준다. 혹은 출입구를 막아둔 탈피용 상자에 녀석을 넣어두는 것도 괜찮은 방법이다.

그래도 안 되면 뱀을 15분 이상 물에 담가 문제가 있는 부분을 부드럽게 만들어준다. 그런 다음 까끌까끌한 수건에 끼워 넣고 살살 압력을 가하면서 녀석이 수건을 통과하게 만든다. 이런 방법은 수건으로 문제 부위를 문질러 허물이 자연스럽게 벗겨질 수 있게 해준다. 오래된 표피가 꼬리 끝까지 남김없이 떨어져 나갔는지 확인하도록 한다. 오래되고 건조한 표피가 쌓이면 혈류를 제한하고 결국 꼬리조직까지 죽일 수 있다. 이 경우 허물이 벗겨지면서 끝부분만 약간 뭉툭하게 남는다.

탈피문제가 해결되고 나면 다음번 탈피주기가 언제 시작될지 주의 깊게 지켜봐야 한다. 뱀의 눈이 뿌옇게 흐려지다 '푸르스름한 빛'을 띠자마자 탈피용 상자를 제공

해야 앞서와 같은 곤란한 상황을 피할 수 있다. 허물을 벗기까지 시간이 너무 오래 걸린다는 생각에 뱀의 허물을 억지로 벗겨내는 것은 위험하다. 너무 빨리 허물을 손으로 벗겨내면 감염을 유발하고 뱀이 목숨을 잃을 수도 있기 때문이다. 뱀이 탈피를 할 수 없다고 100% 확신할 수 있는 상황이 아닌 한, 도움을 주기 전에 우선 뱀이 스스로 허물을 벗기 시작할 때까지 기다려야 한다.

오래되고 건조한 표피가 쌓이면 혈류를 제한하고 결국 꼬리조직까지 죽일 수 있다.

허물을 모두 벗은 후 스펙터클이 온전한 상태로 드러나지 않는다면 그 부위에서 감염이 시작될 수도 있다. 이런 이유로 대부분의 뱀 사육자들은 남은 스펙터클을 손으로 제거해주기도 한다. 이 경우 우선 젖은 스펀지로 눈을 닦아 약간 부드럽게 만들어주되, 글리세린이나 사람이 사용하는 로션 따위는 피해야 한다. 그런 다음 엄지손가락으로 콘 스네이크의 눈을 문질러 눈에 박혀 있는 스펙터클의 가장자리를 일부 떼어낸다. 눈 가장자리에 튀어나온 여분의 외피를 집으려면 끝이 뾰족한 핀셋을 사용하는 것이 효과적이다. 스펙터클 가장자리 주변을 부드럽게 건드리면서 찾다가 핀셋의 끝을 밑으로 밀어 넣어 단단하게 잡아 들어올리기만 하면 된다. 이와 같은 작업은 어려워 보이고 비위가 상하는 사람도 있겠지만, 뱀의 단단한 스펙터클은 가벼운 충격에 민감하지 않을 뿐더러 사람의 눈처럼 쉽게 상처를 입지도 않는다. 반면에 각막이 아닌 여분의 스펙터클 허물만 핀셋으로 집을 수 있도록 세심한 주의를 기울여야 한다.

탈피된 스펙터클을 떼어내는 작업을 진행할 수 있는 준비가 돼 있지 않더라도 초조해할 필요는 없다. 실제로 스펙터클 허물이 심각한 문제로 발전하는 경우는 한 번도 본 적이 없기 때문이다. 가장 손쉽고 안전한 방법은 대개 그렇듯 다음번 탈피 과정에서 허물이 저절로 떨어져 나가기를 기다리는 것이다. 탈피에 앞서 콘 스네이크의 눈이 흐려질 때 축축한 이끼나 종이타월을 반쯤 채운 은신처를 사육장 안에 두면 저절로 떨어지는 데 크게 도움이 될 것이다.

먹이의 급여와 영양관리

다른 뱀과 마찬가지로, 콘 스네이크는 육식성 동물이다. 주 먹이는 설치류이며, 야생에서는 쥐, 랫, 새, 박쥐를 먹는 것으로 알려져 있고 간혹 도마뱀과 곤충을 먹기도 한다. 육식동물이므로 균형 잡힌 영양을 섭취할 수 있도록 다양한 동물먹이를 급여하는 것이 좋으며, 식성이 까다롭지 않아 먹이급여 시 큰 어려움은 없을 것이다. 이번 섹션에서는 콘 스네이크에게 급여하는 먹이의 종류와 급여방법 등에 대해 알아본다.

콘 스네이크의 먹이

콘 스네이크가 뱀 사육 입문용으로 추천되는 주된 이유 중 하나는 사육 하에서 먹이급여가 쉽다는 점이다. 대부분의 콘 스네이크는 상업적으로 생산된 냉동설치류를 쉽게 받아먹으며, 종종 밤낮을 가리지 않고 먹기도 한다.

■**냉동설치류** : 냉동설치류는 크기와 종류가 다양하게 시판되고 있으며, 대부분의 파충류 전문 숍 혹은 온라인 쇼핑몰을 통해 쉽게 구할 수 있다. 냉동먹이가 주는 편

사진에서 보이는 것 이상으로 몸이 부풀도록 먹이를 제공하면 뱀에게 스트레스를 줄 뿐만 아니라 소화상태가 완벽하지 않을 경우 역류할 위험도 있으므로 적절한 크기의 먹이를 제공하도록 해야 한다.

리함을 거부하기란 쉽지 않은데, 냉동먹이의 가장 큰 장점은 필요할 때마다 적당한 크기의 먹이를 가정의 냉동고에 저장해두고 사용할 수 있다는 것이다. 이용이 편리하고 대량구입으로 저렴하며, 설치류에 물려 상처를 입을 위험이 전혀 없다는 이유로 대부분의 파충류 사육자들은 살아 있는 설치류보다 냉동설치류를 선호한다. 냉동설치류와 뱀먹이용으로 사육되는 설치류는 야생에서 잡은 먹잇감보다 사람이나 파충류에게 질병과 기생충을 옮길 위험이 적다는 것도 장점이다.

실험실용 설치류는 콘 스네이크에게 필요한 영양소를 훌륭히 채워주는 먹이다. 이는 오늘날 실험실용 설치류에게 편리하게 먹이고 번식시키는 데 이용되는 사료를 만들기 위해 수십 년에 걸쳐 철저하게 연구한 덕분이다. 하지만 소규모 공급업체들이 모두 이처럼 영양가 있는 사료를 먹여 설치류를 사육하는 것은 아니다. 어떤 공급업자는 저렴한 개사료나 유통기한이 지난 빵(설치류에게 먹이기 위해 입수한) 따위를 급여하며 사육하기도 한다. 이런 식으로 비용을 절감하면 뱀에게 사용할 먹이동물의 비타민결핍을 초래할 수도 있다. 따라서 뱀의 영양적 요구사항을 충족시키기 위해서는 신뢰할 수 있는 설치류 공급업체를 선택해야 한다.

먹이동물을 통해 뱀에게 필요한 영양소를 공급하기 위해서는 설치류가 먹은 먹이를 철저하게 검토하는 과정을 거쳐 적절한 평가가 이뤄져야 한다. 장기보관을 하면 먹이의 품질은 서서히 떨어지게 마련이므로 설치류 공급업자들이 판매하는 설치류가 오랫동안 냉동상태에 있었다면 이는 훨씬 중요한 문제가 된다. 냉동과정은 먹이의 세포벽을 파괴해 먹이가 해동될 때 방 전체에 강한 냄새가 퍼져나가도록 함으로써 뱀의 식욕을 자극한다. 또한, 해동된 먹이를 좀 더 쉽게 소화할 수 있도록 만들어주기 때문에 다소 많은 양의 먹이도 비교적 안전하게 제공할 수 있으며, 현재 뱀의 건강상태가 최고조를 보이지 않아도 완전히 소화시킬 수 있다.

냉동먹이는 여러 가지 방법으로 해동할 수 있다. 냉동된 먹이를 비닐봉지에 넣고 (설치류 본연의 냄새가 가시지 않도록 하기 위해), 따뜻한 물에 비닐봉지를 담가 해동한다. 또는 먹이를 상온에서 쟁반에 올려두고 해동한다. 배고픈 콘 스네이크에게 빨리 급여하려면 전자레인지에서 해동설정(자칫 폭발할 수도 있으므로 최고출력은 피하는 것이 좋다)을 빠르게 맞춰 해동해도 된다. 전자레인지를 이용해 해동할 때는 먹이의 끝부분이 뜨겁지 않은지, 가운데에 해동되지 않은 부분이 있는지 주의 깊게 살펴야 한다.

야생에서 채집한 것일 수도 있는 도마뱀과 개구리(간혹 어린 뱀의 먹이로 이용)를 냉동시키면, 그 안에 기생하고 있는 병원균과 기생충도 죽고 만다. 한편, 대부분의 가정용 냉동고는 모든 세균을 죽일 만큼 온도가 충분히 내려가지 않기 때문에 먹지 않고 남은 먹이를 다음 먹이급여 때까지 다시 얼려두는 것은 바람직하지 않다. 냉동된 먹이를 장기간 보관하면 영양소가 서서히 손실된다. 의도한 바는 아니지만 냉동된 설치류를 몇 달 동안 냉동실에 보관해 사용한 적이 있는데, 부정적인 결과를 전혀 눈치 채지 못한 채 1년 이상 냉동된 설치류를 급여했던 것이다. 적당히 소분해 랩으로 포장해둔 냉동먹이를 이용하면 이런 문제를 해결하는 데 도움이 된다.

■ **냉동소시지 사료** : 티렉스(T-Rex)사에서 파충류 먹이용으로 특별 제조해 시판하고 있는 냉동 '스네이크 스테이크 소시지'[1]를 급여할 수 있다. 이 제품은 육상 척추동물의

---

1 스네이크 스테이크 소시지(Snake Steak Sausage)는 현재 국내에는 수입되지 않는 제품이다. 우리나라에서도 소시지 형태의 습식사료가 파충류 먹이용으로 특별 제조돼 판매되고 있는 것이 있으므로 이를 구입해 사용할 수 있다.

척추동물을 갈아 다양한 크기로 만든 '스네이크 스테이크 소시지'는 설치류의 식단을 대체하는 데 가장 유용한 먹이다.

모든 부위(털, 깃털, 내장을 제외한)로 만들어지는데, 소시지 껍질에 개별 단위로 포장돼 있으며 설치류를 대신해 파충류 먹이로 이용된다. 냉동소시지 사료는 갓 태어난 쥐 크기부터 중간 정도의 랫 크기까지 다양한 크기로 제조되며, 짧은 줄로 연결돼 있어서 여러 조각을 쉽게 먹일 수 있다. 뱀이 좋아하는 특별한 냄새가 나는 용액(마우스 메이커·Mouse Maker)을 고리처럼 연결된 소시지 토막 끝에 살짝 묻혀서 쥐의 냄새를 풍겨 뱀의 먹이반응을 유도하기도 한다. 냉동소시지 사료의 아이디어 자체는 오래전에 나왔지만, 실제 제품이 파충류시장에서 유행하기 시작한 지는 얼마 되지 않는다.

스네이크 스테이크 소시지는 냉동쥐를 가정용 식재료와 함께 냉동실에 두는 것을 꺼리는 사람들에게는 반가운 해법일 수 있다. 특히 주버나일 개체가 어떤 반응을 보일지 궁금했던 우리는 네 가지 제품 가운데 두 가지를 시험해봤다. 첫 번째 실험에서는 자발적으로 먹이를 먹는 생후 6개월 된 47마리의 콘 스네이크로 이뤄진 실험군에 마우스 메이커 냄새가 나는 가장 작은 냉동소시지를 하나씩 제공했다.

모든 뱀의 은신처마다 한 시간 동안 냉동소시지 한 토막씩을 넣어뒀다. 처음에는 그중 23마리가 조금도 머뭇거리지 않고 받아먹었고, 퇴짜를 당한 소시지에 냉동쥐를 문지르고 나자 16마리가 자기 몫의 소시지를 챙겼다. 첫 번째 실험에서 소시지를 먹어치운 주버나일이 전체의 75%가 넘는다는 사실이 인상적이었다. 해츨링을 대상으로 한 후속실험은 첫 먹이로 소시지를 주기보다는 살아 있거나 냉동된 핑키로 시작하는 것이 효과적이라는 사실을 보여줬다(적어도 우리의 경험상). 영국의 존 쿠테(Jon Coote)는 콜루브리드 번식개체군(3분의 2가 콘 스네이크)에 대한 5년간의 실험에서, 전체 먹이섭취량의 약 98%를 소시지로 제공해 사육한 성년기 개체에게서 긍정적인 결과를 얻었다고 보고했다. 그렇게 자란 뱀은 건강한 새끼를 낳았고, 이로써 소시지로도 콘 스네이크를 전 생애에 걸쳐 기를 수 있는 것으로 확인됐다.

소시지 사료의 또 다른 장점을 들자면, 내용물을 곱게 갈아 채워 넣은 소시지에는 에어포켓(air pocket)이 없어서 동물먹이와 달리 뱀의 뱃속에서 부풀어 오르지 않는다는 것이다. 소시지는 새끼 쥐보다 부드럽고 해동하면 흐물흐물해지기 쉬우며, 필요한 만큼 줄을 잘라서 사용하면 된다. 대부분의 콘 스네이크는 소시지를 받아 먹도록 훈련할 수 있다고 본다. 하지만 기존의 먹이에 이미 잘 적응한 큰 개체보다는 갓 태어난 해츨링을 훈련시키는 데 아무래도 더 많은 시간이 걸릴 것이다.

콘 스네이크의 먹이습관

콘 스네이크가 사냥을 하거나 먹이를 먹기에 가장 적합한 온도는 일반적으로 24~31℃다. 땅거미가 질 무렵을 전후로 해서 1시간 동안은 적당히 높은 습도가 나타나므로 콘 스네이크가 활동하기에 좋다. 이는 다루기 힘든 콘 스네이크를 기르고 있는 경우 고려해야 할 변수 가운데 하나다. 콘 스네이크는 배가 고프면 은신처 밖을 어슬렁거리며 배회할 수도 있고, 어느 때고 반복적으로 혀를 날름거릴 수도 있다. 입천장에 있는 야콥슨기관(Jacobson's organ; 양서류 및 포유류, 파충류에서 관찰되는 후각기관)은 갈라진 혀끝을 통해 미세한 공기입자를 분석하는 동시에 가장 강하고 호감이 가는 냄새의 방향을 판단한다. 그렇게 축적된 화학적 신호를 통해 뱀은 먹잇감이 될 만한 대상에 집중하면서 타격거리인 20cm 이내로 접근할 수 있다.

뱀은 입을 벌린 채 돌진해 먹잇감을 자기 쪽으로 끌어당기거나 똬리 안으로 끌어 넣을 수 있도록 이빨을 찔러 넣는다. 흔히 먹잇감의 앞부분, 특히 머리나 어깨 부위가 공격의 표적이 된다. 다 자란 설치류나 새의 입은 몸부림치면서 뱀에게 상처를

> **뱀을 무는 설치류**
>
> 콘 스네이크가 살아 있는 설치류에 물리는 경우는 드물다. 배가 고플 때는 그런 먹이를 제압하는 것에 매우 능숙하기 때문이다. 물리는 경우는 뱀 사육장에 살아 있는 설치류 성체를 장시간(특히 밤사이에) 방치했을 때 자주 발생한다. 뱀이 어떤 이유로든 먹이에 관심을 보이지 않는다면, 뱀이 사육장에 조용히 있는 동안 배가 고프거나 목마른 설치류가 놀랍게도 녀석의 표피와 살을 뜯어먹고 있을지도 모를 일이다. 이를 예방하는 방법은 매우 간단하다. 이렇게 위험할 수 있는 설치류를 여러분이 지켜보지 않는 사이에 콘 스네이크와 함께 두지 않는 것이다. 사육장 내부의 상황을 계속 지켜볼 수 없다면, 적어도 과일이나 빵 조각 혹은 쥐가 갉아먹을 수 있는 견과류 따위의 먹이를 남겨두도록 한다.
> 이렇게 하면 위험을 줄여주지만 완전히 제거하지는 못한다. 아직 눈을 뜨지 못한 설치류의 경우는 뱀과 함께 사육장에 남겨둬도 안전하지만, 바닥재가 설치류에 달라붙어 뱀이 먹이를 삼킬 때 함께 입속으로 들어갈 수 있다. 살아 있는 설치류를 먹이로 급여할 때는 크든 작든 다칠 위험이 언제나 도사리고 있다. 사육주가 위험 정도를 판단해 상황에 따라 받아들일지를 스스로 결정해야 한다.

입히는 위험한 무기가 될 수도 있는데, 이렇게 하면 제압하기가 쉬워진다. 뱀의 다음 목표는 먹이를 최대한 바짝 조여 꼼짝 못 하게 하는 것이다. 이런 방식은 먹이를 질식시키는 동시에 혈관을 압박하는 효과가 있다. 이때 먹잇감이 되는 동물의 뼈와 신체기관은 실제로 '으스러지지'는 않는다. 먹잇감이 아무런 움직임도 보이지 않으면, 뱀은 물고 있던 것을 풀고 머리를 찾는다. 녀석들이 먹이를 먹을 때는 항상 머리부터 삼키기 때문이다. 뱀은 먹잇감의 털 또는 깃털의 겹치는 방향이 나타내는 촉각적 신호와 재빠른 혀놀림을 이용해 어디부터 삼키면 좋을지 알아낸다.

먹잇감의 좁은 주둥이 끝에서 시작해 점차 넓어지는 윤곽은 물론 털이나 깃털의 방향 덕분에 먹이를 삼키는 과정이 그만큼 쉬워진다. 먹이를 거꾸로 삼키는 일도 드물지 않은데, 먹잇감이 아주 크지만 않다면 거의 아무런 문제가 되지 않는다. 다만 삼키는 시간이 짧게는 2~3분에서 길게는 20분 이상 길어질 뿐이다. 뱀이 먹이를 삼키는 동안에는 방해하지 말고 그대로 두는 것이 좋다. 자신이 위험에 노출돼 있다고 느끼거나 신경이 날카로워지면 먹이를 뱉을 가능성이 크기 때문이다.

성장단계에 따른 먹이급여일정

몸길이가 91~122cm가량 되는 콘 스네이크의 경우 평균적으로 7~14일에 한 번씩 적절한 크기의 먹잇감을 한두 마리 정도 제공하면 될 것으로 보인다. 평균 몸길이가 137~152cm로 다 자란 콘 스네이크에게는 나이 든 쥐 한 마리, 어린 쥐 두 마리, 혹은 랫 해츨링 한 마리가 완벽한 한 끼 식사량이다. 경험상 법칙에 따르면, 뱀 몸통을 기준으로 중앙둘레의 1.5배를 넘지 않는 크기의 먹잇감(추정치에서 먹이의 털이나 깃털은 무시)을 선택하는 것이 적당하다. 뱀이 선호하는 적정온도를 찾고 먹이를 효율적으로 소화할 수 있도록 사육장환경의 여러 가지 요소가 적합하게 갖춰진다면, 콘 스네이크는 이보다 큰 먹잇감을 처리할 수도 있다.

작은 먹이의 경우 질량 대비 표면적의 비율이 더 크기 때문에 한 번에 소화하기 어려운 큰 먹잇감을 한 마리 주는 것보다는 작은 먹잇감을 두 마리 이상 급여하는 것이 현명하다. 뱀이 스스로 알아서 소화에 필요한 최적온도를 선택할 수 있도록 사육장 내부에 핫 스폿(hot spot)

콘 스네이크는 몸통에서 가장 굵은 부분을 기준으로 둘레의 1~1.5배 정도인 설치류를 제공하는 것이 가장 좋다. 사진의 개체는 한 끼 식사치고는 상당히 큰 쥐를 집어삼키고 있는 중이다.

을 제공해주면 섣부른 추측을 피하고 진짜 전문가인 뱀에게 모든 것을 맡길 수 있다. 갓 부화한 새끼 콘 스네이크는 성체보다 훨씬 더 자주 먹으려고 할 것이다. 새끼 콘 스네이크에게는 다른 먹이공급원이 없더라도 생후 첫 달을 무사히 넘길 수 있는 지방이 비축돼 있다. 해츨링 중 일부는 며칠 안에 먹이를 받아먹겠지만, 상당수의 새끼는 처음으로 허물을 벗을 때까지 대략 한 주 정도 기다려야 한다.

부화 후 첫 번째 탈피가 끝나면 새끼 콘 스네이크는 먹이를 받아먹을 준비가 된다. 이때 급여하는 것은 랫이 아니라 '핑키(pinkie; 분홍빛이 도는 생후 닷새도 안 된 생쥐)' 한 마리다. 핑키는 몸길이가 25~30cm인 어린 콘 스네이크의 한 끼 식사로 충분하다. 현재 콘 스네이크가 숨어 있는 곳 근처에 핑키를 놔두기만 하면 된다. 이 과정에서 콘

큰 먹이를 한 번에 급여하는 것보다는
작은 먹이를 여러 번에 걸쳐 제공하는 것이 낫다.

스네이크에게 불안감을 주지 않는 것이 좋다. 갑자기 너무 가까이 접근하면 뱀이 놀랄 수 있으므로 뱀 위로 핑키를 떨어뜨리거나 은신처 안에 넣어두지 않도록 한다. 소화하기에 적당한 조건(핫 스폿 위나 아래에서 스스로 32℃까지 몸을 덥힐 수 있는)이 갖춰지면 완전히 소화하는 데 2~3일이 걸린다. 처음에 급여한 먹이가 뱀의 소화관을 통과하고 남은 찌꺼기가 대변으로 배출되고 나면(보통 2~3일 후), 3~10일에 한 번씩 한두 마리의 핑키를 추가로 제공할 수 있다. 여러 마리가 꿈틀거리면서 뱀을 놀라게 하거나 당황스럽게 할 수 있으므로 한 번에 한 마리씩 급여해야 한다.

한 번에 두 가지 이상의 먹이를 급여하면 그렇게 많은 양을 소화할 수 있는 능력이 없는 새끼 뱀의 위에 지나친 부담을 주는 결과를 초래할 것이다. 뱀이 너무 큰(몸통 중앙둘레의 1.5배가 넘는) 먹이나 여러 마리의 먹이를 먹고 토한다면, 몇 주 동안은 한 끼에 아주 작은 먹이 한 마리를 제공하는 방식으로 되돌아간다. 그런 다음 소화불량이 다시 나타나지 않으면 천천히 다시 한번 많은 양의 먹이를 제공해본다. 일반적으로 큰 먹이를 한 번에 주는 것보다는 작은 먹이를 여러 번에 걸쳐 제공하는 편이 낫다.

소화되지 않은 먹이를 토하는 경우가 종종 있으므로 연령에 관계없이 약 22℃ 이하 혹은 32℃ 이상 일정하게 유지되는 온도에 장시간 노출되지 않도록 한다. 또한, 사육장 안에 배설해놓은 대변이 보일 때까지는 뱃속에 먹이가 가득 찬 뱀을 방해하지 말아야 한다. 뱀이 두 가지 이상의 먹이를 먹었거나 유난히 큰 먹이 때문에 평상시 지름의 1.5배 이상으로 몸 전체가 부풀어 오를 때는 특히 그렇다. 이런 경우 콘 스네이크는 잠재적인 위험에 노출되는 스트레스를 피하고자 은신처에 숨어서 지낸다. 경험에 따른 가장 좋은 방법은, 먹이를 먹고 나면 어떤 식으로든 만지거나 귀찮게 하지 말고 3일 동안 쉬도록 그대로 내버려두는 것이다!

먹이급여방법

야생의 콘 스네이크는 보통 살아 있는 먹잇감을 사냥한다. 먹잇감의 시각적/화학적 감각 신호는 콘 스네이크가 먹이를 찾고 식별하는 데 도움이 되는 중요한 단서다. 사냥에 성공하기 위해서는 이 두 가지 감각을 모두 이용해야 한다. 뱀이 먹잇감으로부터 더 멀리 떨어져 있을 때 냄새흔적을 감지하고 추적하는 것이 가능하다. 이는 콘 스네이크가 먹이를 추적하는 데 가장 도움이 되는 것이다. 좀 더 가까이 접근하면 뱀은 먹잇감의 움직임에 따라 최후의 돌진을 시도해 먹이를 잡아챈다. 사육환경에서는 핀셋 끝에 매달아 먹이의 움직임을 시뮬레이션함으로써 냄새가 나도록 해서 살아 있는 먹이를 먹게끔 유도할 수 있다.

■**살아 있는 먹이 vs 미리 죽여둔 먹이** : 살아 있는 먹이는 확실히 신선하고 영양가도 높다. 콘 스네이크는 살아 있는 먹이를 찾고, 먹이를 만나면 꼼짝하지 못하도록 만들고, 이를 먹어치우는 데 상당한 노력을 기울인다. 그 과정에서 몸부림치는 설치류와 새에게 물리거나 상처를 입는 등의 위험을 감수해야 한다. 사육 하에서 미리 죽여둔 먹이만 제공하면 먹잇감의 저항으로 인한 부상 발생의 가능성은 없어지지만, 먹잇감을 찾아 제압하는 훈련도 거의 할 수 없게 된다. 하지만 사육자가 해동된 먹이를 세심하게 조작해 살아 있는 먹이처럼 보이게 한다면, 뱀은 먹이가 살아 있을 때와 거의 비슷한 수준의 에너지를 사용하게 될 것이다.

야생에서 포획된 모든 콘 스네이크가 사육환경에서 먹이를 잘 받아먹는 것은 아니다. 심지어 사육된 뱀 중에서도 기존에 먹던 것과 약간 다른 먹이가 나오면 머뭇거리는 경우가 있다. 새로 들인 콘 스네이크가 자발적으로 먹이를 먹을 수 있도록 모든 방법을 동원해 몇 차례 시도해 보는 것이 좋다. 우선 콘 스네이크가 보통 사냥을 시작하는 시간인 땅거미가 지고 난 직후에 먹이를 급여하도록 한다.

다양한 크기의 먹이, 살아 있는 먹이와 죽은 먹이, 죽은 지 얼마 안 된 신선한 먹이와 해동된 먹이, 여러 가지 종류의 먹이를 조합해 제공한다. 다양한 종류의 먹이는 저마다 독특한 냄새와 맛을 지니고 있으므로 랫, 햄스터, 저빌(Gerbil), 햇병아리, 또는 어떤 형태든 여러분이 찾을 수 있는 특이한 설치류도 먹이로 제공해본다. 야생 사슴쥐(Deer mice, *Peromyscus spp.*)와 흰발생쥐(White-footed mice, *Peromyscus leucopus*)는 콘 스네이크의 자연서식지에서 발견되는데, 간혹 다른 방법이 모두 실패했을 때 예민해진 콘 스네이크의 관심을 끄는 해결책이 되기도 한다.

■ 냄새로 자극하기 : 식성이 까다로운 녀석의 경우, 핑키를 사슴쥐나 그 밖의 설치류에게서 나온 지저분한 털에 살짝 묻어두고 새로운 냄새를 입힌 다음 급여하면 받아먹는다는 사실을 확인했다. 파충류 숍이나 브리더의 경우 다양한 설치류 사육장에 깔았던 바닥재를 이처럼 냄새를 풍기는 재료로 시험해 볼 수 있을 것이다.

한 번에 한 가지 먹이만을 제공하되, 뱀이 낯선 먹이의 등장으로 지나치게 겁을 먹지 않도록 사육장의 흔들림을 최소화한다. 은신처 입구에서 조금 떨어진 곳에 먹이를 놔두되, 먹이가 뱀의 몸통이나 머리에 닿으면 예민해진 녀석이 겁을 먹을 수 있으므로 주의한다. 그런 다음 방해받지 않도록 방에서 나오고, 겁 많은 녀석이 아무것에도 구애받지 않는 상태에서 먹을 수 있도록 최소 10분이 지날 때까지는 들어가지 않도록 한다. 먹이를 확인하러 돌아갔을 때는 불을 켜지 말아야 하며, 정 필요하면 손전등을 이용해 사육장 안을 살피되 뱀의 머리를 비추지 않도록 한다.

그래도 효과를 거두지 못하면 다음으로 시도해 볼 방법은 핀셋이나 집게를 이용해 먹이를 제공하는 것이다. 이와 같이 가늘게 생긴 도구들은 뱀의 주둥이 앞에 다가오는 사람의 두툼한 팔이나 손처럼 위협적이지 않다. 가위 형태로 된 46cm짜리 지헐용 스테인리스 핀셋을 이용하면 손쉽게 먹이를 급여할 수 있다. 자동차부품점에서 판매되는 손가락 모양의 기계식 장치 역시 효과적이다. 이와 같은 도구의 끝부분으로 죽은 설치류를 잡고, 뱀이 먹이를 보고 냄새를 맡을 수 있도록 낮은 각도(높은 각도로 접근하면 뱀에게 위협적으로 보일 수 있다)에서 뱀에게 접근한다. 여러분의 움직임 때문에 녀석의 주의가 흐트러지지 않도록 숨죽인 채 가만히 있는 것이 좋다. 그렇게 하면 녀석의 모든 관심이 앞에 놓인 먹이에만 집중될 수 있을 것이다.

뱀의 머리 부근에서 먹이를 천천히 움직이면서 녀석의 반응을 주의 깊게 살펴본다. 겁을 주지 않으면서, 뱀이 작고 위협적이지 않으며 무력한 먹이에 타격을 가하도록 유인하는 것이 요령이다. 뱀이 먹이 쪽으로 다가오면, 계

식성이 까다로운 경우 핑키에 사슴쥐나 기타 설치류의 냄새를 입힌 다음 급여하면 잘 받아먹는다.

속 쫓아오도록 먹이를 뒤로 살살 물린다. 먹이를 더 멀리 옮겨 뱀이 공격할 수 있을 만큼 자신감이 생길 때까지 은신처 밖으로 끌어낸다. 먹이를 덥석 물면 녀석이 먹이를 죄고 끝까지 공격해 입에 넣는 동안 조용히 있도록 한다. 뱀이 은신처에서 나오면 핀셋으로 집은 설치류로 녀석의 몸 가운데에 살살 닿게 하거나 문질러서 먹이에 관심을 보이도록 자극할 수도 있다. 이때 먹이가 뱀의 머리에 닿으면 정면공격으로 인식해 겁을 내거나 화를 낼 수 있으므로 머리에 닿지 않도록 주의한다.

녀석이 먹이에 호기심을 보여 타격을 가하도록 유인하는 것이 좋다. 뱀이 먹이를 향해 돌아서면 설치류를 따라가도록 약 올리는 동작을 반복하고, 먹이를 덮칠 준비가 된 것처럼 보이면 잠시 멈추도록 한다. 설치류의 코를 낮게 유지하고, 항상 앞쪽을 향하게 해야 뱀이 머리를 낚아챌 가능성이 커진다. 천천히 인내심을 갖고 느긋한 태도를 보이되, 미끼를 물면 꼼짝하지 않는 것이 좋다.

콘 스네이크는 먹이를 먹고 나서도 움직이는 것이 보이면 먹이로 알고 낚아챌 정도로 식탐이 강하다.

사육주가 움직임에 변화를 줌에 따라 뱀이 어떤 식으로 반응하는지 빈틈없이 관찰하면 시행착오를 거쳐 방법을 개선할 수 있다. 먹이 급여시간은 콘 스네이크가 공격적인 방식으로 행동할 수 있는 유일한 때다. 콘 스네이크는 사육장이 열리는 것과 손이 들어오는 것을 먹이가 도망치기 전에 잡아채야 하는 신호로 연관시키는 법을 빠르게 학습한다.

콘 스네이크가 과격한 먹이반응을 보이는 경우 녀석에게 물리지 않도록 집게, 대형 핀셋 등을 이용해 급여하도록 한다. 길고 가늘며 눈에 덜 띄는 도구를 이용해 먹이를 제공하면, 손과 먹이 사이의 연관성을 끊는 데 도움이 된다. 이런 식으로 길을 들이면 단순히 뱀을 핸들링하려는 시도에도 공격이 이어지는 일이 생기는 것을 방지할 수 있다.

뱀을 진정시키는 또 다른 방법은 스네이크 훅(snake hook)을 이용해 녀석을 사육장에서 들어 올려 큰 플라스틱 휴지통 같은 빈 용기에 넣는 것이다. 이 방법은 항상 별도의 사육장에서 먹이가 제공된다는 것을 훈련시키는 데도 도움이 된다. 이처럼 특별히 공을 들이면 콘 스네이크가 매우 까다로운 식성을 갖고 있거나, 특히 어린아이가 먹이를 급여하는 일이 종종 있을 때 성과를 거둘 수 있다. 대부분의 콘 스네이크는 이처럼 특별한 예방조치가 필요할 만큼 쉽게 흥분하지는 않는다. 먹이를 급여하는 동안 흥분한 뱀이 도구나 사육장 벽, 구조물, 사육장에 있는 다른 뱀에게 거칠게 부딪혀 상처를 입는 일이 없도록 주의를 기울여야 한다. 또한, 뱀이 돌진하다가 먹이를 놓쳐서 사육장 바닥으로 떨어지는 일도 없어야 할 것이다.

먹이를 먹고 나서도 녀석들의 식탐은 끝나는 법이 없다. 우리는 처음 삼킨 먹이가 식도로 채 내려가기도 전에 근처에서 움직이거나 부딪히는 것은 무엇이든 눈 깜짝할 사이에 낚아채면서 식탐을 부리는 콘 스네이크의 모습을 자주 목격했다. 이런 습성을 이용해 뱀의 눈에 잘 띄도록 다음 먹이를 가까이에 두면 효과를 볼 수 있다.

■**먹이량 늘리기** : 콘 스네이크의 몸을 최대치로 성장시키고 싶다든지, 질병을 앓은 후 또는 알을 많이 낳은 뒤 개체의 몸무게를 원래대로 빨리 늘리고 싶을 때가 있을 것이다. 다양한 먹이를 제공하는 것이 이런 목적을 달성할 수 있는 방법 중 하나다. 시간과 노력을 최소한으로 들이려면 그저 사육장에 먹이를 추가로 놔주는 '버리고 달아나기' 방식을 이용하면 된다. 이렇게 하면 첫 번째 먹이를 먹고 난 뒤에 두 번째와 세 번째 먹이를 적극적으로 찾아 집어삼킨다. 먹이 밑에 신문지나 작은 종이 접시를 남겨두면, 먹이에 들러붙어 잘못해서 입으로 들어가는 바닥재의 양을 최소로 줄이는 데 도움이 된다. 그 정도의 바닥재는 대개 별 탈 없이 소화관을 통과할 수 있다. 하지만 몸집이 작은 뱀이 크고 날카로운 목질이나 섬유질 조각을 삼키면 간혹 소화관에 박혀 찰과상이나 열상을 입을 수도 있으므로 주의해야 한다.

콘 스네이크는 한 번 먹이를 급여할 때마다 10~15분 정도만 먹는 데 관심을 보이는 것 같다. 처음에 주어진 먹이를 먹고 난 뒤에 그 시간 동안 새로운 기회를 얻지 못하면, 대개 흥미를 잃고 좋아하는 은신처로 되돌아간다. 이러한 이유로 15분 안에 식사를 마칠 수 있도록 급식을 계획하는 것이 좋다. 먹이가 충분하다면 거의 온종일 계속해서 먹는 거북이나 일부 도마뱀과는 달리, 콘 스네이크의 경우는 첫 번째 먹이를 제공한 후 추가로 급여하기 위해서는 30분 간격으로 확인해야 한다.

더 많은 시간과 노력을 투자하면 '연쇄급식(chain feeding)'이라 불리는 기술을 이용해 한 끼의 먹이 가짓수를 늘리는 방식으로 매 끼니의 먹이급여량을 늘릴 수 있다. 첫 번째 먹이를 먹고 나면 뱀의 이빨 사이에 두 번째 먹이를 조심스럽게 올려준다. 부드러운 손놀림으로 먹이를 놔주면 속임수를 알아차리지 못한 채 추가로 제공된 먹이를 계속해서 삼켜버릴 것이다. 여러 조각이 줄로 연결된 스네이크 스테이크 소시지는 특히 연쇄급식에 편리하다. 연쇄급식은 튼튼한 콘 스네이크에게는 거의 필요 없는 방법이지만, 두 번째 먹이 속에 꼭 먹여야 하는 약이나 다른 보충제를 넣어 급여할 때 상당히 편리하다. 약이나 보충제 등의 첨가물에는 첫 번째 먹이를 급여할 때처럼 뱀이 탐색하도록 내버려둘 경우 꺼릴 수도 있는 불쾌한 냄새를 풍긴다. 하지만 먹잇감이 쉬지 않고 목구멍으로 들어오면, 뱀은 첫 번째 먹이를 급여할 때 보였던 폭발적인 식탐으로 첨가물이 들어간 두 번째 먹이를 집어삼킨다.

먹이 본래의 냄새가 제거되거나 사육주의 체취에 묻히는 일이 없도록 필요 이상으로 먹이를 만지지 말아야 한다. 이는 다 자란 설치류가 풍기는 매력적인 냄새가 나지 않는 핑키를 다룰 때 특히 중요하다. 이러한 이유로 우리는 핑키와 퍼지(fuzzy)를 뱀에게 급여하기 전에 성체 설치류 사육장의 바닥재를 담아둔 쟁반에 올려둔다. 이 쟁반을 15분 정도 미리 뱀 근처에 놔두면, 코를 찌르는 듯한 자극적인 냄새가 먹이를 먹을 때가 가까워졌다고 뱀을 유혹하는 작용을 한다. 만찬이 내뿜는 냄새가 방 전체로 퍼져나가면서 콘 스네이크의 기대감을 한껏 높여주게 된다.

해츨링의 먹이급여방법

오늘날 파충류시장에서 분양되고 있는 대부분의 콘 스네이크 해츨링은 핑키를 먹이로 인식한다. 그다지 선호되지는 않지만, 도마뱀과 개구리 역시 야생에서 콘 스네이크 해츨링이 첫 먹이로 삼는 일반적인 먹이임을 기억해두자. 해츨링이 새끼쥐를 먹이로 인식하고 먹도록 하는 데 역점을 둔 것은 순전히 사육자의 편의를 고려한 것이다. 스트레스를 덜 받게 하기 위해 새끼에게 첫 급여 시 천연의 먹이(그런 먹이를 구할 수 있다는 전제 하에)를 제공하는 것은 아무런 문제가 되지 않는다.

그러나 이와 같은 변온동물을 먹이로 급여할 때는 몇 가지 위험이 존재하는데, 첫 번째가 기생충감염이다. 먹이로 사용하기 전에 냉동(먹이로 사용되는 변온동물을 죽이는 신속하면서도 인도적인 방법)을 하면 기생충감염의 위험을 크게 줄일 수 있다. 또 다른 위험은 먹이나 불결한 지하수를 통해 야생의 개구리나 도마뱀의 몸에 축적됐을 수 있는 살충제 또는 유독성 화학물질로 인한 오염이다. 따라서 어쩔 수 없는 경우가 아니라면, 야생에서 포획한 먹이는 어떤 것이든 사용하지 말 것을 권장한다.

해츨링에게 먹이를 급여할 때 우선 명심해야 할 사항은, 정상적이고 건강한 새끼들이 알에서 빠져나오기 전 마지막 몇 시간 동안 난황(egg yolk; 난생동물의 알에 포함돼 있는 영양물질)을 흡수함으로써 뱃속에 어느 정도 영양분을 저장하고 세상에 나온다

는 점이다. 생후 첫 주부터 먹이를 먹는 새끼도 간혹 있기는 하지만, 대부분은 약 1 주일 정도 지나 첫 번째 탈피를 할 때까지 기다려야 한다. 그리고 나서 다른 먹이를 섭취해야 할 때까지는 약 한 달가량의 시간이 남아 있다. 따라서 먹이를 안 먹는다고 걱정할 필요는 없다. 녀석들에게 먹이를 급여하기까지 아직 여유가 있다!

시험적으로 먹이를 급여하는 첫 달 동안, 매일 먹이를 먹이려는 시도를 하면서 갓 태어난 새끼를 끊임없이 괴롭히는 일이 없도록 해야 한다. 이 경우 뱀은 물론 사육주 자신에게도 스트레스를 유발할 것이다. 3~4일에 한 번씩 다음에 소개하는 다양한 방법 가운데 하나를 시도해보되, 억지로 먹이를 먹여 새끼를 괴롭히지 않도록 주의하자. 한 달 이상 지나도(콘 스네이크가 너무 일찍 부화해 난황을 미처 다 흡수하지 못했다면 단 몇 주 만에) 먹지 않는다면 뒷부분에 소개하는 '최후의 수단'을 취해야 한다.

먹이를 급여할 때는 앞서 설명한 대로 편안한 사육장환경을 만들어 녀석을 혼자 둬야 한다. 넓은 공간에서 먹이를 잃어버리거나 발견하지 못하는 일이 없도록 사육장이 너무 크지 않아야 한다. 먹이를 주기 전에 우선 콘 스네이크가 수분을 충분히 섭취할 수 있도록 물을 제공한다. 온도는 28~31℃가 적당하고, 높은 습도를 유지해야 한다. 사육장에 미지근한 물을 가볍게 분무해주는 것도 식욕을 자극하는 데 도움이 된다. 어둠이 깔리고 나서야 활동하는 콘 스네이크의 습성을 염두에 두고, 최대한 작은 살아 있는 핑키를 준비해 해질녘에 은신처 입구 바로 앞쪽에 가만히 둬둔다. 그런 다음 겁 많은 새끼가 더욱 겁을 먹지 않게끔 신속히 자리를 비워준다.

제4장 콘 스네이크의 일반적인 관리

먹이를 먹었는지 확인하고 싶은 마음이야 굴뚝 같겠지만, 15분 이상 가만히 기다렸다가 조명을 밝히지 말고 조심스럽게 돌아가 살펴본다. 첫 번째 시도가 실패하면 다음날 저녁에 같은 과정을 반복한다. 하지만 이번에는 뱀과 핑키를 지름이 10cm인 빈 델리컵에 함께 넣어둔다. 델리컵에는 환기 구멍을 몇 개 뚫어주도록 하고, 내부가 보이지 않게 불투명한 뚜껑을 덮어준다. 이렇게 뱀과 핑키를 좁은 공간에 따로 격리하는 것은 뱀이 밤새도록 한 가지에만 집중하도록 해주는 방법이다.

우리가 여러 번 시도해본 결과, 약 50%의 비율로 컵 속의 핑키가 아침이면 사라지고 없었다. 델리컵 뚜껑이 떨어져나갔을 경우 뱀이 탈출하는 것을 막기 위해 뱀이 든 컵을 사육장 내부에 넣어두면 좋다. 히팅 테이프나 히팅 패드는 너무 뜨거워질 수 있으므로 그 위에 컵을 올려두지 않도록 주의한다. 식성이 까다로운 녀석을 만나면 다음과 같이 다양한 방법을 이용해 핑키를 먹도록 유도할 수 있다.

■ **냄새 이용하기**(stimulating with scent) : 필요하다면 죽은 지 얼마 안 된 신선한 핑키를 이용해 먹이급여를 시도해볼 수 있다. 움직임이 활발한 핑키 때문에 겁 많은 콘 스네이크가 놀라는 경우도 더러 있으므로 움직이지 않는 먹이가 더 효과적일 것이다. 미리 죽여 둔 핑키의 머리를 자극하면(핀셋으로 머리의 피부를 벗기고 뇌를 긁으면 체액이 흘러나온다) 더욱 강렬한 냄새를 풍겨 뱀이 먹이에 달려들게 만들 수 있다. 일부 브리더들은 새끼 콘 스네이크를 핑키의 머리와 함께 남겨두는 것이 효과가 있었다고 보고했다. 냉동과정에서 파열된 피부세포가 특히 자극적인 설치류 냄새를 풍기기 때문에 냉동쥐를 해동하면 후각을 각성시키는 효과가 크다. 좀 더 과감한 방법을 시도하기 전에 델리컵을 이용한 방법을 적어도 세 번은 시도해 보도록 하자.

이와 같은 방법을 취해도 효과가 없다면, 본능적인 먹이반응을 일으킬 수 있는 다른 먹이의 냄새로 생쥐의 체취를 대체하는 위장전술을 펼칠 때가 됐다. 햄스터, 저빌, 사슴쥐를 비롯한 외래종 설치류의 냄새나 그런 먹이동물이 쓰던 바닥재에 밴 냄새가 종종 집쥐(House mouse, *Mus musculus*) 및 랫(Common rat, *Rattus norvegicus*)을 대신해 효과를 거두기도 한다. 심지어 어떤 사육주는 닭고기 수프를 바른 설치류를 이용해 먹이급여에 효과를 거둔 것으로 알려져 있다.

먹이를 먹지 않으려는 새끼 콘 스네이크를 먹이와 함께 델리컵에 넣어두면, 밤사이에 먹어치우는 경우가 많다.

갓 태어난 야생의 콘 스네이크가 생애 첫 번째 먹이로 사냥하는 청개구리(Tree frog, *Hyla spp.*), 아놀(Anole, *Anolis spp.*), 스파이니 리자드(Spiny lizard, *Sceloporus spp.*), 게코 (Gecko, *Coleonyx spp.*, *Eublepharis spp.*, *Hemidactylus spp.* 등) 또는 그 밖의 작은 도마뱀 등을 구한 후, 이들의 축축한 피부에 핑키를 문질러서 핑키의 냄새를 완전히 가리도록 한다. 앞서 언급했듯이, 뱀 입장에서는 체액이 더 매력적이기 때문에 살아 있는 도마뱀의 꼬리를 끊고 생쥐에게 피를 묻히면 더 강력한 유인제가 될 수 있다.

어느 한 종의 도마뱀으로 콘 스네이크를 유혹하는 데 실패했다면, 까다로운 녀석의 입맛에 맞는 먹이를 찾을 때까지 다른 도마뱀으로 시도해 보도록 한다. 냉동 도마뱀이나 청개구리의 살갗을 일부 벗겨내 급여하는 것도 효과를 거둘 수 있으며, 필요하다면 여러 번 재사용할 수 있도록 밀봉 가능한 비닐봉지에 넣어둔다. 일부 브리더들은 뱀의 집중력을 떨어뜨릴 수도 있는 자연의 설치류 냄새를 제거하기 위해 인공적인 냄새를 가미하기에 앞서, 새끼 설치류를 따뜻한 물에 씻어내도록 권유하기도 한다. 이는 앞에서 기술한 내용과는 모순된 것처럼 보이지만, 이 방법으로 효과를 거둔 이들도 있었다는 점을 참고하도록 하자.

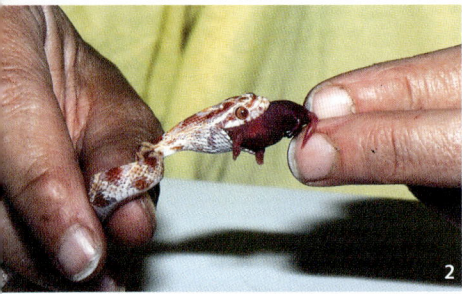
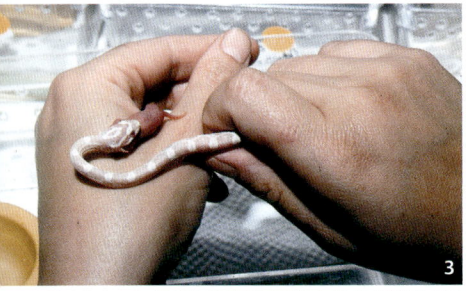

■**약 올리기**(tease-feeding) : 냄새를 이용하고 나서 그 다음으로 써볼 방법은 '약 올리기' 기법이다. 여러분이 인내심을 최대한 발휘할 수만 있다면, 다행히 콘 스네이크는 약 올리기 방법을 통해 먹이를 급여하는 일이 상당히 쉬운 편이다.

약 올리기 방법은 우선 한 손으로 뱀의 중간 부분을 단단하면서도 부드럽게 잡는데, 이때 주먹 쥔 손의 네 손가락은 몸통을 감싸고 꼬리는 아래로 늘어뜨리도록 한다. 구부린 검지 위로 콘 스네이크의 머리와 목 부분의 5~7.5cm 정도만 튀어나오도록 해야 한다. 다른 손으로는 미리 죽여둔 핑키의 머리가 손끝으로 나오도록 쥐고, 뱀의 몸통에서 3분의 1가량을 살살 친다. 긴 집게나 핀셋을 사용하면, 사람의 손가락보다 부피가 작아 상대적으로 뱀을 놀라게 하지 않기 때문에 새끼 생쥐를 집을 때 효과적이다.

약 올리기 방법을 시도할 때 뱀의 머리와 몸 윗부분을 건드리는 것은 뱀에게 공포심만 유발하므로 피하도록 한다. 옆구리에 닿는 물체에 뱀이 화를 내거나 호기심을 보일 수 있을 정도로만 놀리고, 머리가 공격당할까 두려워 움츠릴 정도로 약 올리지는 않아야 한다. 뱀이 핑키에게 달려들어 움켜쥐고 물고 늘어지도록 하는 것이 목적이다. 뱀이 의도대로 행동하지 않을 경우 다시 여러 차례 시도를 거듭하다 보면 마침내 녀석이 먹잇감에 달려드는 때가 올 것이다. 이제 인내심을 발휘할 일만 남았다!

1. 식성이 까다로운 새끼 콘 스네이크에게 먹이를 급여하기 위한 방법으로, 한 손으로는 녀석을 부드럽게 쥔 채 다른 한 손으로 새끼 생쥐를 줄 듯 말 듯 갖다 대며 약을 올리는 기술이 있다. 콘 스네이크가 사육주의 손에 쥐어져 있다는 사실을 까맣게 잊은 채 눈앞에 있는 핑키에만 집중하도록 하는 것이 가장 좋다. **2.** 뱀의 주둥이로부터 몇cm 떨어진 위치에서 핑키를 쥔 채 그것을 녀석의 몸통이나 꼬리에다 부딪히되, 머리는 피하는 것이 좋다! 뱀의 이빨이 쥐에 박히고 나면 일체의 움직임을 멈춘다. 이 단계에서는 뱀을 유인하는 것도 중요하지만, 놀라지 않게 해야 한다. **3.** 뱀이 입속에 있는 먹이를 삼킬지 놓아줄지를 결정할 때는 움직이지 말아야 한다. 꼼짝 하지 말고 가만히 지켜보다가 뱀이 먹이를 완전히 삼키고 나면 녀석을 사육장으로 다시 돌려보낸다.

식성이 까다로운 녀석을 만나면 여러 가지 다양한 방법을 이용해 자발적으로 먹이를 먹도록 유도할 수 있다.

사육주는 미동도 없이 죽은 듯 가만히 있어야 하고, 새끼 뱀이 입에 물고 있는 것을 빼고는 모든 것을 잊을 수 있도록 만들어야 한다. 녀석이 입에 문 먹이에 대해 '고민'하는 시간은 보통 몇 초에서 1~2분 정도 걸리며, 먹이에 겁을 먹지 않았다면 이내 삼키기 시작할 것이다. 이때 녀석의 주의를 흐트러뜨리면 먹이를 뱉어내거나 떨어뜨릴 수 있는데, 이렇게 되면 다음번 먹이급여를 시도하는 것이 훨씬 어려워질 수도 있으므로 먹이에만 집중할 수 있도록 해준다. 먹이가 뱀의 목구멍 아래로 사라질 때까지 꼼짝하지 말고 지켜보는 것이 좋다. 그런 다음 사육장에 뱀을 살살 들여놓고 며칠 동안 방해하지 않도록 한다. 여러분도 뱀도 휴식이 필요하다!

다행스러운 것은 새끼 콘 스네이크에게 이런 식으로 먹이를 급여하면 대부분 빨리 받아먹는다는 사실이다. 하지만 처음에는 성공을 거두기까지 몇 차례의 반복적인 시도가 필요할 수도 있다. 두세 차례 반복하다 보면 힘들이지 않고 먹이를 먹일 수 있게 된다. 처음에는 이 과정이 지루하게 느껴질 수도 있으므로 작업을 진행하는 동안 TV나 라디오를 켜두면 지루한 감을 덜 수 있을 것이다. 주저하는 뱀을 약간 튕겨주는 것처럼, 처음에는 쓸데없이 보이는 방법이 다양한 파충류에서 식욕을 자극하는 데 효과가 있었다. 이런 식으로 파충류의 위액을 자극해 출렁이게 하면, 일부 개체에서 배고픔을 유발할 수 있다는 주장도 제기되고 있다. 문제가 있던 콘 스네이크가 자동차나 배를 타고 오랜 시간 이동을 하고 나면 갑작스럽게 식욕을 보인다는 보고도 있다. 우리는 어떤 변화든 먹이섭취에 도움이 될 수 있다는 사실도 알게 됐다. 새로운 집이나 새로운 방으로 옮기고 나면 일부 식성이 까다로운 녀석도 자발적으로 먹이를 먹기 시작하는 것을 볼 수 있다.

■**포스 피딩**(force-feeding) : 포스 피딩은 먹이를 먹지 않으려는 개체에게 급여할 수 있는 최후의 방법으로, 반드시 앞에서 소개한 자발적인 먹이섭취방법이 통하지 않

먹이를 먹지 않으려는 개체에게 강제로 급여하는 포스 피딩은 자발적인 먹이섭취방법이 전혀 통하지 않을 때만 시도해야 한다. 사진은 스노우 콘 스네이크 해츨링

을 때만 시도해야 한다는 점을 명심하자. 갓 태어난 건강한 새끼의 경우 신선한 물만 제공되면 먹이를 먹지 않고도 4주 정도를 버틸 수 있으므로 이 방법을 너무 일찍 사용하지 않도록 하는 것이 좋겠다. 포스 피딩은 연약하고 어린 뱀에게는 위험한 강제급여방식이며, 뱀은 물론 사육주 모두에게 스트레스를 유발한다.

약 올리기 방법으로 급여할 때처럼 손으로 뱀을 잡되, 이번에는 머리만 움직일 수 있게 한다. 끝이 가느다란 뜨개질바늘처럼 가늘고 매끄러운 금속이나 플라스틱 막대를 준비한다. 뱀이 입을 벌리지 않으려고 하면 막대를 이용해 이빨에 손상을 주지 않도록 주의하면서 녀석의 입을 비집어 연다. 최대한 작은 크기의 핑키를 택해 코(혹은 절단된 머리)를 뱀 목구멍에 될 수 있는 한 깊숙이 집어넣는다. 이때 먹이의 뒷부분에 약간 압력을 가해 뱀이 먹이를 곧바로 뱉어내지 못하게 한다.

소량의 물이나 버터를 사용하면 먹이가 좀 더 쉽게 미끄러져 내려갈 수 있도록 돕는 윤활유 역할을 한다. 끝이 둥그스름한 막대를 이용해 먹이가 보이지 않을 때까지 식도 안으로 살살 밀어 넣는다. 그런 다음 뱀의 몸체 바깥에서 적어도 5cm 이상 먹이를 부드럽게 마사지해준다. 이 단계에서 먹이는 몇 분 안에 다시 밖으로 나오든지 뱃속에 자리를 잡고 정상적으로 소화되든지 할 것이다. 일부 사육자의 경우 포스 피딩 시 새끼 쥐의 꼬리를 사용하는 것을 선호하기도 하는데, 가늘고 긴 형태가 새끼 뱀에게 포스 피딩하기 더 쉽다는 이유에서다. 꼬리에는 영양분이 많지 않겠지만, 해츨링이 스스로 먹이를 찾을 때까지 살아남을 수 있게 해줄 것이다.

금속막대 대신 끝부분에 가늘고 유연한 튜브(ex, 체내에 삽입해 소변 등을 뽑아내는 카테터-catheter)가 부착된 플라스틱 피하주사기를 이용해 뱀의 뱃속에 먹이를 강제로 주입할 수도 있다. 작은 해츨링의 경우 7.5~10cm의 스테인리스강 급식 튜브(파충류 분양업자나 수의용품 공급업체에서 구할 수 있다)를 10~20cc 주사기에 부착해 사용할 수도 있다. 주사기에 곱게 분쇄한 고양이사료나 고기이유식을 채워 뱀의 식욕을 자극하기 위해 몇 차례 제공할 수 있다. 그러나 이런 식으로 배합한 먹이는 뱀에게 완전히 균형 잡힌 식단을 제공하지는 못하며, 어디까지나 비상조치로만 생각해야 한다. 몸길이가 30cm인 새끼에게 한 번 먹일 양으로는 1cc의 유동식으로도 충분하다. 배합한 먹이가 급식 튜브에 막히면 차 여과기를 이용해 문제를 해결할 수 있다.

핑키 펌프(Pinkie Pump) 같은 특수한 기구는 죽은 핑키를 통째로 새끼 뱀의 뱃속에 주입하는 맞춤형 스테인리스강 재질의 주사기다. 주사기의 피스톤을 밀면 생쥐 퓌레가 만들어지고, 부산물로 생긴 육즙을 끝부분에 내장된 짧은 중공관을 통해 뱀의 목구멍으로 밀어 넣는다. 이 모든 과정은 한 번에 이뤄진다. 핑키 펌프를 이용한 급여방식의 장점은, 먹이를 통째로 뱀의 체내로 주입해 좀 더 나은 식단을 제공한다는 것이다.

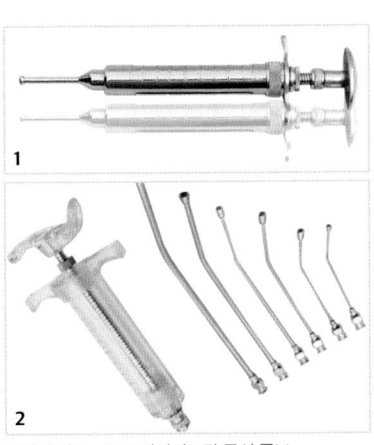

1. 핑키 펌프 2. 스테인리스강 급식 튜브

사육주의 온갖 노력에도 불구하고 몇 달 동안 먹이를 받아들이지 않는 상황이 온다면 안락사를 고려해야 한다.

저렴한 전기 커피분쇄기(엄밀히 말하면 이런 용도로 사들인)를 사용하면, 플라스틱 주사기에 부착된 스테인리스강 재질의 급식 튜브(혹은 고무 재질의 가느다란 카테터)로 내려갈 수 있을 정도로 핑키(쥐나 랫)를 곱게 갈 수 있다. 덜 갈아진 먹이로 인해 튜브가 막히는 일이 없도록 차 여과기를 이용해 덩어리를 제거할 수도 있다. 커피분쇄기를 사용할 때는 해동된 핑키 몇 마리를 넣고 약간의 물을 부어주면 더 큰 효과를 거둘 수 있다. 양이 많아 이용하고 남은 것은 얼려뒀다가 나중에 급여하면 된다.

포스 피딩은 일반적인 먹이급여일정과 동일한 주기로 이뤄져야 한다. 이 기술은 문제가 있는 뱀을 '회복시키는' 동안 취할 수 있는 일시적인 조치에 불과할 뿐 그 이상도 이하도 아니라는 점을 명심하자. 2~3개월 동안 포스 피딩을 해서 살아남은 새끼 콘 스네이크는 대부분 스스로 먹이를 먹기 시작할 것이다. 가을까지 건강한 상태로 있다가 성체와 함께 동면에 들어갈 수 있다면, 봄철에 늘어난 낮의 길이와 높아진 기온을 신호로 먹이를 먹기 시작할 수도 있다.

■ **모든 방법이 실패할 경우** : 앞서 언급한 조치를 몇 달 동안 취했음에도 불구하고 새

끼 뱀이 스스로 먹으려는 기미가 보이지 않으면 녀석의 건강상태는 썩 좋지 않을 것이다. 사육주의 온갖 노력에도 불구하고 해츨링 가운데 극소수는 여전히 먹이를 받아들이지 않는다. 이쯤 되면, 녀석이 살아남을 가능성이 없다는 것을 받아들여야 할지도 모르겠다. 대자연의 법칙에 따라 녀석은 다른 야생동물의 먹이가 될 운명이므로 사육주가 어떠한 노력을 기울이더라도 바꿀 수 없을 것이다.

상황이 이렇다면 안락사를 고려해야 한다. 가장 바람직하고 인도적인 안락사 방법은 동물병원에서 심장이나 체강에 페노바르비탈(Phenobarbital; 뇌신경흥분을 억제해 진정, 수면, 항경련 효과를 나타내는 약물) 또는 정맥주사를 놓는 것이다. 흡입마취제 주입 역시 인도적인 방법으로 알려져 있지만, 이 또한 수의사의 도움을 받아 실시해야 한다. 사육주가 직접 취할 수 있는 방법은 이산화탄소(드라이아이스로 제공되는데, 동물은 털끝 하나 건드리지 않는다)를 이용하는 것으로, 고통 받는 파충류에게 평화로운 죽음을 맞이하게 해줄 수 있는 가장 인도적인 방법이다. 밀폐된 사육장 내부에서 뜨거운 물에 드라이아이스를 담그면 사육장이 순식간에 증기로 가득 차게 된다.

냉동법을 이용한 안락사는 얼음결정이 형성되는 고통을 안겨주기 때문에 이 방법을 사용하려면 뱀을 먼저 냉각해서 의식을 잃게 만들어야 한다. 최후의 수단은 뱀의 목을 베는 것인데, 목을 벴다고 해서 뇌 활동이 즉시 멈추는 것은 아니라는 점을 염두에 둬야 한다. 인도적인 죽음을 맞게 하려면 어떤 충격으로든 즉시 뇌사시키는 것이 가장 안전한 방법이라고 할 수 있다.

비타민/미네랄보충제의 공급

현재 파충류시장에는 굉장히 많은 종류의 비타민/미네랄보충제가 시판되고 있다. 이와 같은 보충제는 사육환경에서 야생의 식단을 재현하기 어려운 잡식성 혹은 완전한 채식성 파충류의 식단에 다양성을 높이기 위해 이용된다. 콘 스네이크도 곤충, 씨앗, 식물 같은 먹잇감의 뱃속에 든 내용물을 통해서도 추가적인 영양을 섭취할 수 있다. 사육 중인 콘 스네이크의 식단은 영양소를 두루 갖추기가 어려울 수도 있으므로 식단에 분말제품을 주기적으로 보충해주는 것도 그리 나쁘지 않다. 단, 끼니때마다 급여하지는 말아야 한다.

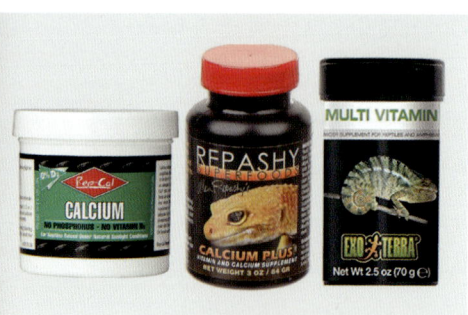
다양한 비타민/미네랄보충제

대부분의 비타민은 물에 잘 녹는 수용성이며, 과다 섭취한 비타민은 몸 밖으로 빠르게 배출된다. 가끔 섭취하는 양으로 비정상적인 독성 수준으로까지는 쉽게 쌓이지 않겠지만, 몇몇 지용성 비타민은 체내에 축적될 수 있다. 콘 스네이크에게 적용되는 하루 최소필요량에 대한 기준이 없으므로 가장 좋은 방법은 해마다 서너 차례만 보충제를 제공하는 것이다.

이렇게 하면 사육주가 모르는 사이 특정 성분을 과다하게 제공했을 때 초과량을 몸 밖으로 배출할 시간을 벌 수 있다. 이 방법은 이상한 먹이로 예기치 않게 많은 양의 미량원소를 섭취했을 때 녀석들이 야생에 있을 때와 같은 수준으로 섭취간격을 조절해준다. 번식기에 칼슘분말을 더스팅(dusting; 분말형태의 칼슘이나 비타민을 먹이동물의 몸에 묻혀 급여하는 방법)해주는 일은 암컷에 있어서 특히 중요하다. 이는 알을 많이 생산해 골격계에서 칼슘을 너무 많이 소모함으로써 암컷의 몸이 약해지는 것을 막아준다.

비타민/미네랄보충제는 여러 가지 방법으로 투여할 수 있다. 첫 번째 방법은 먹이를 분말이나 용액으로 된 보충제 속에 넣었다 꺼내 급여하는 것이다. 두 가지 형태 모두 먹이동물의 털이나 피부에 보충제가 들러붙는다. 이때 먹이동물의 엉덩이에만 보충제를 묻혀야 한다. 일반적으로 뱀이 먼저 찾는 먹이의 머리 끝에서 이상한 냄새가 난다면, 이 낯선 냄새가 녀석들에게 혼란을 줄 수도 있기 때문이다.

두 번째 방법은 주사기를 이용해 액체 타입의 보충제를 살아 있는 설치류에 주입해 급여하는 것이다. 세 번째 방법은 먹이동물이 살아 있는 동안 것-로딩(gut-loading; 그냥 급여했을 때 부족하기 쉬운 영양소를 먹이동물에게 직접 먹여 양질의 영양소를 흡수시킨 후 급여하는 방법)을 한 다음 급여하는 것이다. 이 기술은 도마뱀과 양서류에 급여하는 먹이곤충에 오랫동안 사용돼온 방법이다. 설치류를 뱀에게 급여하기 직전에, 설치류가 평상시 먹는 묽은 유동식에 다량의 보충제를 섞어 굶주린 설치류에게 먹일 수 있다. 보충제가 설치류의 몸 밖으로 배출되거나 소실될 수 있으므로 것-로딩을 한 다음 몇 시간 이내에 콘 스네이크에게 급여하는 것이 좋다.

Chapter 05

콘 스네이크의 건강과 질병

콘 스네이크에게 잘 걸리는 질병의 종류와 진단방법에 대해 살펴보고, 질병발생 시의 응급처치법과 치료 및 예방에 대해 알아본다.

질병의 징후와 예방

콘 스네이크는 일반적으로 매우 건강한 뱀으로서 적절한 사육환경을 제공한다면 건강하게 오래 살 수 있지만, 자칫 관리를 소홀히 할 경우 여러 가지 질병에 걸리기 쉽다는 점도 항상 염두에 둬야 한다. 이번 섹션에서는 질병에 걸린 개체에게서 흔히 볼 수 있는 여러 가지 증상, 아픈 콘 스네이크의 관리와 치료, 질병을 예방하는 차원에서 살펴야 할 건강한 개체가 보이는 특징들에 대해 알아보도록 한다.

질병의 일반적인 징후
콘 스네이크에게 맞는 적절한 사육환경을 제공하고 이를 효과적으로 유지관리하는 것만으로도 많은 질병을 예방하는 데 도움이 되며, 혹 질병이 발생했을 때는 파충류 치료가 가능한 수의사의 도움을 받는 것도 필요하다. 평소 문제의 징후가 있는지 항상 뱀을 주의 깊게 살펴보는 습관을 들이고, 문제가 발생했을 때 즉시 해결할 수 있도록 조치를 취하는 것이 중요하다는 점을 명심하도록 하자. 콘 스네이크에 있어서 주의해야 하는 질병의 중요한 징후와 증상은 다음과 같다.

■ **코나 입에서 분비물이 나오는 경우** : 코나 입에서 분비물이 나오는 경우 상부호흡기에 감염이 발생했을 가능성이 크다. 뱀에 있어서 호흡기감염은 매우 심각한 상황으로 발전할 수 있기 때문에 주의를 게을리해서는 안 된다. 가능한 한 신속하게 동물병원을 방문해 수의사의 치료를 받는 것이 무엇보다 중요하다.

■ **구토나 설사가 나타나는 경우** : 구토가 설사가 나타나는 경우는 위장감염이나 기생충감염으로 고통을 겪고 있는 상태일 수 있으며, 완전한 회복을 위해 즉각적인 조치가 필요하다. 또한, 이러한 병원체와 기생충 중 다수는 전염성이 있어 여러 마리의 콘 스네이크를 기르는 사육자에게는 심각한 걱정거리가 되므로 주의를 요한다.

■ **물그릇에 너무 오랜 시간 동안 몸을 담그고 있는 경우** : 이 경우는 진드기에 감염됐다는 신호일 수 있다. 진드기는 근절하기 매우 어려운 기생충이며, 며칠 만에 그룹 전체를 감염시킬 수 있다. 따라서 사육주는 진드기가 발견됐을 때 신속하고 단호하게 조치를 취해야 한다. 또한, 뱀이 불안해하거나 입을 벌리고 쉬는 경우 체온이 너무 높아졌기 때문일 수 있다. 뱀은 사육장의 온도가 너무 낮으면 질병에 걸릴 수 있지만, 반대로 너무 높으면 금세 폐사할 수 있다. 불안해할 때 보이는 '패닉(panicked)' 행동은 뱀의 체온이 너무 뜨겁다는 것을 나타내는 가장 확실한 신호다. 이러한 증상 중 하나라도 발견되면 사육방법을 수정하고 수의사의 조언을 구하도록 하자.

콘 스네이크에게 맞는 적절한 사육환경을 제공하고 이를 효과적으로 유지관리하는 것만으로도 많은 질병을 예방하는 데 도움이 된다.

아픈 콘 스네이크의 관리

건강한 콘 스네이크에게 기생충이나 전염병이 옮는 것을 방지하고 병에 걸린 개체의 스트레스를 줄이기 위해 문제가 있는 개체는 다른 뱀으로부터 격리해야 한다. 사육장 밑에 히팅 테이프 또는 사육장 한쪽 끝에 히팅 램프를 설치해 병든

건강한 콘 스네이크에게 기생충이나 전염병이 옮는 것을 방지하고 병에 걸린 개체의 스트레스를 줄이기 위해 문제가 있는 개체는 다른 뱀으로부터 격리해야 한다.

뱀이 좋아하는 온도를 선택할 기회를 주는 것이 좋다. 속이 빈 통나무 같은 은신처를 사육장 내에 넉넉히 만들어주는 것도 괜찮은 방법이다. 그래야 최적의 회복온도를 찾기 위해 열원에서 적절한 거리를 선택하는 동안 뱀이 몸을 숨길 곳이 생긴다. 병든 녀석을 조용한 곳에 옮겨두고 문제의 본질을 정확히 찾아내 특별한 처치를 결정하는 과정에서 만지거나 불필요하게 방해하지 않도록 하자.

건강한 콘 스네이크의 특징

자신이 기르는 콘 스네이크가 건강할 때 보이는 특징을 잘 알아두면 평소와 다른 이상한 행동이나 상태를 확인함으로써 질병의 발생 유무를 판단해볼 수 있으며, 예방에도 도움이 될 것이다. 건강한 개체들에서 볼 수 있는 특징은 다음과 같다.

■**정상적으로 먹고 마신다** : 콘 스네이크는 식성이 까다롭지 않으며, 먹이를 급여하면 아마도 매일 먹을 수 있을 것이다. 그러나 건강한 먹이급여주기는 1살 이하의 뱀의 경우 5~7일, 나이 든 뱀의 경우 7~10일로 잡고 진행하는 것이 좋다. 뱀이 급여주기

에 따라 규칙적으로 식사를 한다면 문제없이 잘 지내고 있다는 좋은 신호다. 평소보다 먹이나 물을 적게 먹고 마시는 경우 휴면기에 들어갔다는 징후일 수 있는데, 이때 체중이 감소한다면 스트레스를 받을 수 있으므로 관리에 주의를 요한다.

■**들어 올릴 때 천천히 움직인다** : 콘 스네이크가 행복하고 편안한 상태라면, 사육주가 집어 들었을 때 손 위를 미끄러지듯이 부드럽게 기어가는 행동을 보일 것이다. 때로는 움직임 없이 조용하게 있거나 손 위에서 버둥거리지 않고 가만히 있을 수도 있다. 이 경우 사육주와 함께 있는 것이 부담스럽지 않고 편하다는 것을 의미한다. 스트레스를 받은 상태의 콘 스네이크는 핸들링할 때 사육주를 물려고 시도하거나 손에서 벗어나기 위해 버둥거릴 가능성이 더 크다.

■**자연스럽게 혀를 날름거린다** : 뱀은 주변 환경을 감지하기 위해 공중에 혀를 날름거린다. 자신의 영역 내에 있는 물체를 식별하기 위해 공기입자를 맛보는 행동이다. 이때 혀놀림이 편안하고 급하게 서두르는 느낌이 없다면, 콘 스네이크가 현재 행복한 상태이며 스트레스나 불안을 유발할 위험을 느끼지 않는다는 신호다.

■**눈이 맑은 상태를 유지하고 있다** : 콘 스네이크가 깨어 있는 상태, 기민하고 행복한 상태라면 눈이 맑은 것을 볼 수 있다. 뱀은 종종 주변 환경의 새로운 물건에 반응하기 때문에 일상적인 수준의 경계심을 가질 수도 있다. 대조적으로, 콘 스네이크의 눈이 흐리고 푸른빛이 도는 상태라면 방어적인 태세를 취하고 있다는 의미일 수 있다. 보통 탈피가 이뤄지기 전이나 도중 또는 직후에 볼 수 있는 현상이며, 이때는 핸들링을 시도한다거나 방해하는 행동을 하지 않는 것이 좋다.

■**바위나 나뭇가지 위에 올라가 있다** : 콘 스네이크가 행복하고 편안한 상태라면 바위나 나뭇가지에 기대고 있는데, 마치 게으름을 피는 것처럼 보이기도 한다. 때때로 편안한 자세로 나뭇가지 위에 웅크리고 있는 것을 볼 수 있을 텐데, 이는 뱀이 자신의 환경에 만족하고 주의를 게을리할 만큼 편안함을 느끼고 있다는 신호다.

나뭇가지 위에 편안한 자세로 웅크리고 있는 경우 주변 환경이 만족스럽고 편안하다는 신호다.

■**정기적으로 배설한다** : 콘 스네이크의 배설물은 일반적으로 검은색의 끈 같은 모양을 띠고 있는 것을 확인할 수 있다. 보통 먹이를 먹은 후 3~5일이 지나면 배설하는데, 이와 같이 규칙적으로 배설이 이뤄진다면 일반적으로 건강하고 잘 지내고 있다는 신호다. 만약 5일이 지난 후에도 배설물이 보이지 않는다면 변비로 인해 불편함을 겪고 있을 수도 있다. 그러나 휴면단계에 접어들면서는 소화시스템 또한 느려지게 되며, 먹는 양이 줄고 에너지를 절약하게 된다는 점도 기억하자.

■**부드럽게 잡는다** : 핸들링할 때 콘 스네이크가 사육주를 붙잡고 있다는 것을 확인할 수 있다. 이러한 행동을 하는 것은 사육주의 손에서 탐색을 하기에 충분히 편안하다는 신호다. 콘 스네이크가 이렇게 잡는 것은 단순히 안정감을 유지하기 위한 방법이며, 편안함을 느끼는 경우 통증을 유발할 정도로 꽉 쥐거나 쥐어짜지 않는다.

■**탈출을 시도하지 않는다** : 콘 스네이크는 호기심이 많은 동물이며, 더 멀리 나갈 수 있는 틈이나 구멍이 있는지 확인하기 위해 사육장을 탐색한다. 그러나 주변 환경

에 만족스러움을 느끼는 뱀은 사육장이 안전하다는 것을 알게 되면 대개 탐색을 포기한다. 불편함을 느끼는 경우 벽을 탐색하면서 지속적으로 탈출을 시도하는 것을 볼 수 있다. 예를 들어, 벽을 몸으로 밀거나 파내거나 기어오르는 식이다.

■ **핸들링 시 긍정적인 행동을 보인다** : 사육주와 함께하는 것을 편안하게 느끼는 경우 일반적으로 사육장 밖에서 탐색할 때 사육주를 찾는 행동을 할 것이다. 뱀이 사육주 주위에 웅크리고 있거나 사육주의 몸 위로 기어오르는 것을 볼 수 있을 것이다. 머리를 문지르거나 팔을 부드럽게 잡고 감싸는 것도 긍정적인 징후의 하나다.

■ **히싱을 하지 않는다** : 콘 스네이크가 비교적 조용한 모습을 보인다면, 이는 행복하다는 좋은 신호다. 쉿 하는 소리와 같이 끊임없이 소리를 내는 뱀은 일반적으로 스트레스를 받고 위협을 느끼는 상태에 있는 것이다. 쉿쉿 하는 소리는 포식자를 겁주기 위한 방어기제이며, 공격하려고 할 때 짧게 쉿 소리를 내기도 한다.

■ **탈피가 원활하게 이뤄진다** : 콘 스네이크의 몸이 성장할 때 피부는 함께 자라지 않기 때문에 성장을 돕고 피부에 붙어 있을지도 모르는 기생충을 제거하기 위해서는 피부의 바깥층을 주기적으로 벗겨내야 한다. 콘 스네이크는 나이가 들면서 일반적으로 몇 주에 한 번 탈피를 하던 것에서 몇 달에 한 번 탈피하는 것으로 탈피주기가 변한다. 충분히 습한 환경을 제공하는 경우 탈피문제는 발생하지 않을 것이다. 탈피가 너무 자주 이뤄진다거나 탈피부전이 발생하는 경우, 상처가 있다거나 주변 환경이 적절하지 않아 생기는 건강문제의 징후일 수 있다.

■ **규칙적인 습관을 유지한다** : 콘 스네이크는 고유한 습성을 지닌 생물이다. 뱀을 잘 관찰하고 그들의 정상적인 행동과 일상을 살펴보면 언제 행복함을 느끼는지 알 수 있게 될 것이다. 편안함을 느끼는 뱀은 먹이를 먹고 물을 마시는 데 있어서의 강도, 사육장을 탐색하는 데 있어서의 주기와 같은 일상을 고수하는 경향이 있다. 대조적으로, 갑작스러운 행동변화는 뱀이 스트레스를 받고 있다는 신호일 수 있다.

흔히 걸리는 질병
원인 및 대책

콘 스네이크는 탈피 및 번식 중에 겪는 문제 말고도, 많은 종류의 뱀에 영향을 미칠 수 있는 질환들에 노출돼 있다. 야생에서는 아프거나 약해진 개체는 포식자의 표적이 되기 때문에 뱀은 본능적으로 아프다는 것을 숨긴다. 이러한 습성 탓에 사육환경에서 질병의 징후를 나타낼 수 있는 변화를 파악하려면 사육주가 더욱 신경을 써야 한다. 매주 콘 스네이크의 체중을 측정하고(갑작스러운 체중감소는 질병에 걸렸음을 나타내는 신호다) 평소 먹이습관과 행동, 탈피주기 등을 꼼꼼하게 기록하도록 하자.

본격적으로 설명하기에 앞서, 일단 콘 스네이크는 오늘날 반려동물로 기르는 모든 뱀 중에서 가장 강한 종에 속한다는 점을 강조하고 싶다. 또한, 인공번식된 개체들은 특히 이번 섹션에서 논의되는 질병에 걸릴 확률이 다소 낮은 편이라는 것도 염두에 두도록 하자. 오랫동안 수만 마리를 다뤄본 경험을 기반으로 발생 가능성이 큰 것부터(마지막 질병은 제외) 차례대로 설명하도록 하겠다. 여기서 소개하는 내용은 응급처치에 가까우므로 기본적인 처치로 대응할 수 없는 심각한 문제가 발생하면 파충류 치료가 가능한 수의사의 도움을 받도록 해야 한다.

외부기생충(ectoparasite)

기생충은 기본적으로 동물의 체내에 기생하는 내부기생충과 체외에 붙어 기생하는 외부기생충의 두 가지 유형으로 크게 나눌 수 있다. 외부기생충은 대표적으로 마이트(mite)와 틱(tick)을 들 수 있으며, 뱀의 피를 빨아먹는 흡혈성 진드기다.

■ **마이트**(mite) : 마이트는 거미강에 속하는 핀헤드(pinhead) 크기(1mm)의 진드기류로, 검은색 또는 붉은색의 작은 구슬처럼 보인다. 뱀의 표피에서 풍선처럼 부풀어 오른 모습이 흔히 목격되며, 뱀의 몸 위로 기어 다니는 것도 확인할 수 있다.

마이트는 뱀의 비늘에 구기를 찔러 넣고 피를 빨아먹고 산다. 붉은진드기(Red mite, *Dermanyssus gallinae*; 닭진드기라고도 함)는 주로 야생의 뱀에게 감염되며, 처음에만 제거해주면 사육 중인 뱀에서는 퍼져나가지 않는다. 검은진드기(Reptile mite, *Ophionyssus natricis*; 일반적인 뱀진드기)는 몸집이 약간 더 크고, 성체로서 파충류에 기생하도록 진화해왔다. 마이트는 빠른 속도로 증식하며, 개체 수가 많을 경우 무기력증, 탈수증, 빈혈 등을 일으킬 수 있다. 또한, 질병을 옮기는 주요 매개체가 되기도 한다.

진드기감염 여부가 확실하지 않은 경우 우선 물그릇을 확인해 익사한 마이트가 있는지 살펴보도록 한다. 물그릇 바닥에 가라앉은 마이트는 통후추 알갱이처럼 보일 것이다. 그 밖에도 간단히 시도해 볼 수 있는 테스트는 다음과 같다. 편안하게 쥔 주먹 사이로 문제가 되는 뱀이 지나가게 만들어 녀석의 몸 전체가 여러분의 손가락에 스치도록 하는 방법이다. 만약 감염이 됐다면 거의 틀림없이 마이트 몇 마리가 손가락에 묻어 나올 테고, 마이트가 움직일 때마다 쉽게 눈에 띌 것이다.

아울러 뱀의 눈 주변과 턱, 커다란 머리비늘 사이도 살펴보기 바란다. 뱀진드기가 사람은 물지 않기 때문에 사육자에게는 문제가 되지 않는다. 필요한 경우 즉시 제거작업을 하기 위해 즉석에서 손과 손톱을 씻고 뱀을 물에 헹굴 수 있도록 싱크대에서 검사를 진행한다. 뱀진드기에 감염된 정도가 심각할 경우 희끄무레한 배설물이 확인되는데, 그 모습이 마치 후추나 소금을 뿌린 것처럼 보일 수도 있다.

오래됐지만 간단한 처치법은 뱀의 몸통둘레보다 높은 깊이로 물을 채운 플라스틱 병이나 상자에 마이트에 감염된 뱀을 집어넣는 것이다. 공기흐름을 위해 뚜껑에

마이트는 뱀의 표피에서 풍선처럼 부풀어 오른 모습이 흔히 목격되며, 뱀의 몸 위로 기어 다니는 것도 확인할 수 있다.

구멍을 뚫고, 위에 무거운 것을 올리거나 테이프를 붙여 닫아둬야 한다. 뱀을 10분 동안 물에 담가두면 마이트 대부분이 물에 빠져 죽을 것이다. 아무리 길어도 한 시간이면 충분하다. 그동안 뱀이 탈출하려고 하다가 지나치게 스트레스를 받는다든지 자칫 익사할 수도 있는 어설픈 자세로 있지는 않은지 주의 깊게 살펴본다.

물에 액체비누를 몇 방울 첨가해주면 물의 장력을 떨어뜨려 뱀의 비늘 밑과 주변의 공기주머니를 줄임으로써 마이트를 더 빨리 익사시킬 수 있다. 아쉬운 점이 있다면 마이트 몇 마리가 뱀의 머리로 옮겨가 살아남을 수도 있다는 것이다. 이 경우 수도꼭지를 세게 틀어 흐르는 물에 씻겨내리도록 하거나 젖은 천으로 뱀을 부드럽게 문질러 손으로 제거할 수 있다. 눈 주변에 바셀린을 살짝 바르거나 미네랄오일 한 방울을 떨어뜨려주면 눈비늘에 묻어 있는 마이트를 질식시킬 수 있다. 오래된 문헌에는 뱀의 몸 전체에 식물성 기름을 발라 한 시간 동안 그대로 두고 마이트를 질식시켜 없앤다고 소개돼 있다. 효과는 있겠지만, 뒤처리가 만만치 않다!

위에서 소개한 처치법들은 모두 처음부터 모든 마이트를 죽일 수는 없다는 점을 알아두기 바란다. 이러한 방법들이 완벽한 효과를 거두려면 대개 한 번으로는 힘들다.

피부손상은 물론 살충제가 몸에 흡수될 위험이 크기 때문에 탈피 중인 뱀에 대해서는 진드기치료가 권장되지 않는다.

약 1L의 물에 이버멕틴(ivermectin; 진드기구충제) 5~10mg을 섞은 용액을 뱀과 사육장(물그릇은 뺀 상태로)에 직접 분무해서 마이트를 죽일 수도 있다. 미처 제거하지 못한 마이트를 잡으려면 몇 주 동안 매주 반복해서 분무해주는 것이 가장 좋다.

우리는 5~10%의 세빈(Sevin: 카르밤산계의 살충제) 분말이 든 봉지 안에 뱀을 넣어 가루를 뒤집어쓰게 만드는 방법을 써왔다. 식물 병해충 관리를 목적으로 제조된 이 제품은 농자재상점에서 판매되고 있는데, 뱀에게 사용하도록 공식적으로 승인은 받지 못한 상태다. 경험상 섭취한다든지 입이나 콧구멍, 항문에 막히지만 않으면 세빈 분말은 뱀에게 해가 없는 것으로 보인다. 처치가 끝나면 뱀을 완전히 씻고, 선반과 바닥에 세빈 분말을 뿌려두면 마이트가 옮겨 다니지 못하도록 예방할 수 있다.

최근 몇 년 동안 많은 신제품이 쏟아져 나왔고, 성공을 거뒀다는 보고도 속속 들어왔다. 그러나 인공번식개체를 기르고 있다면 새로운 진드기제품을 시험해 볼 필요가 거의 없다. 세빈 분말은 과거에 원치 않는 부작용 없이 완벽한 효과를 거뒀다. 따라서 아직 정부 당국의 승인을 받지 못했더라도, 효과적이고 저렴한 해결책이 이미 나와 있는 상황에서 굳이 새로운 제품을 찾아야 할 이유가 있는지는 의문이다.

마이트를 퇴치하는 아주 오래되고 효과적인 방법은, 살충제인 바포나(Vapona, dichlorvos; 2,2-dichlorovinyl dimethyl)를 흡수시켜 제조한 페스트 스트립(Pest Strip)을 이용하는 것이다. 페스트 스트립을 사용할 경우 조각을 사육장 안이나 근처에 두고 화학증기가 방출되도록 하는데, 이때 화학증기가 독성 수준까지 이를 수 있도록 공기의 이동은 제한하게 된다. 바포나에 함유된 화학물질은 뱀, 특히 어린 새끼에게 유독성을 띤다는 사실이 밝혀졌기 때문에 처치에 앞서 적절한 용량을 판단하는 것이 매우 중요하다. 절대적으로 안전하다고는 장담할 수 없기 때문에 마이트 퇴치용으로는 더 이상 바포나를 권장하지 않는 추세다.

주의 : 탈피가 진행 중인 뱀에 대해서는 진드기치료가 권장되지 않는다. 불필요한 피부손상은 물론 살충제가 몸에 흡수될 위험이 크기 때문이다. 또 동시에 여러 약품을 쓰지 않는 것이 좋은데, 여러 약품이 한데 합쳐지면 뱀에게 유독할 수도 있기 때문이다. 뱀의 몸에 붙어 있는 마이트는 죽이기 쉽지만, 사육그룹 내에 퍼진 마이트 혹은 방 안에 있는 마이트는 완전히 퇴치하기 어렵다. 마이트퇴치를 위해 어떤 구제법을 사용하든지 모든 사육장과 사육장 안의 구조물을 강한(10% 이상) 염소표백제 수용액에 10분 이상 담근다. 일차적으로 미립자 물질이 모두 제거되면 표백제가 사육장 구석구석에 이르러 마이트 알과 숨겨진 마이트를 모두 죽일 것이다.

■**틱**(tick) : 일반적으로 갈색에서 회색을 띠는 틱(참진드기)은 뱀의 비늘 사이에 구기를 붙이고 처음 모습을 드러낼 때만 해도 몸길이가 2~4.6mm에 불과하다. 한곳에 머물러 피를 빨아먹고 몸이 서서히 부풀어 오르며, 완전히 부풀어 오르면 지름이 12.5mm를 넘기도 한다. 대부분 야생에서 포획된 뱀에서나 우려사항일 뿐 사육 중인 뱀에게는 성가신 존재가 아니다. 사육장에 있는 뱀에게서 틱이 폭발적으로 늘어난다면, 이는 일반적으로 최근에 들여온 뱀에게서 조기에 발견되지 않은 작은 틱 무리가 갑자기 번성했기 때문일 수 있다. 마이트를 제거하는 것과 같은 방법으로 제거할 수 있지만, 틱은 죽을 때 뱀의 피부에 그대로 박혀 있을 경우가 많기 때문에 살았든 죽었든 핀셋으로 뽑아내는 것이 가장 효과적인 방법이다.

사진 속 틱(*Amblyomma dissimile* 종)은 파나마의 열대우림에서 보아(Boa constrictor)에 기생한다.

이때 반드시 몸통이 아닌 머리를 집어야 하는데, 배를 짓누르게 되면 빨아먹은 피가 뱀에게로 역류할 수 있기 때문이다. 알코올이나 암모니아와 같은 자극적인 용액을 사용하면 틱의 구기를 느슨하게 만들어 쉽게 떨어지도록 하는 데 도움이 된다. 틱에 소량의 바셀린을 바르면 산소공급을 차단하게 되는데, 이때 틱이 숨을 쉬기 위해 몸이 서서히 풀어지기 때문에 효과적이다. 뱀의 피부에 남아서 감염을 일으킬 수 있으므로 비늘에 박힌 구기도 빼내주는 것이 좋다.

■개미 : 때때로 개미가 먹이를 찾아 뱀이 있는 방과 사육장으로 침입하기도 한다. 개미의 먹이로는 뱀이 먹지 않고 남은 설치류, 배설물, 탈피허물이 포함되며, 심지어 살아 있는 뱀이나 알도 개미의 먹이가 될 수 있다. 특히 아르헨티나개미(Argentine ant, *Linepithema humile*)와 흰발개미(White-footed ant, *Technomyrmex vitiensis*)처럼 따뜻한 기후에 서식하는 새로운 열대종의 유입으로 이런 위협이 더욱 커졌다. 천적이 없는 개미가 눈 깜짝할 사이에 번식하기 때문이다. 이들 열대종은 토착종 개미보다 공격적으로 먹이를 찾는 습성이 있어서 더욱 심각한 질병매개체가 될 수도 있다.

근래 들어 개미를 비롯한 해충을 안전하게 방제하기 위해 곤충생장조절물질이 이용돼왔다. 이런 제품을 사용하려면 사전에 전문적인 해충방제회사에 문의하는 것이 좋다. 최근 우리는 파충류 사육장 내부와 주변에 보이는 개미, 그 밖의 해충을 관리하기 위해 규조토를 이용하고 있다. 방에서 이처럼 작은 해충이 자주 돌아다니는 곳에 먼지처럼 규조토를 뿌려놓으면 맨발로 깨진 유리 위를 걷게 만드는 것과 같은 효과가 있다. 특히 규조토는 밀랍 같은 각피를 잘라내 해충을 탈수증으로 죽게 만든다.

규조토(diatomite; 규조가 바다 밑이나 호수 밑에 쌓여서 이뤄진 흙)가 사육주나 뱀의 몸에 묻거나 입으로 들어가더라도 해롭지 않기 때문에 뱀 사육장 안에서도 안전하게 사용할 수 있을 것이다. 단, 규조토를 다룰 때 미세한 분말을 들이마시지 않도록 마스크를 착용하는 것이 좋다. 또 수영장 필터 등급보다는 사료판매점이나 건강식품점에서 취급하는 식품 등급의 규조토를 사용해야 한다. 앞에서 언급한 세빈 분말처럼 뒤집어쓰게 하는 방법을 이용하면 틱에도 효과가 있을 것으로 기대된다.

소화장애(digestive disorder)

소화장애는 식욕부진, 만성적인 체중감소, 쇠약, 설사, 색깔/농도/냄새가 비정상적인 대변 등 여러 증상으로 나타난다. 완전히 혹은 일부만 소화된 먹이를 토하는 것은, 먹이를 소화시킬 마땅한 은신처가 없다든지 지나치게 낮거나 높은 온도가 계속되는 데서 오는 단순한 신경과민 이상의 불길한 징조다. 현미경을 이용한 식별이나 그 밖의 진단방법이 요구되는 박테리아/원생동물/바이러스에 의한 감염은 의심되는 개체의 소화기관에서 채취한 검체가 필요할 수도 있다. 적절한 조사와 식별을 위해 채취한 검체를 이용해 실험실 환경에서 배양하는 과정이 진행된다.

치료를 위해서는 정확한 투여량과 시기 선택이 중요한 경우가 많으므로 파충류 치료 경험이 있는 수의사에게 문의하는 것이 좋다. 최악의 상황을 생각하기 전에 사육주는 가능한 한 아픈 콘 스네이크가 건강을 되찾도록 부담스럽지 않고 비외과적인 치료를 시도해 보고 싶을 것이다. 원하는 만큼 자주 반려뱀을 보거나 만질 수 없다 해도 될 수 있으면 녀석이 스트레스를 받지 않게 해주는 것이 좋겠다. 우선 사육장 전체에 걸쳐 24~31℃의 온도편차를 구현해 적절한 소화에 도움이 되도록 한다.

소화장애로 쇠약해진 콘 스네이크가 언제든 마실 수 있도록 깨끗한 물을 공급해주는 것이 좋다.

쇠약해진 콘 스네이크가 원할 때 언제든 마실 수 있도록 깨끗한 상태(3일 이상 된 물은 주지 않는다)의 물을 제공한다. 무엇보다도 소화/구토 문제는 신속히 치료하는 것이 중요하다. 문제가 반복적으로 발생할 때마다 뱀의 건강은 안 좋아지고 영영 회복할 수 없게 될 수도 있다. 따라서 이 문제는 신중하게 접근해야 하며, 작은 뱀일수록 문제의 위협은 커진다.

우리는 오랫동안 콘 스네이크의 구토문제를 다루면서 몇 가지 규칙을 만들어뒀다. 우선 뱀이 먹이의 일부 혹은 전부를 토한다면 적어도 8~10일 동안 녀석에게 먹이를 급여하지 않는다. 그 기간 동안 녀석에게 스트레스를 줄 수도 있는 먹이급여, 핸들링을 비롯한 그 밖의 행동은 절대 하지 않고 다른 녀석들에게서 분리해 혼자 둔다. 다음번 먹이는 토한 양의 50%를 넘지 않는 선에서 제공해야 하며, 양이 적으면 적을수록 좋다. 새끼 콘 스네이크의 경우는 핑키 한 마리의 머리 정도면 족할 수도 있다.

미리 냉동시켜둔 핑키를 이용하는 것도 도움이 되는데, 냉동과정에서 생쥐의 세포벽이 분해되기 때문에 더욱 빠르게 소화된다. 소화에 성공하면 5~6일 안으로 같은 크기의 먹이를 다시 한번 급여한다. 그런 다음 먹이의 크기를 서서히 조절해나간다. 구토를 유발한 먹이 크기로 되돌아가는 데는 적어도 한두 달 이상 걸린다. 큰 먹이로 너무 빨리 옮겨가서 구토가 재발했다면 최초에 급여했던 크기의 먹이로 돌아가 처음부터 다시 시작한다. 만약 뱀이 무엇이든 토한다면 더욱 심각한 문제가 있는 것이므로 파충류 경험이 있는 수의사에게 진료를 받아볼 필요가 있다.

살가죽을 얇게 베어내거나 구멍을 낸다든지 몸통을 세로로 자른다든지 해서 급여하면 어떤 크기의 생쥐든 더 빠르고 쉽게 소화시킬 수 있다(반으로 자르면 뱀에게 너무 큰 핑키나 퍼지를 두 번에 나눠 먹일 수 있어 비용도 절감할 수 있다. 핑키가 냉동상태일 때 잘라야 덜 지저분하다). 핑키의 살가죽에 칼집을 내기 전에 내장을 으스러뜨리면 소화에 좀 더 도움이 될 수 있다. 수의사인 코니 헐리(Connie Hurley)가 진행한 사전실험에 따르면, 체강에 한 번 이상 칼집을 낸 핑키를 먹이로 제공했을 때 갓 태어난 건강한 콘 스네이크의 성장률이 놀라울 정도로 향상됐다고 한다.

■ 장내 세균의 과잉증식 : 세균으로 인한 소화문제가 발생했을 때 수의사는 메트로니다졸(metronidazole, 제품명 Flagyl), 설파디메톡신(sulfadimethoxine, 제품명 Albon)을 처방해 치료를 진행할 수 있다. 혹은 다음에 소개하는 자연요법을 시도해 볼 수도 있다. 지저분해 보이는 대변이나 만성적인 구토를 포함해 비정상적인 증상을 보이는 일부 뱀의 경우 단순히 정상적인 장내 세균총이 제대로 구실을 못하고 나쁜 박테리아와 다른 미생물이 너무 많아져서 좋은 미생물과의 균형이 깨질 수도 있다. 일부 미생물의 경우 적절하지 못한 수준으로 번성하면 과도한 내독소 생산, 질병, 설사, 구토를 일으키고 결국 성장장애의 원인이 되는데, 감염은 그 정도로 문제가 되지 않을 수도 있다. 1~2주 정도 먹이공급을 중단해 뱀이 쉴 수 있는 시간을 주는 것도 바로 이런 이유에서다. 박테리아에 과도한 영양공급을 중단하고 정상적인 수치로 되돌아가게 해준다. 속성으로 위의 약품 가운데 하나를 써보는 것도 따뜻한 온도유지 및 수분공급과 함께 병세를 바꾸는 데 도움이 될 것이다.

우리는 최근 몇 년 동안 몇 가지 대체요법을 시도하고 있는 중이다. 지난 수십 년간 자몽 씨앗 추출물은 농업 분야에서 박테리아와 곰팡이를 억제하는 효과가 있다고 알려져 있으며, 건강식품점에서 사람이 섭취할 수 있는 제품으로도 판매되고 있다. 자몽 씨앗 추출물을 물그릇에 몇 방울 떨어뜨려줬더니 잘 토하는 어린 개체에서 고무적인 결과를 가져왔다. 사흘 동안 물을 주지

자몽 씨앗 추출액

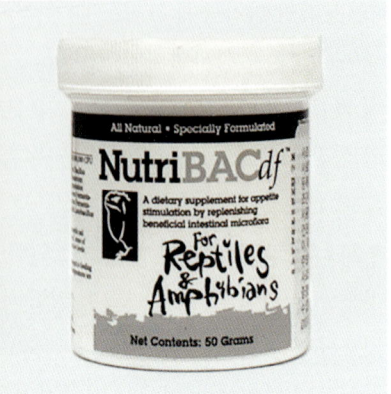
뉴트리박 df

않아 녀석은 갈증을 심하게 느끼던 참이었다. 너무 많은 양을 섞으면 물을 먹지 않을 수도 있으므로 주의해야 한다. 의심스러우면 추출물을 물과 섞어 맛을 보기 바란다. 지난 몇 년 동안 자몽 씨앗 추출물을 이용하는 데 어느 정도 성공을 거뒀으므로 섭취에 대해서는 걱정하지 않아도 된다. 이 치료법은 뱀의 몸에서 일어나는 화학반응을 일정 부분 변화시킬 수 있다. 수의과 치료를 받는다면 약 복용량을 조정할 필요가 있을 때 자몽 씨앗 추출물을 이용해도 괜찮은지 문의해야 한다.

뉴트리박 df(NutriBAC df; 파충류용 장기능 개선 정장제)는 7종의 유익한 장내 미생물을 결합한 프로바이오틱(probiotic; 인체에 이로운 미생물의 성장을 촉진하는) 제품으로 약물치료, 스트레스, 질병으로 인해 죽은 미생물을 대체한다. 우리는 먹이를 먹기만 하면 토하는 심각한 상황에 처한 뱀에게 튜브를 이용해 물과 뉴트리박 df의 혼합물을 투여하거나 분말에 먹이를 굴려 급여하는 방식으로 소화장애의 초기치료에 성공했다. 지금까지 이와 같은 방법을 통해 만성구토에 시달리는 뱀을 적어도 두 마리 이상 구했다. 더구나 부작용이 한 번도 없었기 때문에 충분히 시도해 볼 만한 방법이다. 새로운 치료법이 유용한지를 알아보기 위해 우리는 실험을 계속하고 있다.

■내부기생충 : 내부기생충은 앞에서 언급한 수많은 증상(체중감소, 쇠약, 무기력, 칙칙한 피부)을 유발하는 매우 다양한 유기체가 포함된다. 단세포의 아메바(amoeba; 아메바목에

속하는 원생동물의 총칭)와 콕시디아(coccidia)부터 숙주의 장을 따라 통과하면서 숙주보다 몸길이가 몇 배나 더 길어지는 촌충에 이르기까지 다양한 기생충을 확인할 수 있다. 원생동물은 간혹 숙주의 내장 벽으로 침입해 소화관 벽에 달라붙어 자극하거나, 영양분을 흡수하는 숙주의 능력을 약화시킨다. 야생에서 잡힌 뱀은 대부분 포획 후에도 오랫동안 회충과 흡충처럼 몸집이 큰 기생충이 몸에 남아 있어 문제가 된다. 치료를 위해 프라지콴텔(praziquantel, 제품명 Droncit), 펜벤다졸(fenbendazole, 제품명 Panacur), 메트로니다졸이 사용되며 정식으로 인가를 받은 제품이다. 적절한 진단, 정확한 약제 및 복용량에 대해서는 수의사에게 문의하는 것이 좋겠다.

내부기생충을 처리하기 위해서는 우선 이상증상이 나타나는 원인을 규명하는 것이 중요하다. 미세한 유기체, 알, 기생충 전체나 그 일부를 검사하기 위해 갓 배설한 대변샘플을 현미경으로 관찰하면 단서를 찾을 수 있을 것이다. 흡충처럼 큰 기생충은 뱀이 입을 크게 벌릴 때 녀석의 입 안쪽에 붙어 있는 것을 확인할 수도 있고, 뱀이 배변을 할 때 촌충의 일부가 총배설강에서 살짝 보일 수도 있다. 기생충의 유형이 어떤 것인지 파악하고 나면, 주로 대형 가축을 대상으로 처방되는 약이라 해도 특정한 구충제를 투여할 수 있다. 일부 구충제는 사료판매점이나 농산물매장에서 누구나 구매할 수 있는 반면에 수의사의 처방이 필요한 구충제도 있다.

구충제를 제대로 투여하려면 기생충에 해를 입은 뱀의 무게를 정확히 측정해야 한다. 치료에 쓰이는 약품의 양이 뱀의 몸무게에 비례하고, 약물의 과잉투여는 뱀에게 부작용을 일으킬 수 있기 때문이다. 다음에 소개하는 기생충별 약품과 복용량은 권위 있는 미국 수의사들이 최근에 추천한 것이다. 이들 약의 복용량은 새로운 지식이 쌓이면서 변할 수도 있고, 새로운 약도 계속 개발될 것이다. 따라서 이처럼 치명적이고 전염성 있는 유기체로 인한 증상이 심각하게 나타나는 뱀을 치료하기 위해서는 경험 많은 파충류 전문 수의사의 도움을 받는 것이 바람직하다.

원생동물의 치료 : 이런 기생충을 치료하는 데 쓰이는 메트로니다졸은 25~50mg/kg의 양을 뱀의 구강으로 투여한다. 파충류 전문 수의사들의 최근 조언에 따르면, 상황에 따라 약의 투여량도 폭넓게 달라진다. 사례별로 개별적인 처방의 근거를 마

련하기 위해 경험 많은 파충류 전문 수의사에게 자문하는 것도 괜찮다. 신경계 이상, 떨림, 조정능력상실 등으로 나타나는 독성증상은 다량/장기 복용의 경우에 문제가 되지만, 약물치료가 중단되면 사라질 수 있다. 치료가 이뤄지는 동안은 재발 방지를 위해 배변할 때마다 사육장을 깨끗이 청소하는 것이 중요하다.

콕시디아의 치료 : 첫 번째 치료에서 90mg/kg, 이후로 5~7일에 걸쳐 45mg/kg의 설파디메톡신을 투여한다. 그런 다음 치료의 효과를 확인하기 위해 대변을 체크해야 한다. 크립토스포리디움(*Cryptosporidium*)은 콕시디움류 기생충으로 아직은 뚜렷한 치료법이 없어서 콘 스네이크에게는 가장 큰 골칫거리가 되고 있다. 침입성 원생동물로 위장관에 기생하는 크립토스포리디움에 감염되면 구토와 체중감소의 증상이 나타난다. 뱀의 몸에서 중간 부분이 부풀어 오르는 것처럼 보이면서 위가 두꺼워지는 것은 병세가 한창 진행됐다는 걸 확실하게 보여주는 신호다. 이 기생충에 감염된 액체, 먹이, 배설물이 입으로 들어가면 새로운 숙주에게 전염된다. 크립토스포리디움에 감염된 뱀은 2년 만에 서서히 죽으면서 함께 있던 다른 뱀들을 감염의 위험에 빠뜨릴 수 있다. 이 질병은 현재까지는 치료 불가능해서 감염된 뱀은 건강한 다른 뱀으로부터 격리해서 철저하게 관리해야 한다. 크립토스포리디움은 전염성이 매우 강하기 때문에 경험 많은 애호가들은 감염된 뱀을 즉시 안락사시키도록 권한다. 기존의 파충류 무리에 새로운 개체를 들이기 전에 감염 여부를 확인하기 위해 대변검사를 진행하는데, 검사가 이뤄지는 동안 수의사는 항산성

염색을 포함한 선별검사를 진행할 수 있다. 대변검사를 몇 차례 실시해 결과가 음성으로 나와야 크립토스포리디움에 감염되지 않았다는 확진을 내릴 수 있다.

선충/회충의 치료 : 일주일에 한 번씩 50~100mg/kg의 펜벤다졸을 투여한다. 펜벤다졸은 안전성이 검증돼 폭넓게 쓰이는 약품으로 구두충(Spiny-headed worm), 십이지장충, 회충, 요충, 대부분의 촌충에 효과적이다. 펜벤다졸은 적용범위가 상당히 넓은 좋은 구충제로 매주 투여해도 문제가 없지만, 대부분의 수의사는 대변샘플이 음성으로 나오거나 4회 연속 약을 투여할 때까지는 2주에 한 번씩 투여한다.

이 밖에 안전한 구충제로는 2~4일에 걸쳐 날마다 25mg/kg 투여하다가 3주 후에 같은 방식으로 다시 투여하는 피란텔 파모에이트(pyrantel pamoate, 제품명 Nemex, Strongid)가 있다. 하지만 이 약은 촌충을 제거하지는 못한다. 이버멕틴(ivermectin, 제품명 Ivomec; 1% 주사 가능)은 0.2mg/kg의 양을 경구 혹은 주사로 투여할 수 있으며, 2주가 지나 다시 투여한다. 이버멕틴은 거북에 있어서는 치명적인 결과를 가져올 수 있으므로 사용하지 말아야 하지만, 뱀에게는 상당히 효과적이다.

촌충/흡충의 치료 : 프라지콴텔 5~10mg/kg을 경구 혹은 주사로 투여하고, 2주 뒤에 다시 한번 투여한다. 위에 언급한 모든 기생충에서 마지막 치료를 하고 나서 2주 뒤에 대변검사를 하면 기생충 퇴치 여부를 확인할 수 있다. 파충류에 이용되는 용량요법의 대부분은 개와 고양이의 연구에서 추정된 수치임을 염두에 두자.

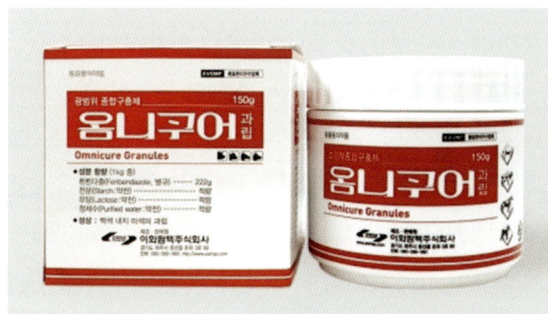

펜벤다졸 성분의 구충제

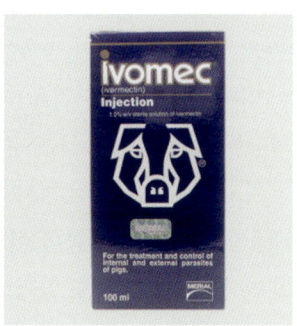

이버멕틴(ivermectin, 제품명 Ivomec)

살모넬라 보균체로 의심되는 뱀, 감염된 사육장, 배설물, 체액과 접촉한 경우 손과 몸을 깨끗이 씻음으로써 사람에게 전염되는 것을 예방할 수 있다. 살모넬라감염 예방을 위해 평소 손을 깨끗이 씻는 습관을 들이도록 하자.

살모넬라증(salmonellosis)

살모넬라균의 특정 균주는 많은 파충류의 내장에 서식하는 것으로 밝혀졌으며, 건강한 개체에서는 질병 증상을 일으키지 않는다. 하지만 병원성(질병을 유발하는) 균주는 소화장애를 일으킬 수 있다. 사육환경에서는 평상시와 다른 먹이 또는 살모넬라균에 감염된 먹이가 제공된다든지, 스트레스나 부적절한 온도 같은 환경조건을 숙주 스스로 조절하지 못하든지 하면 뱃속에 살모넬라균이 과도한 수준으로 증식할 수 있다. 살모넬라균은 생닭이나 날달걀처럼 사람이 먹는 음식에 존재한다고 오랫동안 알려져 왔지만, 대부분의 다른 동물을 통해서도 전염될 수 있다.

살모넬라증에 걸리면 출혈을 동반한 설사, 체중감소, 무기력증, 탈수증 등의 증상이 나타난다. 집에서 기르는 반려뱀에게서 살모넬라증과 관련된 증상이 보인다면 파충류 진료 경험이 있는 수의사에게 진단 및 치료를 받아야 한다. 살모넬라는 몇 가지 이유로 파충류에게서 완전히 뿌리 뽑기가 어렵다. 대변을 통해 간헐적으로 배출되기 때문에 진단이 어려울 수도 있다. 또한, 살모넬라는 파충류의 체내에서 휴면상태로 지낼 수도 있어서 오랫동안 알아차리지 못하기도 한다. 더구나 살모넬라는 기존의 약물에 대해서는 금세 내성을 갖는 능력이 있다.

보균체로 의심되는 뱀, 감염된 사육장, 배설물, 체액과 접촉한 경우 손과 몸을 깨끗이 씻음으로써 사람에게 전염되는 것을 예방할 수 있다. 어떤 종류의 파충류를 기르든, 개체를 만지고 난 뒤에는 손과 몸을 깨끗이 씻는 습관을 들이는 것이 좋겠다. 로컬 D(Roccal-D)와 클로르헥시딘 디아세테이트(chlorhexidine diacetate, 제품명 Nolvasan) 같은 많은 살균제와 마찬가지로, 표백제와 물을 1대 9의 비율로 섞은 액체염소표백제에 살모넬라균을 계속 노출시키면 10분 이내에 죽고 만다. 라이솔(Lysol)과 파인솔(Pine-Sol)처럼 페놀이 들어간 세제는 독성이 있으므로 피해야 한다.

거의 모든 보건기구는 영유아(무엇이든 입에 넣는 경향이 있다)와 면역체계가 손상된 사람들이 파충류와 접촉하지 못하도록 권고하고 있다. 파충류를 통해 살모넬라균에 감염됐다는 기록이 있으므로 혹시 모를 살모넬라균의 위협에 주의를 기울여야겠지만, 아울러 이 병원체가 파충류보다는 덜 익은 가금류와 달걀을 통해 사람에게 전파되는 일이 더 흔하다는 사실도 알아둬야 한다. 우리는 지금까지 파충류를 통해 살모넬라균에 감염된 사람은 한 번도 본 적이 없다.

피부질환(skin ailment)

외피에 상처를 입은 경우 놀라울 정도로 빨리 아무는 편이다. 표피가 손상되면 일반적으로 피부와 비늘의 재생을 돕는 탈피의 빈도가 높아지게 된다. 가장 흔하게 발생하는 유형의 피부손상은 차폐장치가 없거나 오작동하는 열원으로 인해 입은 화상이다. 이런 불상사를 피하는 가장 좋은 방법은 보조열원에 콘 스네이크가 몸을 밀어붙이거나 휘감는 것이 물리적으로 불가능하도록 만드는 것이다.

비집고 들어갈 만한 구멍이 있다면, 조만간 녀석들은 탈출에 성공하기도 전에 화상으로 죽을 수도 있는 곳으로 몸을 밀어 넣을 것이다. '에이, 설마 녀석들이 그렇게 어리석을 정도로 처신하지는 않겠지!' 하고 방심하고 있다가 입지 않아도 될 상처를 치료해야 하는 경우가 생길 수도 있다. 어떠한 질병이든 치료는 예방보다 훨씬 어렵다는 점을 항상 명심하고, 이와 같은 경고에 귀를 기울이기 바란다.

가벼운 화상은 회복이 될 때까지 항생제연고(네오마이신-neomycin, 바시트라신-bacitracin, 폴리믹신 B-polymyxin B, 폴리스포린-Polysporin)나 설파디아진크림(sulfadiazine cream, 제품

표피의 손상은 일반적으로 피부와 비늘의 재생을 돕는 탈피의 빈도를 높이게 된다.

명 Silvadene Cream) 같은 국소항생제를 날마다 환부에 발라줘야 한다. 연마성이 있거나 또는 거친 재질의 바닥재, 케이지 퍼니처가 없는 깨끗하고 살균된 사육장 안에 뱀을 넣는다. 물은 깨끗하고 신선하게 유지해주고, 상처나 연고에 들러붙을 수 있으므로 미립자로 된 바닥재는 피하는 것이 좋다. 화상의 정도가 심한 경우는 즉시 파충류 치료경험이 있는 수의사에게 보여야 한다.

흔히 발생하는 또 다른 피부손상은 뱀이 테이프에 들러붙으면서 생기는 것이다. 뱀 사육장 부근에서 덕트나 마스킹테이핑 작업을 할 때면 뱀이 꼬리를 들어 올리다가 테이프에 붙어서 간혹 표피가 찢어지기도 한다. 식물성 기름은 테이프접착제를 벗겨내는 데 도움이 되겠지만, 손상된 표피가 회복되려면 탈피를 몇 차례 거쳐야 한다. 최고의 처방은 예방이다. 뱀의 사육장 근처에서는 테이프를 사용하지 않도록 하자.

■ **물린 상처** : 살아 있는 먹잇감에게 물리는 것도 뱀을 기르면서 흔히 볼 수 있는 일이다. 물림을 방지하려면 간단하게 사육장 내에 살아 있는 설치류가 없도록 하면 되지만, 오랫동안 방치된 채로 남아 있을 때가 종종 있다. 흔히 있는 일이라 여러분도 언젠가는 이런 상황에 놓일 수 있다. 물렸을 때는 멸균식염수나 깨끗한 물로 상처를 씻어낸 다음, 베타딘을 물과 희석해 옅게 만든 용액을 상처에 바른다. 이 용액은 바르고 난 뒤에 잔류효과가 좋으며, 요오드를 방출하는 효과가 있다.

과산화수소는 피부에 드러난 상처를 씻는 데 사용할 수 있지만, 접촉하는 피부조직을 산화시키고 파괴하기 때문에 깊은 상처에는 사용하지 말아야 한다. 수의사 외에는 쉽게 구할 수 없지만, 과산화수소를 대체할 훌륭한 세척제는 클로르헥시딘 디아세테이트다. 푸른빛이 거의 안 돌 때까지 희석해 써야 하며, 사용 후에는 치료

효과가 빠른 네오스포린, 설파디아진크림, 니트로푸라존(nitrofurazone, 제품명 Furacin)크림 같은 항생제크림을 바른다(상처가 벌어진 경우에만). 구멍이 난 상처에는 이런 크림을 피하는 것이 좋다. 크림이 상처에 스며들지 않을뿐더러 필요할 경우 배출구를 막게 되기 때문이다. 구멍이 난 상처는 베타딘이나 클로르헥시딘 디아세테이트로 상처를 씻어내되, 종류에 상관없이 연고는 일체 사용하지 않도록 한다.

상처 부위가 6.5㎠보다 큰 경우 감염을 막고 마찰을 줄이기 위해 멸균반창고를 붙일 수 있다. 상처를 치료하는 중에 바닥재 입자가 들어가지 않도록 사육장에 임시로 백지를 깔고 상처

포비돈 요오드(상품명 베타딘-Betadine)

입은 뱀을 그 위에 올려둔다. 호전적인 동료나 열성적으로 구애하는 짝에게 물린 상처는 그리 깊거나 심각하지 않은 편이다. 상처 부위에 부러진 이빨이 남아 있는지 확인한 후 설치류에 물린 상처와 같은 방법으로 처치하도록 한다.

■**물집과 변색** : 사육장 환경이 며칠 이상 과도하게 습한 상태로 유지되는 경우 비늘 사이나 아래쪽, 특히 복판에 물집과 변색 증상이 갑자기 나타날 수 있다. 사육장 내 수분이 증가하면 배설물, 오래된 피부, 유기물로 이뤄진 바닥재, 그 밖의 다른 영양물에 박테리아가 증식하기 쉽다. 피부질환은 몸의 어느 부위에서든 발생할 수 있지만, 바닥과 가장 많이 접하는 배면 비늘 사이에 먼저 나타나는 경우가 많다.

부적절한 물그릇이 지속적인 습기의 주범일 때가 가장 많다. 이를 방지하기 위해 물그릇으로는 측면이 수직이거나 아래로 갈수록 넓어져서 덜 기울어지는 무거운 용기를 사용하는 것이 좋다. 뱀이 물그릇 안에서 똬리를 틀 때 흘러넘치는 물을 최소로 줄이기 위해 물은 그릇의 반 정도만 채워둔다. 콘 스네이크는 과열된 사육장의 더위를 피해 혹은 진드기를 제거하기 위해 탈피에 앞서 며칠 동안 쉬지 않고 물

에 몸을 담그는데, 이때 오래된 피부와 새로운 피부층 또는 상처 부위는 박테리아가 번성할 수 있는 이상적인 환경을 마련해준다. 뱀이 계속 물그릇에 들어가 있다면 잠시나마 물그릇을 치우고 작은 용기만 둔 채 문제가 없는지 꼼꼼히 살펴본다. 이렇게 피부문제를 겪고 난 뱀은 회복과정에서 더욱 자주 허물을 벗는다.

상처 부위에 실바덴크림(Silvadene; silver sulfadiazine cream)을 바르면 회복이 빨라진다. 심각한 상처나 과도하게 잡힌 물집의 경우 감염을 막기 위해 전신항생제를 처방해야 할 수도 있다. 국소치료가 효과를 보지 못할 경우 피페라실린 (piperacillin) 80mg/kg을 30일 동안 72시간 간격으로 근육주사로 투여하면 물집을 치료하는 데 큰 효과를 거둘 수 있다고 알려져 있다. 하지만 피페라실린은 고가인 데다 모든 동물병원에서 구비해두고 있는 것은 아니기 때문에 사용이 제한적이다.

피부문제를 겪고 난 뱀은 회복과정에서 더욱 자주 허물을 벗는다.

구내염(mouth rot, stomatitis)

길들여진 콘 스네이크라 하더라도 작은 델리컵이나 자루, 지나치게 제한적이거나 만족스럽지 못하다고 여겨지는 사육장에 갇히는 것은 좋아하지 않는다. 녀석들은 탈출구를 찾기 위해 구석구석을 탐색하고, 간혹 놀라운 힘을 발휘해 구멍이나 틈새에 주둥이를 밀어 넣는다. 이는 먹잇감이 되는 동물이 제압을 당하는 동안 콘 스네이크를 닥치는 대로 무는 경우와 함께 구내염의 흔한 원인이 되기도 한다.

습하고 어두운 곳에서는 세균감염이 잘 발생하기 때문에 입안과 잇몸은 그만큼 상처에 취약하다. 일반적으로 치즈처럼 생긴 희거나 노란 물질이 감염 부위에 형성돼 붓거나 입을 꽉 다물 수 없게 만들기도 하고 딱지가 생기기도 한다. 사람의 몸에 생긴 딱지와 달리, 헝겊이나 핀셋을 이용해 콘 스네이크의 입에 생긴 딱지를 조심스럽게 살살 제거하고 완전히 나을 때까지 매일 감염 부위를 관리해주는 것이 일반적인 치료법이다. 구내염은 대부분 치료가 가능하지만, 지루한 치료과정을 반복하려면 사육자에게는 상당한 인내심이 필요하다. 구내염의 증상이 가벼운 경우 리스테린(Listerine)이나 과산화수소 및 베타딘 용액을 이용한 국소치료가 가능하다(과산화수소와 물을 50대 50의 비율로 섞어 묽은 아이스티 색깔이 될 때까지 베타딘을 추가로 혼합한다). 하루에 두 차례 면봉을 이용해 환부에 바른다.

주의 : 용액을 우발적으로 섭취하는 것을 막으려면 너무 많이 바르지 않는 것이 좋다. 더 심각한 경우에는 파충류 수의사와 상의해 세균배양

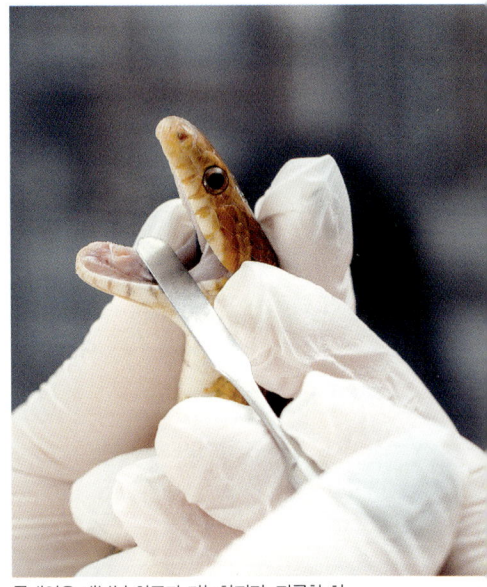

구내염은 대부분 치료가 가능하지만, 지루한 치료과정을 반복하려면 상당한 인내심이 필요하다.

을 실시하고 적절한 항생제를 찾아야 한다. 구내염은 하악골의 감염, 패혈증(혈류에 생긴 세균)을 일으켜 죽음을 초래할 수도 있다. 이런 증상에 대해서는 집중치료가 이뤄져야 하는데, 시간을 끌거나 일관성이 없는 치료는 치명적일 수 있기 때문이다.

호흡기질환(respiratory disorder)

콘 스네이크에서 발생하는 호흡기질환의 경우도 사람의 상부호흡기질환과 동일한 여러 가지 증상이 나타난다. 쌕쌕거리는 소리, 재채기, 콧구멍과 입에서 나오는 점액, 콧구멍 대신 입으로 숨쉬기, 무기력증 등의 증상이 나타나며, 심지어 녀석들을 손에 쥐었을 때 꾸르륵하는 소리가 나는 경우도 있다. 간혹 뱀이 숨을 쉴 때 내는 휘파람 같은 소리 때문에 콧구멍의 건조한 피부(나이 든 뱀의 경우는 흉터조직)에서 거짓 경고음이 나기도 한다. 이와 같은 소리는 탈피에 앞서 자주 들리는 편이다.

증상이 가벼운 호흡기질환의 경우 따뜻하고 건조한 환경을 만들어주면 집에서도 치료할 수 있다. 뱀이 좋아하는 온도범위에서 최고치(31.5~33.3℃)까지 올려본다. 이

는 뱀이 병원체와 싸울 수 있도록 열 치료를 하는 것과 같다. 또한, 과도한 핸들링, 사육장에서 함께 생활하는 동료 뱀, 불필요한 소란 등 스트레스를 유발할 수 있는 모든 요인을 제거해줘야 한다. 질병이 확산되지 않도록 병든 뱀은 다른 사육장에 격리하고, 가능하면 별도의 방에 따로 두는 것이 좋다. 병증이 처치 곤란할 정도로 심각하다면 동물병원을 방문해 세균배양을 하고 항생제처방을 받는 것이 좋다.

에그 바인딩(egg-binding, 알막힘)

간혹 임신한 암컷이 클러치의 일부 혹은 전부를 체외로 배출하지 못함으로써 정상적이거나 건강할 때보다 훨씬 오랫동안 알을 몸에 지니게 되는 경우가 있다. 이를 에그 바인딩이라 하는데, 암컷의 아랫배가 균형이 맞지 않는다거나 불규칙하게 부풀어 오르면서 가시적으로 드러나게 된다. 또한, 알을 낳을 것으로 예상되는 시간 또는 낳은 직후에 암컷의 몸에 혹이나 딱딱한 덩어리로 느껴질 수도 있다.

에그 바인딩은 자연상태에서도 나타날 수 있다고 생각되지만, 우리는 에그 바인딩 문제가 주로 인공사육의 결과라고 믿고 있다. 산란 때가 임박해서도 암컷은 사육장 내에서 알을 낳을 만한 적당한 자리를 찾지 못할 수도 있는데, 이 경우 더 나은 자리를 찾느라 산란을 미루기도 한다. 처음에 암컷은 몸이 피곤해지도록 틈틈이 사육장 안을 애타게 찾아다니며, 이로 인해 코가 움푹 들어가거나 더러워진 경우를 볼 수 있다. 그런 다음 다시 탐색할 힘을 비축하기 위해 휴식을 취한다.

에그 바인딩을 해결하는 방법은 분명하다. 사육장 안에 크고 어둡고 축축하고 건조한 장소를 여러 군데 마련해줌으로써 선택권을 많이 부여하면 된다. 그동안 수천 개의 클러치를 다뤄본 오랜 경험에 비춰볼 때, 운동부족 및 다양성이 부족한(그러면서도 양은 많은) 먹이가 암컷의 근력을 감소시키고 알을 낳는 것을 힘들게(난산) 하는 요인이라고 생각한다. 대규모의 번식그룹을 관리하던 여타 전문브리더들과 마찬가지로, 우리도 콘 스네이크를 비좁은 상자에 넣고 많은 양의 먹이를 주면서 가능할 때마다 두 번째 산란을 준비시켰다. 이런 식의 사육방법이 오랫동안 계속되다 보니 번식기마다 에그 바인딩 현상이 흔하게 나타났다. 그러다 몇 년 전에 널찍한 사육장으로 콘 스네이크를 대거 옮기면서 알막힘 현상은 줄어들었다.

일부 나이 든 암컷 콘 스네이크에서 총배설강 바로 위에 통통한 지방 축적물이 나타나는 것을 볼 수 있는데, 이를 '힙스(hips)'라고 부른다. 힙스가 생기는 정확한 이유는 알려져 있지 않다. 힙스는 인공사육의 결과로 나타나는 현상일 수 있지만, 번식에 지장을 주는 것은 아니다. 뱀은 이런 '홉'이 있어도 몇 년 동안 건강을 유지할 수 있다.

우리는 뱀이 먹이를 움켜쥐자마자 단단히 죄면서 조금이나마 운동을 하도록, 살아 있는 먹이가 몸부림치는 것처럼 위장하기 위해 미리 죽여둔 설치류를 긴 핀셋을 이용해 제공했다. 조 히두케(Joe Hiduke)는 자신이 관리한 콘 스네이크 번식그룹에 해동된 먹이보다 살아 있는 먹이를 더 많이 제공하는 쪽으로 식단을 전환하자 난산의 빈도가 눈에 띄게 줄어들었다고 보고했다. 대규모 번식그룹에 속한 뱀이라면 주기적인 핸들링(임신하지 않았거나 배가 불렀을 때)조차 좀처럼 경험하기 힘든 운동이다.

알이 막혀서 도움을 받지 않고는 암컷이 알을 낳을 수 없다고 판단될 경우 몇 가지 방법을 시도해볼 수 있다(동물병원에서 촬영한 엑스레이 사진을 확인하면 이 시점에서 알의 위치와 크기를 확실히 알아낼 수 있다). 우선 손을 이용해 알이 아래로 이동하도록 유도할 수 있다. 경험상 보통 알은 꿈쩍도 하지 않을 테지만, 시도해 볼 만한 가치는 있다. 다만 민감한 영역이기 때문에 무리한 힘은 가하지 말아야 한다. 너무 멀리 떨어진 앞쪽에서 총배설강 쪽으로 알을 옮기려고 하면 알이 조금이라도 불규칙할 경우 도중에 깨질 수도 있다. 설상가상으로, 알이 도중에 걸려 난관의 일부가 손상을 입거나 파열되거나 찢어지거나 총배설강이 탈출될 수도 있으므로 주의해야 한다.

사육장 안에 산란에 적절한 장소를 여러 군데 마련해줌으로써 선택권을 많이 부여하면 에그 바인딩을 예방할 수 있다.

알이 총배설강으로부터 7.5cm 이내에 있을 때, 우리는 윤활유를 바른 가느다란 프로브를 총배설강에 부드럽게 삽입해 알 주변을 한 바퀴 돌면서 풀어주는 동시에 개구부를 부드럽게 이완하는 데도 성공했다. 그런 다음에는 조심스럽게 다뤄야 알이 밖으로 나올 수 있다. 처음부터 난관을 밖으로 잡아당기지 않도록 알을 꺼내기 전에 프로브가 난관막이 아닌 알에 제대로 닿았는지 꼭 확인해야 한다. 다음 작업은 십여 년 전에 실험을 통해 이미 좋은 결과를 얻은 바 있다. 이런 작업의 목적은 문제를 일으킨다고 의심되는 가장 뒤쪽에 끼어 있는 알에서 가스를 빼내는 것이다.

간혹 비정상적으로 크고 이상한 형태의 알이 걸려 있을 때도 있고, 어떤 알은 난소에서 감염돼서 죽기도 하고 부풀어 올라 다른 알을 막고 있을 때도 있다. 가장 넓은 지점과 인접한 피부 표면을 알코올 천이나 베타딘 용액으로 닦아내면서 비늘 사이에 늘어진 피부를 다음 목표로 삼는다. 10cc 이상 용량의 주사기에 18게이지 바늘을 끼워 몸 밖에서 알에 구멍을 뚫는 것이다. 예상된 지름의 절반까지만 바늘을 밀어 넣어 그 끝이 대략 알의 중간쯤 오도록 주의를 기울여야 한다. 총배설강 입구를 통해 알에 접근할 수 있다면 체벽에 구멍을 내지 않고 그리로 들어갈 수 있다.

어떤 방법을 사용하든 작업이 이뤄지는 동안 뱀을 단단히 붙잡고 있어야 하며, 보조자가 함께하는 것이 필요하다. 막대 피스톤을 이용해 알의 내용물을 천천히 빨아들이되, 필요하다면 한 번 이상 이런 과정을 반복한다. 이때 바늘을 빼는 동안 난황이 체강으로 주입되지 않도록 특히 조심해야 한다. 바늘이 들어간 자리는 다시 한번 소독을 한 다음, 살균 소독된 사육장에 뱀을 24시간 이상 넣어두도록 한다. 남은 알은 대개 하루나 이틀 안에 배출되는 경우가 많다. 일부만 배출이 이뤄지는 경우 가장 뒤쪽에 남아 있는 알에 대해 며칠 안에 이런 과정을 되풀이할 수 있다. 쪼그라든 알은 암컷의 몸에서 빠져나오면 바람 빠진 흰 풍선처럼 보일 것이다.

혹시 수정란이 망가지지는 않을까 염려하지 않아도 된다. 총배설강을 통해 알을 움직였을 때 손상 없이 나온 적도 많았는데, 수정란이 막힌 경우는 발견하지 못했다. 일주일 이상 작업을 미루면 알의 내용물이 굳어져 흡인하는 것이 불가능해지는 경우가 많다. 감염에 대한 가능성이 분명 존재하지만, 수십 번의 작업을 진행하는 동안 감염된 적은 없으며 이후 몇 년 동안 좋은 결과를 보이며 번식에 성공했다.

분만 중인 여성의 자궁수축을 유도하기 위해 사용되는 약물인 옥시토신을 근육에 주사하면 난관의 수축을 자극해 알을 움직이게 할 수 있지만, 이 방법은 뱀에게는 거의 효과가 없는 듯하다. 일부 브리더는 칼슘주사를 이용한 성공담을 전해오지만, 우리는 시도해 본 적이 없는 방법이다. 다른 방법은 효과가 없고 뱀의 몸이 점점 약해져가는 아주 심각한 상황에서 꽉 막힌 알을 제거하는 유일한 선택은 외과적 수술밖에는 없다. 마지막 수단으로 수의사를 찾는 것이 최선의 방법이다.

주의사항 : 알을 낳고 나서 며칠 내로 암컷의 몸을 조심스럽게 더듬어 알막힘 문제가 없는지 점검한다. 새로운 알을 낳는 준비를 하는 데 정신이 팔려 있는 사이, 간단한 육안검사만으로는 어미 몸에 남아 있을 수도 있는 알을 놓치기 쉽다.

조기 부화(premature hatching)

간혹 미처 흡수하지 못한 난황 잔여물이나 부풀어 오른 알끈(Chalaza; 포유류의 탯줄과 비슷한 구조)에 연결된 채 예정보다 일찍 부화하는 새끼도 있다. 조기 부화는 사육주가 수

간혹 새끼들은 미처 흡수하지 못한 난황 잔여물이나 부풀어 오른 알끈에 연결된 채 예정보다 일찍 부화하기도 하며, 이를 조기 부화라 한다.

시로 알을 찔러보고 확인하는 과정에서 신경이 날카로워진 새끼가 껍데기를 너무 빨리 빠져나오면서 나타나는 문제다. 델리컵에 깨끗한 물을 바닥이 잠길 정도만 붓고 여기에 새끼를 격리하면 난황이 말라버리거나 컵 바닥에 들러붙어 터지는 불상사를 막을 수 있다. 물은 날마다 갈아주고 벌레가 들어가지 못하도록 한다.

난황은 며칠 내에 흡수될 것이다. 새끼가 정상적이고 건강한 것처럼 보이더라도 난황을 흡수하지 않은 채 부화했다면, 다른 새끼들처럼 첫 번째 먹이가 급여될 때까지 몇 주 동안 기다릴 만한 체력이 안 될 것이다. 이렇게 몇 주 동안 먹이를 먹지 않고 버틸 수 없는 새끼의 경우 녀석을 살리기 위해서는 앞에서 소개한 여러 가지 방법 가운데 하나를 동원해 먹이급여를 시도해야 할 수도 있다.

스트레스와 건강

스트레스가 질병 자체는 아니지만, 여러 가지 질병의 원인 혹은 적어도 질병이 나타날 전조라는 데 대부분 동의하고 있다. 불안함을 느끼는 뱀은 정상적으로 행동하지 않고, 규칙적으로 먹이를 먹으려고도 하지 않는다. 인간의 경우와 마찬가지로, 뱀에 있어서도 서로 다른 형태의 스트레스가 행동에 영향을 미칠 수 있다.

스트레스의 징후는 일반적으로 먹이를 직접적으로 거부하는 것처럼 명백히 드러나지는 않는다. 따라서 이런 문제가 보여주는 미묘한 징후를 관찰하고 평가하고 반응하며 새로운 해법을 내놓는 것은, 뱀을 번식하고 연구하는 우리 같은 사람들의 몫이라고 할 수 있다. 우리는 아직 모든 문제에 대해 확실한 답을 갖고 있지는 않지만, 이런 연구 분야를 발전시키는 데 관심이 많은 편이다. 여기서 제시하는 몇 가지 사례는 지금까지 우리가 주목해온 부분을 설명하고 있으며, 이처럼 종종 간과되는 주제에 대한 논의의 필요성을 역설하는 데 도움이 될 것이다.

우리가 스트레스의 주원인으로 꼽는 것은 '제한된 선택의 자유'라고 할 수 있는 사육증후군(syndrome of captivity)이다. 이는 우리가 상담전화와 인쇄물을 통해 사육주들에게 제공하는 답변에서 많은 부분을 차지하는 내용이며, 간단하게 요약해 설명하자면 다음과 같다.

대부분의 사육환경(최근 급증한 초보 콘 스네이크 브리더를 평가에 포함한다)에서는 뱀이 야생에서 접하게 되는 일상적 환경을 자발적으로 선택할 수가 없다. 가령 체온을 조절하기 위해 햇볕을 쬐거나 피하는 방식으로 몸을 재빨리 덥히거나 식힐 수 없다. 이는 질병이나 기생충을 극단적 상황

인간의 경우와 마찬가지로, 뱀에 있어서도 서로 다른 형태의 스트레스가 행동에 영향을 미칠 수 있다는 점을 잊어서는 안 된다.

에 노출시켜 억제한다든지(우리 몸이 발열상태에 이르는 것처럼), 아직 밝혀지지 않은 그 밖의 호르몬기능을 조절한다든지 해서 먹이를 최적으로 소화할 수 있는 뱀의 타고난 능력에 심각한 영향을 미치게 된다. 습한 곳이나 건조한 곳을 선택하면(주변의 조건을 의미) 허물을 깔끔하게 벗고 곰팡이감염을 치료하는 데 도움이 될 수 있다.

뱀이 모든 활동을 멈추고 그 무엇에도 방해받지 않으려고 할 때(엄청난 양의 먹이를 소화할 때, 허물을 벗을 때, 알을 낳을 때)는 우리가 생각하는 것 이상으로 안전한 은신처를 갖는 일이 더욱 필요할 수 있다. 복잡한 호르몬기능은 다음 단계의 생리적 요구를 향해 질서정연하게 나아가기 위해 완전한 휴식과 은둔을 필요로 한다. 잠재적 위험이 될 만한 신호에 주의를 기울이는 본능을 가진 뱀에게는, 활동량이 많은 가정에서 발생하는 진동조차 끊임없이 계속되는 불안정한 상태로 느껴질 수 있다.

사육주는 급여의 편리성 때문에 자신이 기르는 뱀에게 매번 똑같은 설치류 먹이를 제공하고 있는 경우도 많다. 임산부가 평소에 먹지 않던 특이한 음식을 찾는 것과 마찬가지로, 야생의 콘 스네이크도 가끔은 '식단의 변화를 위해 새(bird) 먹이를 찾아 나무 위로 올라간다'는 생각이 전혀 터무니없는 얘기는 아니다. 콘 스네이크는 간혹 몸에서 부족한 비타민이나 미네랄을 원하면 개구리나 도마뱀 같은 어릴 적

스트레스가 질병 자체는 아니지만, 여러 가지 질병의 원인 혹은 적어도 질병이 나타날 전조라는 데 대부분 동의한다.

식단을 찾게 될지도 모른다. 사육환경에서는 야생먹이의 내장에서 섭취한 미량의 미네랄로부터 얻을 수 있는 이점을 취하지 못한다. 이것이 현재 의심되는 그 어떤 원인보다 장기적으로 더 중요한 요인이라고 할 수도 있으며, 단지 이러한 필요성을 추구하기 위한 운동이 부족하다는 것 자체가 스트레스가 될 수 있다.

어떤 종류의 변화도 스트레스를 주며, 더 나은 방향으로의 변화라고 해도 마찬가지다. 뱀을 새로운 사육장으로 옮기거나 기존의 사육장을 새로운 장소로 옮기는 경우 평상시처럼 먹이를 급여하고 핸들링할 수 있으려면 어느 정도의 적응기간이 필요하다. 사람과 마찬가지로, 동물 중에도 다른 녀석들보다 회복이 빠른 녀석이 있다. 운송과정을 통해 새로 들인 반려동물에게 전혀 새로운 환경을 만들어주다 보면 집 주변에서 이동하는 경우보다는 훨씬 많은 스트레스를 주게 된다.

이런 사실을 망각한 사육주는 뱀을 집으로 데려오자마자 만지고, 친구들에게 보여주고, 새로운 사육장에 넣고, 쥐를 던져준 다음 뱀이 먹는지 지켜보기도 한다. 겁에 질린 새로운 반려뱀에게 요구사항이 너무도 많다! 각종 화학약품이 과다하게 처리된 수돗물에 포함된 미량원소가 몸집이 작아서 사람보다 허용치가 낮은 뱀의 몸에

어떤 종류의 변화도 뱀에게 스트레스를 줄 수 있으며, 더 나은 방향으로의 변화라고 해도 마찬가지다.

축적되면서 중독이 서서히 이뤄지고 있는지도 모르겠다. 편의를 위해 빨리 비워지지 않는 큰 물그릇을 사용할 경우, 사육장에 넣어둔 물 역시 몇 주씩 그대로 있는 경우가 많다. 그런 그릇에 담긴 고인 물은 수원을 살균, 희석, 건조하는 햇빛과 비바람으로부터 차단돼 있기 때문에 병원체가 증식할 수 있는 좋은 환경이 된다.

이보다 훨씬 흔한 요인은 반려동물이 살아가는 공간의 조사시간을 사람의 기분에 따라 조절하는 것이다. 아무 때나 불을 켜서 무언가를 확인한다거나, 설상가상으로 손님에게 보여준답시고 은신처 밖으로 뱀을 끄집어내는 일은 누가 봐도 잘못된 행동이다. 깊은 잠을 자는 새벽 3시에 누군가 침입하면 여러분은 어떤 반응을 보일 것인가? 대부분의 동식물은 라이프사이클을 지배하는 자연적인 광주기에 사람보다 훨씬 밀접하게 연결돼 있다. 따라서 그런 식으로 혼란을 주면 뱀이 일상생활을 영위하기 위해 의존하는 생체시계의 미세한 조정에 결정적인 영향을 줄 수 있다.

빛의 속성 역시 이제껏 우리가 대수롭지 않게 생각하고 지나쳤던 중요한 요소일 수 있다. 사람을 대상으로 한 실험결과는, 백열등과 형광등에서 방출되는 부자연스러운 빛이 기분과 생산성에 영향을 미치는 것으로 드러났다. 먹이의 대사작용이 제대

뱀이 생활하는 공간의 조사시간을 사람의 기분에 따라 조절하면 생체시계의 미세한 조정에 결정적인 영향을 미칠 수 있다.

로 이뤄지기 위해서는 햇빛에 포함된 자외선 성분이 일부 파충류에 있어서 필수적이라는 사실은 이미 알려져 있다. 태양은 지구상에 존재하는 생물의 삶을 지배하는 유일한 광원이다. 태양의 영향을 크게 받는 생물종에 그 강도나 파장 스펙트럼을 변경할 경우 미치는 효과는 간과할 수 없는 것이다. 이보다 어두운 측면도 있는데, 농업용/공업용 화학물질, 호르몬, 독극물에 의한 오염은 내분비교란이라는 우려스러운 결과를 만들어냈다. 배아발달과 같은 복잡한 생물학적 과정은 환경에 유입되는 미량의 물질에 노출되면서 왜곡되고 있으며, 유기체의 성장에서 정확하게 일어나는 일련의 사건 가운데 하나의 연결고리만 바꿔도 파멸을 초래할 수 있다.

오늘날 지구상에 울려 퍼지는 초음파통신 주파수는 뱀이 이동을 하거나 짝을 찾거나 변화하는 날씨를 판단할 때 필요한 감각에 어떤 식으로 작용할까? 우리의 제한된 감각이 별다른 지장을 받지 않는다는 이유로, 이와 같은 교란에 대해서는 전혀 의식하지 않은 채 정교하게 조정된 수많은 하위생명체의 감각체계를 방해해도 괜찮은 걸까? 우리가 이런 생각을 내놓게 된 것은, 생명체의 복잡성을 더욱 깊이 있게 검토하고 우리 자신과 사육되는 동물에게 무의식중에 영향을 미칠 수 있는 요인과 방법에 대해 연구하는 데 영감을 불어넣기 위함이다.

Chapter 06

콘 스네이크의 번식과 실제

콘 스네이크를 번식하기 전에 기본적으로 알아야 할 사항들에 대해 살펴보고, 실제적인 번식의 전반적인 과정에 대해 알아본다.

01
section

콘 스네이크의 성별구분법

콘 스네이크를 기르면서 느낄 수 있는 여러 가지 매력들 중 하나는 녀석들의 번식을 북돋는 일로, 이는 사육의 즐거움을 한층 높은 수준으로 끌어올린다. 성공적인 번식은, 삶에서 가장 중요한 기능을 수행할 수 있을 정도로 뱀에게 필요한 부분을 충분히 보살펴줬다는 최고의 증거다. 콘 스네이크를 번식시키는 과정은 매우 흥미로울 뿐만 아니라 교육적 효과와 수익성까지 기대할 수 있다. 이번 장은 번식과 관련한 주제를 상세히 설명하기 위해 뱀의 생애연대기 방식으로 다룰 예정이다.

콘 스네이크를 번식시키기 위해서는 우선 암수 성별을 구별할 줄 알아야 한다. 뱀의 성별은 여러 가지 방식을 이용해 다양한 수준의 정확도로 판단할 수 있다. 가장 기본적이고 직관적인 방법은 녀석들을 한데 모아놓고 실제로 그중에 누가 짝짓기를 하는지 살펴보는 것이다. 이러한 방법은 100%의 정확도로 성별을 밝혀낼 수 있지만, 미래의 짝짓기 계획을 세우기란 불가능하다. 게다가 대부분의 콘 스네이크는 번식에 이용되는 시기보다 1년 이상 일찍 주버나일 개체일 때 손에 넣게 되므로 번식을 계획하고 있다면 사전에 성별을 판단하는 일이 필요하다.

측면과 복부에서 바라본 수컷과 암컷의 꼬리 크기 비교. 왼쪽에서 오른쪽으로 수컷, 암컷, 수컷, 암컷이다. 꼬리의 상대적 비율로 콘 스네이크 성체의 성별을 판단하기란 어렵지 않은 일이다. 수컷 성체의 꼬리는 반음경을 수납하고 있어서 총배설강을 지나 처음 몇 cm 정도는 굵은 데 비해 암컷의 꼬리는 총배설강을 지나자마자 갑자기 가늘어진다. 이는 콘 스네이크의 전체 몸길이가 76cm 이상 되고 나면 특히 두드러진다.

성공적인 브리더가 되기 위해서는 중요한 정보를 두고 타인의 능력이나 양심에만 의존하지 않도록 뱀의 성별구분법을 개인적으로 한 가지 이상 습득해야 한다. 반려동물시장에서 성별을 구분하는 데 있어서의 실수는 비일비재하며, 번식적령기가 될 때까지 기른 뒤에야 성별이 틀렸음을 알게 돼 수많은 프로젝트를 엉망으로 만들어놓기도 한다. 암컷이라고 생각했던 녀석이 실제로 수컷으로 밝혀지는 일이 흔하다.

수컷은 반음경(hemipenes)이라 불리는 복잡한 생식기를 가지고 있으며, 총배설강(cloaca; 생식관과 비뇨관이 한데 묶인 개구부로, 항문으로도 불림) 바로 뒤에서 시작되는 꼬리 시작부분에 자리 잡고 있다. 두 갈래로 갈라진 반음경은 짝짓기와 배설할 때 말고는 거의 노출되지 않는다. 한 쌍으로 이뤄진 붉은색 혹은 자주색(피로 가득 채워질 경우)의 반음경은 작은 혹이나 가시가 달린 돌기처럼 보인다. 한쪽만 튀어나올 수도 있고, 양쪽이 동시에 튀어나올 수도 있다. 앞서 언급한 때 이외의 시간에 눈에 띈다면 뱀의 몸에 이상이 있다는 신호일 수 있다.

성체 콘 스네이크의 성별을 구분하는 가장 간단한 방법은 꼬리 모양, 특히 시작부분의 형태를 보고 판단하는 것이다. 수컷의 경우 암컷보다 꼬리가 더 길며, 총배설강에서 꼬리 쪽으로 5~7.5cm 부위까지의 폭이 같다. 수컷처럼 공간을 많이 차지하는 생식기가 없는 암컷의 꼬리는 총배설강을 지나자마자 갑자기 가늘어진다.

꼬리 형태에 나타난 암수의 미묘한 차이를 구별하는 방법을 배우고 익힌다면 성별을 구분하는 것이 어렵지 않다. 암수를 구분하는 데 필요한 기술은, 우리가 이성의 모습에 나타난 작은 변화를 아주 먼 거리에서도 즉시 알아보는 능력과도 같은 것이라고 볼 수 있겠다. 수많은 뱀의 성별을 구분해본 경험자라면 이 방법은 거의 100% 정확하지만, 미심쩍은 부분이 있을 때는 철저한 검사를 통해 보완해야 한다.

팝핑(popping)을 이용한 성별구분법

팝핑은 꼬리 쪽에 인위적인 압력을 가해 평소 체내에 뒤집혀 들어가 있는 생식기를 강제로 돌출시킴으로써 이를 확인해 암수를 구분하는 방법이다. 일단 요령을 터득하고 나면, 손가락을 이용해 새끼나 주버나일 개체의 반음경을 빠르고 쉽게 드러나도록 할 수 있다. 작은 새끼는 물론이고 갓 태어난 해츨링에게도 효과가 있는 방법이지만, 일단 몸길이가 8cm를 넘어가면 쉽지 않을 뿐더러 안전하지도 않다.

우선 뱀의 배면이 위로 향하게 한 상태에서 엄지와 검지로 꼬리를 잡되, 엄지 끝이 총배설강 뒤로 약 12.5~18mm 위치에 오도록 한다. 그런 다음 엄지 끝을 이용해 아래쪽으로 살짝 누르는 동시에 항문 쪽으로 밀어 넣는다. 수컷이라면 짝짓기에 사용할 때처럼 반음경의 한쪽 혹은 양쪽 모두 뒤집힐 것이다. 반음경은 약 5~7mm 길이에 이쑤시개만큼이나 가늘고, 분홍색이나 붉은색 혹은 흰색을 띤다. 조심스럽게만 진행한다면 이런 방법은 콘 스네이크에게 아무런 해도 끼치지 않으며, 압력이 풀리자마자 돌출된 기관은 다시 안으로 미끄러져 들어가 모습을 감춘다.

암컷의 꼬리에는 이처럼 밀어낼 수 있는 부속기관이 없다. 반면, 양성인 뱀의 총배설강 끝에는 간혹 작은 향선(scent gland: 향기로운 냄새가 나는 물질을 생산·분비하는 기관으로 향샘이라고도 한다)이 보인다. 이 향선은 2mm를 넘지 않는데, 경험이 없는 사육자의 경우 반음경을 본 것으로 착각하기도 한다.

팝핑을 실행하는 것에 익숙하지 않은 사육자는 보통 총배설강과 너무 가까운 부분을 누르기 시작한다. 해츨링 크기 정도만큼 꼬리 끝에 가까운 부분, 즉 총배설강 뒤로 적어도 12.5mm 떨어진 곳에서부터 눌러야 한다. 가능하다면 성별이 확인되지 않은 개체를 구분하기 전에 이미 확인된 새끼 수컷을 이용해 연습을 해보는 것이 좋겠다. 이 작업을 시행하는 모습을 직접 관찰하고 나서 시도해 보는 것이 훨씬 쉬울 것이다.

새끼 콘 스네이크의 반음경은 엄지를 이용해 꼬리부터 항문 쪽으로 살살 누르면 손으로도 뒤집을 수 있다. 이 기술을 '팝핑(popping)'이라고 한다. 반음경은 일반적으로 분홍색이나 붉은색을 띠지만, 옅은 흰색을 띠거나 거의 투명하게 보일 수도 있다.

캔들링(candling)을 이용한 성별구분법

캔들링은 몸의 반대편에서 강한 빛을 비춰 내부장기를 살펴보는 방법으로, 아멜라니스틱(amelanistic)처럼 배면에 검은색 색소인 멜라닌이 없는 새끼 콘 스네이크의 성별을 알아낼 때 유용하다. 수정능력을 알아보기 위해 새의 알에 불빛(원래 사용된 광원이 양초여서 캔들링이라는 이름이 붙었다)을 비춰 확인하는 것과 흡사한 방법이다.

아멜라니스틱 콘 스네이크 새끼의 꼬리 시작부분의 등 쪽에서 몸을 향해 강하고 가느다란 빛을 비춘다. 배면 쪽을 살피다 보면 총배설강 바로 뒤에 있는 꼬리 중심선 양쪽으로 어둡거나 자줏빛을 띤 길쭉한 반점 형태의 반음경이 보일 수도 있다. 아멜라니스틱 콘 스네이크는 멜라닌이 없기 때문에 배면 주변의 투명하거나 흰 비늘을 뚫고 반음경이 모습을 드러낸다. 이 기관이 항상 분명하게 드러나는 것은 아니지만, 많은 뱀을 이용해서 훈련하다 보면 식별이 가능해질 것이다.

프로빙(probing)을 이용한 성별구분법

프로빙은 프로브(probe)라는 막대기를 생식기 구멍에 넣어 그 들어간 깊이로 성별을 구분하는 방법이다. 오늘날 대부분의 파충류 전문가들이 크기와 나이를 불문하고 모든 뱀을 대상으로 사용하며, 정확도가 높은 표준 감별법이다. 프로빙을 할 때는 섹싱 프로브(sexing probe)로 불리는, 뭉뚝하거나 볼팁(ball-tip) 형태의 가느다란 금속(혹은 플라스틱) 소재의 탐침이 이용된다. 일부 모델에는 10~20cm 길이의 연속적인 지름축이 있다. 나머지 모델은 기구를 삽입할 때 잘못해서 반음경에 구멍을 내는 것을 방지하기 위해 끝부분이 더 넓다. 이런 탐침은 파충류 전문용품을 판매하는 숍에서 구매할 수 있다. 끝이 둥글지 않은 탐침이라도 적절히 조심해서 이용하면 끝이 둥근 탐침을 이용하는 것과 별 차이가 없다. 작은 콘 스네이크에는 작은 탐침이 필요한데, 끝이 둥글면서도 작게 만들기란 어렵거나 불가능한 일이다.

프로빙을 실시하기 위해서는 우선 탐침의 둥근 끝부분에 물이나 바셀린 같은 기름기 없는 윤활제를 발라야 한다. 그런 다음 꼬리 시작부분에 있는 총배설강의 판(넓은 덮개비늘) 밑으로 조심스럽게 탐침을 집어넣는다. 수컷의 경우 총배설강 옆쪽에 있는 두 개의 작은 구멍이 뒤집힌 반음경의 입구다. 암컷은 깊이가 3mm를 넘지 않는 매

프로빙을 이용해 성별을 판단할 때 암컷(위)의 경우 프로브가 항문을 지나 꼬리 부분으로 간신히 들어간다. 반면에 수컷(아래)의 경우는 적어도 꼬리 폭의 4배만큼 되는 깊이까지 들어간다.

우 짧은 항문샘으로 이어진다. 대부분의 뱀에서 반음경의 기저부 구멍이 눈에 띄지 않기 때문에 꼬리 쪽에 있는 항문비늘 밑을 찌를 때는 탐침을 부드럽게 삽입해야 한다. 반음경이 두 개 다 뒤집혀 있다면 그중 하나로 미끄러져 들어갈 때까지 중심에서 약간 벗어난 지점을 살펴보는 것이 가장 좋은 방법이다. 프로브의 지름은 갓 태어난 해츨링의 경우 1mm, 몸길이가 1m인 녀석의 경우는 2mm를 넘지 않아야 한다.

무리해서 생식기에 구멍을 내고 근육조직까지 관통하는 일이 없도록, 탐침을 꼬리 쪽으로 최대한 살살 밀어 넣는다. 수컷의 생식기에 이르자마자 프로브를 살짝 밀어 넣으면 약간 튀어 오르는 듯한 탄성이 느껴질 것이고, 암컷의 향선에 있는 작은 주머니 뒤쪽을 치면 비교적 단단한 것에 둔탁하게 부딪히는 느낌이 들 것이다.

갓 태어난 해츨링의 경우 반음경의 깊이가 9mm에 불과하지만, 몸집이 큰 수컷 성체의 경우 최대 7.5cm에 이르기도 한다. 프로브를 아주 세게 밀어 넣지 않고도 어느 한쪽에서 그 정도 깊이까지 들어가면 수컷이라고 장담할 수 있다. 어떤 크기의 암컷이든 항문에서 꼬리까지 이르는 부위의 폭과 같은 거리 이상으로 프로브가 들어가기는 힘들 것이다. 팝핑 기술과 마찬가지로, 성별이 이미 밝혀진 뱀을 대상으로 연습하되 될 수 있으면 시연을 직접 본 뒤에 시도해 보는 것이 좋다.

콘 스네이크 번식 전 준비

콘 스네이크는 봄에 짝짓기를 하고 늦봄에서 초여름 사이에 알을 낳는, 온대기후에 서식하는 파충류의 전형적인 번식주기를 따른다. 알은 여름에 부화하고, 어린 뱀과 나이 든 뱀 모두 추운 겨울에는 휴면기를 보낸다. 환경적 자극은 매년 이러한 이벤트의 시기를 조절한다. 콘 스네이크에게 이와 같은 계절적 변화를 경험하도록 해주면, 체내의 생체시계를 예정대로 유지해 사육환경에서도 성공적으로 번식할 수 있다. 뚜렷한 계절의 변화를 겪지 않고 번식에 성공했을 경우라 하더라도 콘 스네이크의 몸이 환경의 작은 변화를 감지했을 가능성이 크다. 가령 멀리 떨어진 지하실 창문으로 들어오는 자연광에 노출됐거나, 겨울이 지나서 주변 온도가 미약하게나마 올라갔거나, 혹은 우리가 전혀 알아채지 못한 요인이 영향을 미쳤을 수 있다.

온도의 조작과 번식
많은 파충류 전문가들은 온도조작만으로 번식을 유도한다. 그런 방법은 흔히 효과를 거두며, 일부 좋은 광주기(光周期, photoperiod: 생물이 가장 적합한 기능을 할 수 있는 낮의 길

이)의 변화 없이도 번식이 가능한 것으로 보인다. 우리의 판단으로는 온도와 광주기 모두 콘 스네이크의 번식에 중요한 요인이다. 이러한 요인이 번식에 영향을 미치도록 조절하는 것은 비교적 간단한데, 사육주가 각자 집에서 쉽게 통제할 수 있기 때문이다. 이번 섹션은 건강한 뱀으로 길렀으나 번식은 거의 이뤄지지 않았던 1950년대 파충류 사육의 근본적 오류를 되풀이하지 않도록 도와줄 것이다!

대부분의 사육자들은 뱀을 실내에서 기르고 있다. 따라서 뱀의 번식을 동기화(動機化, synchronization; 자극을 주어 행동을 하게 만드는 일)하는 것은 계절의 변화를 녀석들이 알아차리도록 하는 데 달려 있다. 이는 집 안에서 1년 중에 2~3개월 동안 서늘한 공간을 유지할 수 있는 곳이라면 어디서든 인위적인 방법을 통해 실시할 수 있다. 사육장을 옥외 창문이나 채광창 근처에 두는 것처럼, 자연광이 일상에서 주요 광원이 될 수 있는 상황이라면 더없이 좋을 것이다! 실외 노출이 충분하게 이뤄질 경우, 햇빛이 실내온도(혹은 사육장온도)에 영향을 미쳐 외부온도의 변화추이가 점차 반영될 수도 있다. 이 때문에 콘 스네이크의 번식주기는 여러분이 사는 지역의 위도와 관련될 수밖에 없지만, 이는 긍정적인 결과를 위해 효과가 입증된 올바른 방법이다.

콘 스네이크를 기르는 공간이 북부의 기후에서도 서늘하고 어두운 지하실이라면, 난방기구와 전기타이머로 작동되는 조명을 이용해 계절에 따라 오르내리는 기온의 변화와 낮의 길이를 재현할 수 있다. 이처럼 환경적 요인을 완벽하게 통제하려면 비용이 많이 들지만, 번식과 부화시기를 여러분의 일정이나 유리한 마케팅 기간에 맞춰 앞당기거나 늦출 수 있다는 이점이 있다. 예를 들어, 콘 스네이크의 일반적인 번식주기를 재현하기 위해 활동적인 여름이 끝난 가을을 번식계획의 시점으로 생각하고, 플로리다주 남부에서 우리가 사용하는 전형적인 일과를 따른다고 가정해 보자. 우리는 이전의 번식기 동안 무슨 일이 있었는지는 무시하고, 뱀이 여름 내내 그리고 초가을에 잘 먹었는지, 살이 찌고 건강한지, 이미 성체가 됐는지 아니면 몇 달 안에 성체 크기까지 자라 내년에 새끼를 낳을 준비가 됐는지에만 신경 쓸 것이다. 이는 마르거나 건강이 안 좋은 뱀에는 적용되지 않는다. 그런 녀석들은 따뜻하고 밝은 곳에 격리해두고 먹이를 급여하면서 회복할 수 있도록 하는 것이 가장 좋다.

모든 관점에서 볼 때 생후 1년생의 어린 뱀을 번식주기에 투입할 필요는 없다. 여러분은 이런 단계를 무사히 건너뛰고, 생애 처음 맞는 겨울 동안 녀석들이 큰 해를 입지 않고 조금이라도 빨리 자라도록 할 수 있다. 대개 생후 2~3년(혹은 몸길이가 76cm 이상 자랐을 때)이 지나 새끼를 낳을 수 있을 정도 크기로 자란 첫해에 번식주기를 시작하면, 건강이나 번식에 부정적인 영향을 미치지 않으면서 효과를 거두는 것으로 보인다.

동면을 위한 준비와 관리(겨울)

앞으로 몇 개월 동안의 일정을 미리 확인해 뱀의 동면기가 시작되는 날을 선택한다. 우리는 보통 실내온도를 낮추는 때를 12월 중순으로 잡아왔다. 그 시기는 항상 성탄절 직전이면서 북반구에서 1년 중 낮이 가장 짧은 동지 무렵이다. 12월 중순, 혹은 여러분이 선택한 날보다 적어도 2주 앞선 시점부터 번식시킬 뱀에게 제공되는 먹이는 완전히 중단돼야 한다. 12월 중순까지 2~3주 동안은 콘 스네이크가 마지막 몇 달 동안 누렸던 따뜻한 온도를 유지해 녀석들이 먹은 먹이가 모두 소화관을 통과할 만큼의 충분한 시간을 준다. 휴면기 동안 뱀의 뱃속에 소화되지 않은 먹이나 오래된 배설물이 남아 오염을 일으키거나 눌어붙지 않도록 해야 한다. 다른 모든 조건에 상관없이 언제든 먹을 수 있도록 신선한 물을 준비해둔다.

■ **광주기** : 동면(冬眠, hibernation; 파충류의 경우는 휴면 brumation-이라고 불리기도 한다)이 시작되면 자연광을 완전히 차단하기 위해 유리창과 채광창은 가려놓도록 한다. 블라인드나 커튼을 쳐서 외부로부터 들어오는 빛을 대부분 차단하는 사람들도 있다. 이는 태양광의 강도가 떨어지고 지평선 위에 떠 있는 시간이 짧은 서늘한 계절에 겨

울과 비슷한 조건을 만들어주는 기능을 한다. 뉴저지주 남부에 있는 지하 동면장 소처럼 뱀이 한겨울로 착각하도록 주변의 모든 빛을 차단해야 한다고 주장하는 브리더도 있다. 음식물을 소화관 밖으로 배설하는 시기를 거치고 나면, 열을 차단하거나 적어도 상당 부분 줄여주도록 한다. 이러한 조치를 취하는 데는 한 해의 남은 기간에 뱀이 활동력을 보일 때보다 서늘한 시기를 경험하게 하려는 의도가 깔려 있다. 이는 겨울철이면 짧아지는 낮의 길이와도 자연스럽게 맞물린다.

우리는 수십 년간의 경험을 통해, 이 시기가 아주 정확하거나 일정할 필요까지는 없으며 기온이 눈에 띄게 낮아져서 뱀의 생식계가 그 시기를 알아차릴 정도면 충분하다는 것을 확인했다. 정자의 형성과 난포의 발달 등 암수의 성세포가 체내에 형성되려면 이처럼 서늘한 휴지기가 필요하다. 휴지기가 시작되고 끝나는 시기나 지속기간의 정확한 범위에 대해서는 여전히 논란의 여지가 있다. 기후가 해마다 바뀌기 때문에 성세포 형성을 유발하는 정확한 공식은 없으며, 성공적인 결과를 얻으려면 한 가지 방법만 고수해서는 안 된다고 보는 것이 맞다.

■**온도조절** : 우리의 경우 대략 60~75일 동안 7~18℃의 온도를 유지하기로 했지만, 이는 엄격하게 감시하거나 통제해야 하는 요소는 아니다. 콘 스네이크는 3개월 동안의 동면기를 거뜬하게 감당할 수 있다. 일부 파충류 전문가는 뱀과 브리더 모두를 위해 이보다 긴 휴지기를 권장한다. 뱀이 지내는 곳의 실내온도가 주기적으로 24~27℃까지 올라가고, 1년 중 가장 추운 1월과 2월에도 오후에 이따금씩 29~30℃까지 올라가더라도 눈에 띄는 부작용은 나타나지 않는다. 이 정도 날씨면 우리 집 근처 숲에서 자생하는 콘 스네이크의 서식환경보다 훨씬 따뜻한 셈이다.

반대로, 겨울에 며칠 밤 동안 온도계가 3~4℃까지 곤두박질쳐도 낮은 온도로 인한 부작용은 나타나지 않는다. 우리는 온도가 터무니없는 양극단을 오가더라도 걱정할 필요가 없는 법을 배웠다. 그런 현상이 한 번에 며칠 이상 계속되지 않고 대부분의 휴면기 동안 일반적으로 서늘한 온도를 유지한다면, 정상적인 겨울나기에 큰 지장을 주지 않는다. 콘 스네이크의 자연서식지는 위도 15°에 걸쳐 있다. 녀석들에게는 짧은 기간 동안의 극심한 온도변화를 견디는 능력이 있다.

이러한 광범위한 지침에 근거해 여러분이 기르는 콘 스네이크가 혹심한 겨울을 겪도록 별도의 실험을 해본다. 플로리다주 남부에서는 종종 계절에 맞지 않게 겨울에도 몇 주에 걸쳐 오랫동안 포근한 날씨를 보인다. 1990년대 말 여행하기에 더할 나위 없이 좋았던 어느 해 겨울에는 이상할 정도로 따뜻해서 추위에 떨지 않아도 됐다. 이처럼 심각할 정도로 예외적인 기후는 번식에도 영향을 미칠 수 있다.

콘 스네이크의 번식에 영향을 미치는 중요한 요인은 온도와 광주기로, 사육주가 집에서 쉽게 통제할 수 있다.

우리는 이듬해 봄과 여름에 뱀이 낳은 알의 개수가 다소 줄어든 것을 확인했다. 몇 가지 이유가 있을 수 있겠지만, 우리는 이를 다른 탓으로 돌릴 수 없었다. 이러한 현상을 방지하기 위해 무더위가 기승을 부릴 때 콘 스네이크를 사육하는 방에 에어컨을 설치해 따뜻한 기간 동안 실내온도를 18℃ 아래로 유지하고자 했다. 이 수준보다 높은 온도가 지속적으로 유지되는 동면기가 이어지면, 뱀은 저장된 지방을 태우고(먹이를 먹지 않는 상황에서) 필요 이상으로 마르거나 약해진 상태로 번식기인 봄을 맞게 된다. 2개월에서 2개월 반 동안 이어지는 서늘한 휴지기에는 콘 스네이크를 건드리지 않는다. 마실 물과 그릇을 일주일에 한 번꼴로 교체하는 작업이 그 시기 녀석들을 귀찮게 하는 유일한 일이다.

동면 이후의 준비와 관리(봄)

2월 중순경이 되면 창문을 가렸던 블라인드와 커튼을 걷는다. 일주일쯤 지나, 특히 밤에는 난방기구를 켜서 뱀에게 봄이 왔다는 강한 메시지를 전달해준다. 우리의 주안점은 조도가 올라가고 공기가 따뜻해지기 시작하면 시간을 돌이킬 수 없다는 사실을 콘 스네이크의 생식계가 받아들이도록 만드는 것이다. 자연의 조건이 정확하게 맞아떨어지는 경우는 드물지만, 우리는 뒤늦게 찾아온 한파 때문에 뱀의 몸에서 호르몬의 영향을 받는 생식활동이 방해받는 것을 경계했다.

2월 중순경이 되면 창문을 가렸던 블라인드와 커튼을 걷고, 일주일쯤 지나 특히 밤에는 난방기구를 켜서 뱀에게 봄이 왔다는 강한 메시지를 전달해준다.

■ 광주기 : 여러분이 거의 1년 내내 야외 혹은 채광창으로 밝은 햇살이 비치는 방 안에서 뱀을 기를 수 있는 위도에 살고 있다면, 자연은 대체로 사육주가 원하는 수준의 온도와 빛을 제공할 것이다. 반자연적인 조건에서 살아가는 콘 스네이크라면 모두 날마다 늘어나는 낮의 길이와 그에 따라 꾸준히 높아지는 온기를 직접 감지할 것이다.

이렇게 봄철의 강화된 빛을 흉내 내기 위해 어쩔 수 없이 인공적인 형광등에 크게 의존해야 한다면, 전구가 발산하는 빛이 대개 햇빛과 비교해 턱없이 부족하다는 점을 알고 있어야 한다. 전구를 여러 개 설치하는 방식으로 대응하고, 효과를 높이기 위해 될 수 있으면 뱀과 가까운 곳에 위치하도록 설치하는 것이 바람직하다.

많은 생명체는 생식을 포함해 특정한 생화학적 반응을 일으키는 데 필요한 하루의 일조시간이나 빛의 강도를 직감적으로 알고 있다. 번식기가 되면서 늘어나는 하루 일조시간과 일조량은 자연이 보유한 일종의 처방전이라 볼 수 있겠다. 지금까지 설명한 대로 조절된 빛과 열에 콘 스네이크를 노출시키면, 현재 원서식지에서의 1년 중 어느 때인지 알 수 없을 경우 자연의 시간흐름을 모방하는 데 도움이 된다. 콘 스네이크를 성공적으로 번식시키기 위해서 이런 측면의 통제가 항상 필요한 것은 아니지만, 성공의 가능성을 상당한 수준으로 높일 수는 있을 것이다.

외부의 빛이 거의 들어오지 않는 곳에서 광주기를 조절하기 위해서는 봄의 시작을 알리는 의미로 9~10시간 동안 불이 켜지도록 타이머를 맞춰둔다. 불을 켜두는 시간을 2주마다 15~30분씩 늘려나가되, 이런 작업을 몇 달 동안 계속 이어간다. 낮이 다시 밤보다 길어질 때까지 3개월에 걸쳐 하루 광주기를 6시간으로 늘리면, 빛보다 어둠 속에서 더 많은 시간을 보내게 되는 겨울의 추세를 뒤바꿀 수 있다. 이는 봄이 왔다는 소식을 녀석들에게 전해주는 또 다른 방식이다. 봄이 온 것처럼 보이기 위한 이러한 노력 덕분에 콘 스네이크의 호르몬은 일제히 흘러나온다.

수컷과 암컷의 생식생리가 번식이 가능하도록 동시에 준비되고, 암컷이 '발정기'에 이르러 마침내 서로에게 접근하면 암수 모두 어떻게 해야 할지 본능적으로 알게 된다. 암수 한 쌍을 기르는 사육자의 경우 아무런 시도도 하지 않았는데 생산된 클러치를 보고 놀랄 때가 있다고 말한다. 그들은 단지 암수 쌍을 함께 뒀을 뿐이며, 뱀의 몸이 때를 알아차려 당연히 할 일을 한 것이다. 분명치는 않지만, 우리가 미처 알아차리지 못한 형태의 사이클링으로 녀석들이 자극을 받았다는 생각이 든다.

참고로 암컷이 육체적으로 준비가 되지 않았다 하더라도, 성체 크기까지 자라지 못한 아주 작은 개체가 번식에 성공하는 일도 간혹 있다. 따라서 이와 같은 일이 가능하다는 사실을 알고 있을 필요가 있다. 어린 암컷에게 사육주가 의도하지 않은 번식으로 인해 발생하는 스트레스를 주지 않으려면 몸길이가 61cm에 이르기 전까지 모든 개체를 한 마리씩 따로따로 사육장에 격리해 관리하는 것이 좋다.

■ **먹이급여** : 따뜻하고 소화가 잘 되는 기온이 며칠 동안 이어지면 평균 크기보다 작은 설치류 한 마리를 동면에서 깨어난 콘 스네이크에게 급여한다. 긴 잠에서 깨어난 이후에 소화계가 순조롭게 제 기능을 할 수 있도록 처음에는 녀석들이 처리하기 쉬운 먹이부터 급여하기 시작한다. 일주일 내에 다음번 먹이를 제공하는데, 크기와 무게에 있어서 각각의 콘 스네이크에게 적절하게 맞춘 먹이를 선택해 급여한다. 이후로 몇 주 동안 녀석들을 배불리 먹여 몸무게를 급속히 늘린다. 이렇게 하는 것이 동면하는 동안 감소한 몸무게를 보충하려는 목적은 아니다. 건강한 콘 스네이크는 겨울에도 좀처럼 몸무게가 줄지 않기 때문이다. 그보다는 암컷이 조만간 알을 낳을 수 있도록 여분의 영양분을 준비해두려는 것이 진짜 목표라고 할 수 있다.

이 시기의 암컷은 평소와는 달리 빠르게 몸무게를 늘리는 것으로 보인다. 많은 경우 나이 든 주버나일 개체 역시 식탐을 보이는 봄철에 몸무게를 늘려 성체와 같은 크기로 몸집을 불린다. 이번 시즌에 자신의 유전자를 물려줄 기회가 생기면 언제든 이용할 수 있도록 생물학적으로 서두르는 것이 아닌가 싶다. 봄기운이 완연해지고 동면 이후에 먹이급여가 개시되고 나서 대개 5~8주가 지나면 배란(排卵, ovulation; 난소의 여포-난포-에서 성숙한 난자가 배출되는 현상)이 시작된다.

03 section

번식의 과정

봄철 콘 스네이크의 번식이 시작되는 시기는 어떻게 알 수 있을까? 녀석들이 저마다 번식할 준비가 된 때는 어떻게 알 수 있을까? 우리는 거의 전적으로 암컷의 신체 조건에 주의를 기울인다. 동면 이후로 봄기운이 완연해지고 나서 몇 주에 걸쳐 몇 차례의 먹이가 제공된 다음에 이뤄지는 탈피는, 일반적으로 활발한 번식기가 시작됐음을 알리는 확실한 신호로 여겨진다. 이때 암컷은 몇 주 뒤에 난포가 성숙해질 때까지 기다리는 와중에 정자를 받아들이면서 배란에 앞서 짝짓기에 성공할 수도 있다. 이처럼 초기에 이뤄지는 짝짓기는 암컷과 수컷 모두 번식에 대한 욕구가 배란 이후보다 덜하기 때문에 시작까지 더 오랜 시간이 걸리는 것으로 보인다.

번식시기 결정하기
번식경험을 많이 쌓을수록 암컷의 배란이 시작되는 미묘한 징후(주로 몸의 뒷부분 절반이 불룩해진다)를 알아차리는 데 익숙해진다. 몸의 아래쪽 중앙에서 적당히 뻣뻣하게 부어오르는 현상이 두드러질 수 있다. 약 한 달가량 암컷에게 꾸준히 먹이를 급여

하고 나면 어떤 녀석이 가장 먼저 몸집이 커졌는지 알아차릴 수 있다. 우리는 특히 몸의 뒤쪽 절반에서 비늘과 늘어난 몸무게 사이에 나타난 표피의 수준을 수량화한다. 약간의 차이는 있겠지만, 녀석들의 모습은 최근에 소화된 먹이가 뱃속에 퍼진 잘 먹은 뱀의 모습을 닮아 있다. 그렇게 불룩해진 몸은 만져보면 부드럽고 물렁물렁하다. 배란이 한 번도 이뤄지지 않은 개체의 배면이 네모지고 평평한 것과는 대조적으로, 배면 비늘이 곡선에 가까운 형태를 띠고 있는 것을 확인할 수 있다.

우리는 느낌을 이용해 배란이 이뤄진 암컷인지를 검사하는 간단한 비법을 완성했다. 우선 탁자 위에 손등을 올린 다음, 약간 벌린 손가락 위에 부드럽고 얇은 천이나 손수건을 올려둔다. 검사할 암컷 콘 스네이크가 네 손가락과 수직을 이루며 천천히 가로질러 기어가도록 둔다. 배란 중인 암컷이라면 녀석이 지나갈 때 손가락 돌출부를 따라 커다란 진주가 연이어 부딪히는 듯한 미묘한 느낌이 들 것이다. 이 방법에 익숙해지면 같은 기술을 이용해 뱃속에 얼마나 많은 알이 있을지 추정할 수 있고, 또는 암컷의 몸에서 수정이 이뤄지면 알의 개수를 헤아릴 수 있다.

수컷의 경우 번식활동을 시작하는 초기에 나타나는 건강문제는 암컷에 비해 적은 편이다. 문제는 주로 번식을 할 수 있을지 여부다. 우리는 암컷과 처음 마주친 어린 수컷이 성적인 측면에서 어리숙하기 짝이 없다는 사실을 알게 됐다. 녀석들은 어설픈 호기심을 보이며 암컷 주변을 기어 다니면서도 다음에 무엇을 해야 할지 정확히 알지 못하는 것 같았다. 우리는 어린 수컷을 이른 시기에 시험해 보더라도 해가 되지 않는다는 것을 확인했고, 녀석들은 다음번에 번식할 기회가 왔을 때 거의 항상 2주 이내에 상황을 파악한다는 점을 눈여겨봤다.

교미

어린 수컷이든 경험 많은 노련한 수컷이든 번식에 자발적으로 참여하려는 의지는 강하므로 걱정할 필요가 없다. 조만간 탈피를 할 것이 아니라면(간혹 그럴 때조차도) 암컷이 짝짓기를 할 준비가 되면 수컷 역시 준비가 될 것이다! 이 시기에 수컷은 흥분해서 움직이는 손을 엉겁결에 물기도 한다. 또한, 일부 수컷의 경우 번식기에 들면 번식욕구가 영양소섭취에 대한 필요를 앞질러 간헐적으로 먹이를 먹거나 심지어

어린 수컷이든 경험 많은 노련한 수컷이든 암컷이 짝짓기를 할 준비가 되면 수컷 역시 기꺼이 준비가 될 것이다.

전혀 먹지 않을 수도 있음을 알아둘 필요가 있다. 이런 녀석들은 대개 짝짓기시기가 지나면 먹이를 다시 먹기 시작하는데, 그렇지 않은 경우 수컷을 암컷 주변에서 떼어내는 것이 좋다. 드문 일이지만, 우리는 수컷이 거의 굶어 죽다시피 하는 경우도 목격했는데, 그런 녀석들은 스스로 다시 먹이를 먹기 전에 몇 차례 포스 피딩을 실시해서 살려야 했다. 일부는 시즌 초반에 다른 수컷보다 지속적으로 번식에 참여하기도 하고, 또 어떤 녀석은 여름까지 늦도록 관심을 보이기도 한다.

■**암컷의 선택** : 번식시킬 암컷을 선택할 때 확실한 판단을 내릴 수 없다면, 번식준비가 된 암컷의 순서를 정할 경우 몸통의 둥근 정도를 기준으로 확인하는 예전의 방식(hit-or-miss method)을 취할 수 있다. 어떤 암컷을 먼저 시도해야 할지 확신이 서지 않을 때는 가장 최근에 탈피를 마치고 살이 가장 통통하게 오른 암컷을 선택하고, 수컷의 사육장으로 데려가 반응을 떠본다. 짝짓기를 할 준비가 돼 있다면 암컷은 강력한 페로몬을 내뿜을 것이다. 일종의 향수라고 할 수 있는 페로몬은 수컷을 자극해 교미하고 싶은 강렬한 충동을 느끼도록 만든다. 이를 알아차리고 행동을 개시하는 것은 수컷 본연의 일이다. 따라서 수컷에게 친숙한 환경인 사육장에서 다른 곳으로 옮기는 것은 녀석의 주의를 딴 데로 돌릴 수도 있으므로 바람직하지 않다.

일부 브리더의 경우 수컷이 '자연에서 짝짓기 상대를 찾아 많은 시간 돌아다니기 때문에 낯선 곳에서 산만함이 덜하다'는 논리를 근거로 정반대의 방식을 채택하기도 한다. 그러나 실제로는 어느 방법을 사용하든 크게 차이가 없다. 즉 짝짓기를 할 준비만 돼 있다면 녀석들의 목표를 방해할 만한 것은 별로 없다는 얘기다.

■**암수의 합사** : 실내온도와 동일한 온도의 물을 사육장과 뱀에 분무해주면 습도가 즉시 올라가서 암컷이 내뿜는 페로몬의 확산과 수컷의 인지를 돕는다. 야생의 뱀이 자연적으로 그런 활동에 탐닉하는 시간인 따뜻하고 습한 저녁환경을 사육환경에 있는 뱀에게 제공하기 위해 형편 따라 준비하면 된다. 대기압을 낮추는 폭풍전선이 다가오는 것 역시 한껏 높아진 콘 스네이크의 번식욕구를 자극하는 것처럼 보인다. 이 시점에서 우리에게 필요한 자세는 그저 뒤로 한 발짝 물러나서 지켜보는 것이다.

수컷은 일반적으로 자신의 영역에 들어온 새로운 뱀에 즉각적인 관심을 보인다. 녀석의 첫 번째 과제는 상대의 성별을 파악하는 일이다. 대개는 앞으로 기어가 혀로 확인해본다. 수컷은 암컷이 근처에 있다는 것을 눈치 채면 종종 경련이 일어나듯 갑작스러운 움직임을 연속해서 보여준다. 새로운 뱀의 총배설강에 특히 관심을 보이는데, 냄새나 페로몬에 의해 가장 감지하기 쉬운 부위가 생식기이기 때문이다.

여러분이 암컷이라고 생각했던 뱀이 실제로 수컷이라면 사육장에 있던 기존의 수컷은 새로 들어온 수컷을 세차게 밀고 부딪히며 간혹 물기까지 하는 반응을 보일 수 있다. 이러한 행동은 앞으로 설명할 수컷과 암컷의 구애행위에 해당하는 물기(love bite)와 혼동하면 안 된다. 두 마리의 수컷은 힘겨루기를 하느라 사육장 안에서 엎치락뒤치락할 수도 있고, 그중 한 마리는 미친 듯이 탈출을 시도할 수도 있다. 이런 방식은 연습용으로는 나름 훌륭한 방법이 될 수도 있지만, 새로 들인 뱀을 격리하고 녀석의 성별을 착각했다는 사실을 인정하는 것이 좋겠다. 이때는 중심이 되는 수컷이 짝짓기를 할 준비를 하는 동안 또 다른 짝을 곧바로 투입한다.

■**구애행동** : 이번에 들어온 뱀은 진짜 암컷이며 드디어 때가 왔다는 사실을 알아차리면, 사육장의 주인인 수컷은 암컷의 몸을 턱으로 비비고 암컷과 몸을 나란히 누인 채

이따금 몸이 파도처럼 오르락내리락하는 움직임을 보인다. 수컷은 암컷과 꼬리를 나란히 하고, 암컷의 총배설강 입구로 접근하기 쉽도록 암컷의 꼬리를 들어 올려 그 밑으로 자신의 꼬리를 밀어 넣으려 할 것이다. 짝짓기를 하려는 마음이 있다면 암컷은 꼬리를 들어 올리고 플래깅(flagging)이라 부르는 동작으로 꼬리를 흔들면서 총배설강 입구를 벌릴 것이다. 교미할 준비가 최고조에 이른 암컷이 수컷을 유혹하는 행동이다.

구애 중에 수컷이 간혹 암컷의 머리나 목을 부드럽게 물기도 하는데, 이와 같은 행동은 킹스네이크(Kingsnake, *Lampropeltis spp.*)에서 좀 더 자주 볼 수 있다. 수컷 콘 스네이크가 암컷을 무는 정도는 경쟁상대인 수컷을 공격할 때만큼 격렬하게 물어뜯는 수준은 아니다.

콘 스네이크는 꼬리를 들어 올린 상태로 짝짓기를 하며 총배설강에서 서로 합쳐진다. 암컷이 꼬리를 흔들어(들어 올려) 유혹을 하면 수컷(오른쪽)은 반음경의 한 쪽을 뒤집어 살짝 벌어진 암컷의 총배설강으로 순식간에 밀어 넣는다.

■ **교미** : 암컷과 수컷의 총배설강 입구가 나란히 놓이면 수컷은 반음경의 한쪽을 갑작스럽게 암컷에게로 밀어 넣는다. 눈 깜짝할 사이에 벌어지는 일이라 이런 행위가 서너 차례 이뤄질 때까지는 눈으로 확인하는 것이 어려울 수도 있다. 주의 깊게 관찰하면 총배설강과 결합한 부분에서 반음경(옅은 분홍색이나 흰색을 띤다)의 일부분이 보일 수도 있다. 대개 암컷과 수컷의 꼬리는 서서히 위로 올라가다가 일부가 서로 얽히고, 이렇게 5~10초가 지나면 거의 나란히 놓이게 된다. 수컷이 이따금 경련을 일으키는 것 말고는 암수 한 쌍은 이런 자세로 거의 미동도 없이 붙어 있게 된다.

이때는 미묘한 시기이므로 암수 쌍을 괴롭히지 않는 것이 중요하다. 사육주가 방해하는 경우 암수의 상태는 더욱 민감해지고, 이처럼 방해를 받을 경우 예정보다 일찍 떨어질 수도 있기 때문이다. 주위 환경이 안정적이라면 녀석들은 평균적으로 10~20분이 지나 서서히 서로에게서 떨어져 각자의 길을 간다. 간혹 암수 중 한쪽이 여

짝짓기 도중 방해를 받지 않으면 녀석들은 평균적으로 10~20분이 지나 서서히 서로에게서 떨어져 각자의 길을 간다.

전히 붙어 있는 상대를 잠시 끌고 현장을 떠나면서 둘의 이별이 시작되기도 한다. 우리는 특정 형질이 교배되도록 설계된 수많은 번식프로그램을 진행하기 때문에 각각의 암컷이 짝짓기를 할 시기가 언제인지 정확히 알아둘 필요가 있다. 동시에 수십 쌍의 뱀을 교배하는 데다가 짝짓기 속도도 개체마다 제각기 다르기 때문에 모든 사육장에서 벌어지는 진행상황을 일일이 관찰하기란 쉽지 않은 일이다.

이 경우 사육장 바닥에 복사용지나 신문지를 임시로 깔아두는 간단한 작업으로도 두 가지 이점을 누릴 수 있다. 교미가 성공적으로 이뤄진 뒤에는 대체로 노란색을 띠는 점성액이 소량 유출되기 때문에 짝짓기를 끝낸 암수 한 쌍에게서 정액을 검사할 수 있다. 정액의 증거는 멀치보다는 종이에서 더 잘 드러나며, 필요할 경우 정자생존능력을 현미경으로 분석하기 위해 오염되지 않은 정자샘플을 얻을 수도 있다.

■ **추가 교미** : 스터드 서비스(stud service or stud farm; 선택적 번식을 위한 시설을 이름)에 재차 동원되기 전에 수컷에게 최소한 3일 동안의 휴식기간을 주면, 추가적인 번식에 앞서 재충전하는 데 도움이 된다. 우리는 '3일 휴식' 전략을 고수해오고 있지만, 다른 브리더의 경우 이보다 짧은 하루면 충분하다고 주장하기도 한다. 수컷은 대개 다음 시간까지는 아니어도 다음날 다시 교미하기를 원하기 때문에 그렇게 오랫동안 기다릴 필요가 없을 수도 있다. 몸집이 크고 성숙한 뱀은 어려서 경험이 부족한 수

컷에 비해 원기를 빨리 회복하고 교미할 준비를 마친다. 충분히 성숙한 수컷은 번식기마다 활발한 번식력을 보일 수 있다. 반면에, 몸집이 작은 신출내기 수컷은 첫 번째 혹은 두 번째 짝짓기가 끝난 뒤에 정자가 바닥나는 것처럼 보이기도 한다. 또한, 잇따른 교미는 암컷의 출산율을 급격히 떨어뜨리는 결과를 가져온다.

일부 파충류 전문가는, 서식지범위에서도 북쪽에 서식하는 콘 스네이크처럼 서늘한 휴면기를 경험한 몇몇 종의 수컷은 번식기마다 쓸 신선한 정자를 한정된 양만큼만 생산한다고 주장한다. 이 이론이 사실이라면 몇 차례의 번식을 마친 수컷은 자원이 바닥나서 짝짓기 사이사이에 아무리 휴식을 많이 취해도 나중에는 헛발질만 하게 될지도 모른다. 이러한 불확실성을 어느 정도 근거로 삼아, 우리는 수컷마다 암컷의 비율을 대략 4~6마리로 유지한다. 이 정도면 건강하고 제법 몸집이 큰 수컷이 번식기마다 부담 없이 교미할 수 있는 적정수준이라고 본다. 물론 급하면 이런 비율을 초과할 수도 있고, 새끼가 물려받게 될 유전적 요인을 중시하지 않는다면 암컷 한 마리를 여러 마리의 수컷과 교배시킬 수도 있다. 성공적인 수정을 위해서는 보통 한 번의 짝짓기가 요구되지만, 예비로 준비해둔 수컷의 개체 수가 충분하다면 암컷이 원하는 만큼 짝짓기를 허용하더라도 해가 되지는 않는다.

일정 기간 정자를 저장하는 능력은 많은 뱀 종에 있어서 공식적으로 문서화된 현상이다. 이러한 능력 덕분에 암컷은 자연에서 짝짓기 상대를 찾는 것이 어렵거나 불가능한 시기에도 수정란을 만들어낼 수 있는 것이다. 배란할 준비가 될 때까지 암컷은 몇 주 혹은 몇 달, 심지어 몇 년 동안 생존 가능한 정자를 몸에 지닐 수 있다. 실질적인 수정은 그때가 돼서야(종종 그 이후로도) 이뤄진다. 이는 예상된 임신기간을 바꿔 산란날짜를 예측하기 어렵게 만들기 때문에 주의를 기울여야 한다.

특정 수컷과의 교배로 낳은 알에 의존하는 번식프로젝트에 성체가 된 암컷 콘 스네이크를 투입할 때도 정자저장의 가능성을 염두에 둬야 한다. 이론상 암컷이 한 배에 낳은 알의 아빠 개체는 한 마리 이상일 수 있다. 암컷의 새로운 난자는 예전에 짝짓기를 했던 수컷의 저장된 정자에 의해 수정될 수 있고, 그렇게 해서 얻은 새끼가 짝짓기에 이용된 수컷에게서 나온 유전자를 갖고 있다고 가정한다면, 향후 다가올 많은 번식기 동안 여러분이 의도한 번식실험의 결과가 왜곡될 수 있다.

■**불임**(미수정란) : 어떤 동물에서든 간혹 나타나는 일이지만, 소수의 암컷과 수컷은 몇 가지 이유로 수정란을 만들어낼 수가 없다. 지난 수십 년간 우리가 보유한 뱀에서는 그런 문제가 1%도 안 될 만큼 매우 드물게 나타났다. 우리는 파충류 불임클리닉에 대해서는 아는 바가 없기 때문에 일반적으로 미심쩍은 암컷이 나타나면 이듬해에는 두 마리의 수컷과 적어도 두 번 이상 교미시키는 방식을 취한다. 수정란이 아예 나오지 않거나 거의 없다시피 하고, 교배에 이용된 수컷이 이전에 다른 암컷과의 교배에 성공했다면, 현재의 암컷에게 문제가 있는 것이다. 따라서 이 암컷은 불임개체로 간주하고, 번식을 하지 않는 반려뱀으로 분양하고 있다.

임신과 산란

임신한 암컷은 보통 짝짓기가 끝난 뒤 3~5주 동안 게걸스러울 정도로 먹이를 먹어 치운다. 난관의 알이 커지면 먹이나 배설물의 이동이 불편해지기 때문이다. 산란 전에 허물을 벗을 때가 가까워지면 암컷의 식욕은 누그러지거나 완전히 사라지게 되는데, 이는 대략 10~14일 후에 알을 낳을 것이라는 신호다. 하지만 극소수의 암컷은 임신기간 내내 단식을 하거나 심지어 짝짓기 전에 먹이를 거부하기도 한다. 임신한 암컷에게도 먹이를 급여할 수 있으며, 평상시보다 작은 크기의 먹이를 제공해야 더 쉽게 받아먹고 소화에도 부담이 없다. 이때쯤이면 암컷은 몸이 불룩하게 부풀어 오르고, 특히 뒷부분은 유난히 통통해 보인다.

두세 마리의 성체를 수용할 정도로 내부공간이 넉넉한 반투명 혹은 불투명 플라스틱 식품용기는 임신한 암컷에게 훌륭한 산란상자가 된다. 암컷이 쉽게 들어가 편안하게 알을 낳을 수 있을 만큼 공간을 충분히 남겨두고, 2분의 1에서 3분의 2가량을 축축한 물이끼와 질석 또는 젖은 키친타월로 채워 넣는다.

■**산란상자의 준비와 세팅** : 산란에 앞서 허물을 벗기 직전(알을 낳기 직전으로 보통 짝짓기를 마치고 4~6주 후)은 암컷이 알을 낳을 만한 공간을 준비해야 할 때다. 임신한 암컷은 알을 낳기 위해 습도가 높고 은밀한 산란장소를 찾는다. 적당한 곳을 찾지 못하면 녀석들은 건조한 상자나 물그릇처럼 가장 가까운 곳에 알을 낳을 테고, 이와 같은 장소들은 알에게 치명적이다.

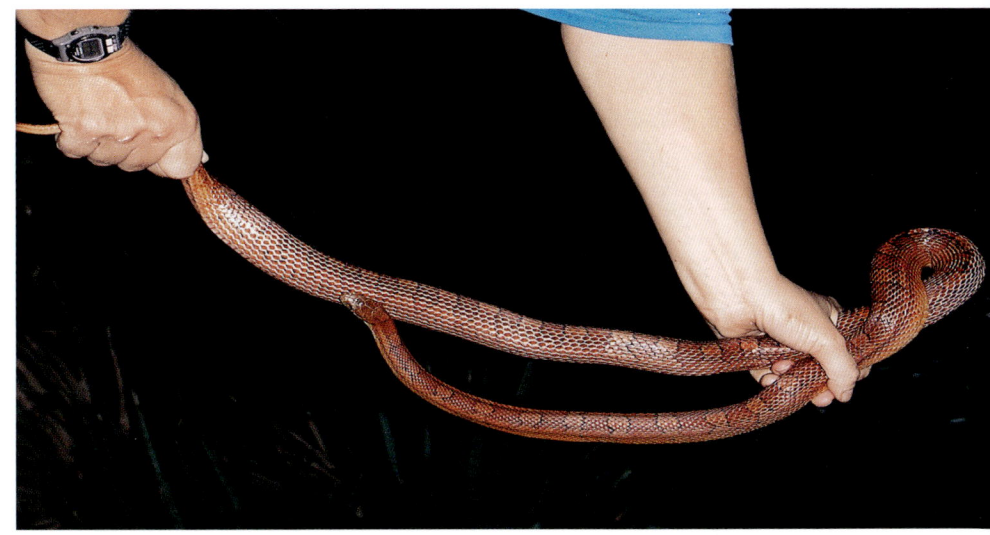

임신한 암컷의 표피는 눈에 띌 정도로 늘어지고, 불룩해진 몸통의 뒤쪽으로 3분의 1가량은 비늘이 고르게 펴진다. 이제 암컷은 알을 낳을 준비가 된 것이다. 곧 산란할 암컷이 스트레스를 받지 않도록 이 시기에는 될 수 있으면 핸들링을 피한다.

원터치 방식의 뚜껑이 달린 반투명 식품용기는 산란상자로서 더할 나위 없이 적합한 조건을 갖추고 있다. 이런 용기는 습기에 안전할 뿐만 아니라 똬리를 틀지 않았다면 뱀을 꺼내지 않고도 내부를 쉽게 확인할 수 있다. 적어도 두 마리의 암컷을 수용할 수 있는 크기의 용기를 준비하고, 용기 윗부분에 암컷 몸체에서 가장 두꺼운 부분의 지름보다 두 배가량 큰 원형 출입구를 만들어둔다. 뱀에게 매력적인 산란 장소를 만들어주기 위해서는 축축한 재료로 용기의 절반 이상을 채워야 한다. 이때 높이가 높은 용기보다는 바닥면적이 넓은 용기를 사용하는 것이 좋다.

암컷 콘 스네이크는 천적에게 무방비상태로 드러나는 넓은 공간에 알을 낳기보다는 바닥재 속으로 파고들어 알자리가 될 만한 구멍을 만든다. 축축한 버미큘라이트와 구긴 키친타월을 바닥재로 사용하는 것도 좋지만, 우리는 젖은 물이끼(sphagnum moss)를 이용해 장기적으로 성공을 거뒀다. 버미큘라이트는 부스러기가 암컷의 주둥이와 몸에 들러붙으면 다소 지저분해지는 경향이 있기 때문에 산란상자 바닥재로는 최상의 선택이 아닐 수 있다. 강한 냄새나 화학적 오염물질이 없고 습기를 유지할 수 있다면, 어떤 재료를 선택하든 충분히 효과를 거둘 것이다.

암컷의 눈이 흐려진 것을 처음 알아차렸을 때 사육장 안에 산란상자를 넣어준다. 암컷이 '산란 전 탈피(prenatal shed)'를 시작하기 전에 오래된 허물을 서둘러 풀어주려면 축축한 공간에서 쉬는 것이 편하기 때문이다. 또한, 이 상자는 암컷이 알을 낳기 위해 적당한 장소를 찾아야 할 때 익숙한 피난처가 돼줄 것이다.

■산란 : 콘 스네이크는 일반적으로 짝짓기를 하고 나서 31~45일쯤이면 산란을 하는데, 평균적으로 약 39일 만에 알을 낳는다. 이는 보통 산란 전 탈피를 마치고 나서 1~2주가 지났을 때다. 많은 사육자들은 이 탈피를 신호로 임신한 암컷의 사육장에 산란상자를 넣어주고 알상자를 준비한다. 이런 전략은 99% 효과가 있겠지만, 콘 스네이크가 언제나 이 규칙을 따르는 것은 아니다. 우리가 보유한 개체들 중에는 암컷이 탈피 전에 눈이 최고조로 푸른빛을 띠는 단계에서 알을 낳는 혈통도 있다.

암컷 콘 스네이크가 적절한 산란장소를 찾지 못했다면 알을 낳기 전에 며칠 동안 매우 분주하게 움직일 수 있다. 하지만 일단 장소를 정하고 나면, 일반적으로 용기 내부의 보이지 않는 곳에서 안심하고 기다리는 것처럼 보인다. 녀석들은 낮이든 밤이든 어느 때고 산란할 수 있지만, 비정상적인 상황에서는 알을 낳는 데 1~2시간에서 2일 정도 걸릴 수도 있다. 흔히 알을 낳은 암컷은 혼자 남겨지면 다소 무기력한 상태로 며칠이고 알무더기와 함께 상자 안에 머무르는 것을 볼 수 있다.

일반적인 콘 스네이크의 알무더기는 보통 산란 후에 몇 시간이 지나면 한 덩어리로 달라붙는다. 일부 알 표면의 움푹 들어간 부분은 흔히 볼 수 있으며, 전혀 걱정하지 않아도 된다.

■산란 후 암컷의 관리 : 암컷이 알을 낳은 사실을 발견하자마자 우리는 서로 달라붙은 알을 떼어낸다. 암컷은 똬리를 튼 몸으로 약간 밀쳐내는 것 외에는 이런 행동에도 거의 반항하지 않는다. 암컷이 몹시 여윈 상태라면 눈이 다시 불투명해지기 전에 응급처방으로 암컷의 몸통 지름보다 작은 퍼지(fuzzy) 한두 마리를 즉시 제공한다. 일

부 암컷은 이렇게 급여한 먹이를 바로 받아먹을 테지만, 고집스럽게 거부하는 녀석도 있을 것이다. 대부분의 암컷의 경우 알을 낳은 후 약 10일 이내에 '산란 후 탈피(postnatal shed)'가 한 차례 이뤄지고, 곧바로 평소처럼 먹이를 받아먹는다.

간혹 산란으로 인해 발생하는 스트레스에 지친 암컷은 몸무게를 회복한다거나 평소에 쉽게 받아먹던 먹이를 계속 먹는 일조차 어려움을 겪기도 한다. 그런 녀석은 따로 격리해 회복될 때까지 소화가 잘 되는 작은 먹이(특히 해동된 퍼지)를 계속 공급하는 방식으로 간호하며 관리해야 한다.

암컷이 먹이를 거부하거나 두 번 이상 토해내는 경우 파충류 진료 경험이 있는 수의사를 방문해

왼쪽의 알은 속이 완전히 채워지고 껍데기가 마른 건강한 수정란이다. 이보다 작은 오른쪽의 알은 길쭉하고, 지름이 상대적으로 작고 반들반들하며 축축한 것으로 봐서 미수정란이다.

분변검사를 받아보는 것이 좋다. 분변검사를 하면 쇠약해진 암컷에 침투해 문제를 악화시키는 병원균이 무엇인지 알아내는 데 도움을 줄 수 있다. 산란 후 회복 중인 암컷은 사육장에서 함께 사는 모든 동료뱀으로부터 멀리 떼어놔야 한다. 특히 다시 짝짓기를 하려고 시도하는 수컷은 암컷에게 추가적인 스트레스를 줄 수 있으므로 반드시 암컷과 격리시켜야 한다.

■ **암컷의 상태와 클러치의 크기** : 우리는 아주 작은 콘 스네이크의 첫 번째 클러치에서 겨우 4~5개의 알을 얻었다. 1999년 6월 카렌(Karen)과 조 스트리트(Joe Street)에게 사건이 하나 발생했는데, 그들이 기르던 5년생 아멜라니스틱 콘 스네이크가 한 클러치에 53개의 알을 낳은 것이다. 녀석은 건강했지만, 몸길이는 137cm에 불과했다. 녀석이 낳은 알은 보통 알보다 약간 작았으며, 한두 개를 제외하고는 모두 수정란으로 보였다. 몸무게가 약간 빠졌다가 두 번에 걸쳐 알을 낳을 만큼 빠르게 회복한 전력이 있었다. 1997년 번식기에는 이 암컷이 처음에 40개의 알을 낳았고, 다음으로 35개의 알을 낳았다. 모두 75개의 알이 부화해 살아남았다.

스노우(Snow) 콘 스네이크가 적당한 크기의 알을 낳았다. 축축한 바닥재로 질석을 깔아둔 커다란 산란상자에 알들이 넓게 펼쳐져 있다. 옆에 따로 떨어져 있는, 작고 노란색을 띠는 알은 미수정란으로 보인다.

기록에 의하면, 콘 스네이크는 한 클러치당 평균적으로 10~30개의 알을 낳는 것으로 확인된다. 야생채집개체가 낳은 최대 규모의 클러치는 플로리다주 리카운티 태생의 콘 스네이크가 생산한 것으로 알려져 있는데, 이 뱀은 임신한 상태로 마크 펠리서(Mark Pellicer)에 의해 발견됐다. 1984년 5월 23일 녀석은 한 클러치에 45개의 알을 낳았고, 놀랍게도 45개의 알 전부에서 건강한 새끼가 부화했다.

대부분의 콜루브리드에서 어리거나 몸집이 작은 암컷의 경우 큰 알을 적게 낳는 경향이 있다. 번식을 시작하고 2~3년차 이후로 암컷이 나이가 듦에 따라 클러치의 알의 개수는 꾸준히 증가하고, 각 개체의 유전적 특징에 따라 알을 낳는 습관이 자리를 잡는다. 번식기에 앞서 여러 달 동안 녀석들이 제공받은 먹이의 양과 질은 알의 개수나 크기에도 영향을 미칠 수 있다. 일부 브리더는 알껍데기에 필요한 칼슘을 보충해주기 위해 봄에는 암컷의 칼슘섭취량을 늘리도록 권장한다. 그렇지 않을 경우 암컷의 몸에서 칼슘이 빠져나가 알껍데기의 발달에 사용된다.

■**좋은 알, 나쁜 알** : 좋은 알(건강한 알, 수정란)은 불투명한 흰색이나 약간 크림색이 도는

총배설강 부근이 불룩하게 솟은 것처럼 보이는 블러드 레드(Blood-red) 콘 스네이크가 클러치의 마지막 알을 낳으려는 참이다. 이런 사진촬영을 할 때 외에는 이처럼 민감한 시기에 암컷을 불안하게 하는 행동은 삼가고 있다.

흰색을 띤다. 정상적인 콘 스네이크의 수정란은 길이가 약 16~39mm이고, 타원형에 가까운 것부터 길쭉한 형태에 이르기까지 다양한 모양을 보인다. 수정란은 처음에 어미의 몸에서 나왔을 때는 부드럽고 축축하게 젖어 있다가, 몇 시간 지나면 껍데기가 단단하게 굳으면서 들러붙는다. 난관을 통과하면서 얻은 잔류 수분이 마르고 나면 알은 매끄러워지고, 껍데기에 묻은 물방울까지 흡수하게 된다.

좋은 알이라도 별 모양 발광체 같은 거친 반점, 반투명한 '창(window)' 모양, 얼룩, 변색, 끝부분의 모양이 이상하게 둥근 것 등 수많은 불규칙성이 나타나는 경우가 흔하다. 이러한 성질은 대부분 그리 중요하지 않으며, 어미의 먹이에서 비타민과 미네랄이 다소 불균형해 나타난 것일 수도 있다. 이처럼 결함을 가진 알이라도 건강해 보인다면 바로 분리할 필요는 없으며, 그냥 알무더기에 남겨둬도 괜찮다.

나쁜 알(손상된 알이나 미수정란)은 대개 크기가 작고 노란색을 띠며, 산란 후에도 오랫동안 젖은 상태로 남아 있는 경우가 많다. 이런 알은 클러치에 있는 다른 알에 잘 달라붙지 않고 굴러가서 혼자 떨어져 있는 것을 볼 수 있으며, 며칠에서 몇 주가 지나면 쪼그라들거나 단단하게 굳거나 변색된다. 색이 변한다든지 특이하게 썩은 냄새가

> **수정란의 확인**
>
> 콘 스네이크의 알은 새 알과 마찬가지로 수정 여부를 알아보기 위해 캔들링을 실시할 수 있다. 간단하게는 알껍데기에 밝은 빛을 비춰보는 방법이 있다. 이러한 목적으로 판매되는 특수장치가 있지만, 손전등을 어두운 종이로 말아 종이관 끝에서 알을 비추면 똑같은 효과를 얻을 수 있다. 광원의 세기에 따라 빛의 반대편 혹은 90° 각도에서 알을 확인한다. 알이 환하게 빛나면 내부에 혈관이 있는지 살펴본다. 혈관은 수정이 진행되고 있다는 확실한 증거다.

난다든지 하면 특정한 단서가 될 테지만, 나쁜 알이라고 해서 모두 이런 진행 패턴을 정확히 따르는 것은 아니다. 우리는 나쁜 알이었는데도 위와 같은 일반적인 징후를 보이지 않은 채 부화기간의 절반 이상을 지나온 경우도 본 적이 있다. 따라서 미심쩍은 생각이 들더라도 확실하지 않다면 그대로 두는 것이 좋겠다.

나쁜 알은 정상적인 알과 접촉하지 않도록 구석에 치워두거나 별도의 용기에 따로 넣어둔다. 이런 알은 대부분 곰팡이나 곤충에게 해를 입기 때문에 좋은 알에서 떨어뜨려놔야 교차오염의 위험을 줄일 수 있다. 그러나 우리의 경험상 정확한 온도와 습도만 유지된다면 건강한 알은 이러한 문제에 크게 영향을 받지 않기 때문에 나쁜 알로 인한 오염의 위험은 미미하다고 볼 수 있다.

알상자의 세팅

야생의 콘 스네이크는 늦은 봄과 초여름 사이에 구덩이, 나뭇잎더미, 그 밖의 유기물 잔해, 나무 구멍에 있는 나뭇조각에다 알을 낳는다. 사육 하에서는 보습성이 뛰어난 상자에 부화배지를 넣고 알을 묻어두면 야생의 환경과 비슷하게 만들 수 있다.

■**알상자의 준비** : 알상자는 일반적인 한 클러치의 알을 모두 넣을 수 있을 정도로 충분히 깊은 것이라야 한다. 보통 7.5cm 깊이가 적당하며, 사면 모두 2.5cm 이상 여유가 있는 것을 선택한다. 바닥을 포함해 알무더기의 사방에 배지 재료를 채울 공간을 남겨둬야 하기 때문이다. 플라스틱 상자처럼 완전하게 닫히는 용기의 경우 바람으로 인한 건조현상을 줄이는 데 효과가 있다. 알이 숨을 쉴 수 있도록 산소를 공급하기 위해서는 상자의 벽과 뚜껑에 지름 3mm 미만의 작은 구멍을 여러 개 뚫어준다. 반면에 공기가 너무 드나들어 알과 부화배지가 건조해지는 것은 바람직하지 않다.

알을 배열하는 방법에는 사진에서 보는 것과 같이 두 가지가 있다. 왼쪽의 덩어리진 알은 수직으로 쌓아둔 알을 보호할 수 있도록 축축한 물이끼더미로 감싸둔 것이다. 오른쪽에 서로 들러붙어 있지 않은 알은 대부분 축축하고 입자가 굵은 질석에 묻혀 있는 상태이며, 습기를 유지하고 습도를 측정하기 위해 종이를 덮어뒀다.

알은 그 자체가 거의 수분으로 이뤄져 있기 때문에 우리의 주요 목표는 100%에 가까운 높은 주변 습도를 유지해주는 것이다. 반다공성 성질에 가죽 같은 질감을 지닌 알껍데기는 필요할 때마다 수분을 머금었다 뱉었다 한다. 따라서 주변을 습하게 유지하면 알이 상대적인 평형상태를 쉽게 유지할 수 있다.

■ **부화배지의 선택과 세팅** : 알상자의 부화배지로 다양한 재료들을 사용할 수 있으며, 각각 충분한 효과를 거둘수 있다. 우리가 개인적으로 선호하는 배지는 물이끼와 거친 등급의 질석으로, 둘 다 원예용품을 취급하는 곳에서 구할 수 있다(라벨을 잘 읽어보고 질석에 비료나 살충제가 들어 있지 않은지 확인한다). 두 가지 재료 모두 산소가 알껍데기 옆으로 순환할 수 있게 해주면서도 물을 흡수해 수분을 유지해준다.

물이끼 우리가 물이끼를 좀 더 선호하는 이유는, 폭신폭신한 성질 덕분에 일반적으로 콘 스네이크가 산란상자에 수직방향으로 낳아둔 알무더기를 충분히 수용할 수 있어서다. 거의 정확한 수준의 습도로 조절하려면 이끼를 완전히 물에 담갔다가 손으로 힘껏 짜내는 것이 좋다. 이끼에 필요한 최상의 습도는 정확히 측정할 수 없다. 촉촉

아멜라니스틱(Amelanistic) 콘 스네이크가 과립 형태의 인공토양인 펄라이트 배지 위에 놓인 알에서 부화하고 있다. 펄라이트의 밑부분에 1cm 정도 고인 물은 증발하면서 주변의 습도를 높게 유지하며, 젖어 있는 배지 조각에는 알이 닿지 않는다. 펄라이트는 연약한 표피에 상처를 낼 수도 있으므로 갓 태어난 해츨링의 사육장 바닥재로는 사용하지 말아야 한다.

한 느낌이 들지만 물기를 짜낼 수 있을 정도로 젖어서는 안 된다. 알상자 안에 2.5cm 두께로 이끼를 깔아 알을 올려놓고, 더 많은 이끼로 완전히 덮어서 적어도 2.5cm 두께의 이끼층을 사방에 만들어준다. 꾹꾹 눌러둔 이끼층은 밑에 있는 알의 습도를 주기적으로 확인할 때 들어 올릴 수 있는 뚜껑 역할을 한다. 이 방법은 클러치 전체를 축축하면서도 통기성 있는 배지로 감싸줌으로써 알껍데기가 건조하거나 굳지 않도록 하기 때문에, 나중에 알이 부화하지 못하는 불상사를 방지하는 효과가 있다.

물이끼와 피트모스에는 알껍데기에 갈색의 얼룩을 남기는 타닌산(tannic acid; 산화방지 활성이 있는 폴리페놀. 화학적으로 산이 아니며 관용명으로 타닌이라고 한다)이 들어 있지만, 타닌산의 산성은 세균의 증식을 억제하기 때문에 유익하다. 변색은 아무런 해가 없으니 염려하지 않아도 된다. 오히려 자연적이고 유기적인 부화배지에 있는 세균은 알껍데기가 생화학적으로 서서히 분해되도록 돕는 기능을 하고, 그 결과 몇 달 뒤에 부화한 새끼 뱀은 약해진 껍데기 밖으로 나올 수 있다. 이런 이점은 플로리다주에서 악어 암컷이 부엽토가 포함된 재료로 만든 둥지에서 알이 부화한 사실을 통해 입증됐다.

질석 질석에 같은 양의 물을 섞으면 적당한 수분을 가진 적절한 부화배지를 얻을 수 있다. 이때 축축하지만 물을 짜낼 정도로 젖어서는 안 된다. 폭이 3mm 정도 되는 큰 입자의 질석은 통기성이 가장 좋다. 변질된 알이 오염을 유발하지만 않으면, 무균상태의 무기질로 이뤄진 질석은 곰팡이와 세균의 증식을 억제한다. 질석은 알무더기가 비교적 평평하고 가로로 넓게 퍼져 있거나, 상당수의 알이 껍데기의 10~20%만 보일 정도로 따로따로 묻혀 있을 때 특히 효과가 있다. 이 경우 건조의 위협은 낮춰주면서 껍데기의 보이는 부분을 확인해 문제점을 주기적으로 점검할 수 있다.

물이끼를 사용할 때와 마찬가지로 일주일에 한 번씩 클러치를 점검해 부화배지가 너무 건조해지지 않았는지 확인하고, 필요한 경우 알상자 가장자리에 있는 질석에 물을 추가해 부화배지 전체에 천천히 흡수되도록 해준다. 이때 알에 직접 물을 추가하지 않도록 주의해야 하는데, 물이 알 위로 떨어지면 급격한 온도변화로 인해 알이 충격을 받을 수 있기 때문이다. 추가하는 물은 클러치의 온도와 같은 온도의 깨끗한 것으로 사용한다. 공간에 여유가 있다면, 비슷한 온도의 물을 언제든 이용할 수 있도록 인큐베이터 안에 작은 분무기를 비치해두는 것이 편리하다.

지난 수년 동안 수천 개의 다양한 파충류 알을 성공적으로 부화시킨 글레이즈 허프(Glades Herp)사의 파충류 전문브리더 롭 맥클네스(Rob MacInnes)는 특히 질석에 효과가 뛰어난 간단한 비법을 전수해줬다. 우선 알이 들어 있는 상자의 표면적에 맞춰 신문지나 키친타월을 자른 다음 알과 부화배지 위에 살짝 올려둔다. 적어도 일주일에 한 번씩 덮어놓은 종이를 살짝 들어 알의 상태를 살펴본다. 처음에는 세팅한 설정이 적절한지 알아보기 위해 훨씬 자주 들여다보는 것이 좋다. 그와 동시에 맨손으로 종이의 습기를 판단한다. 종이가 딱딱하고 구겨져 있거나 알에 움푹

> **알의 위치**
>
> 야생에서는 알이 회전될 염려는 없다. 인큐베이션기간 동안 내내 산란 때와 같은 위치에 놓여 있기 때문이다. 덕분에 배아는 알 내부의 안정된 위치에서 발달할 수 있다. 일단 배아가 자라기 시작하면 방해하지 않는 것이 중요한데, 발달 중인 알의 가장 윗부분에 작은 에어포켓이 만들어지기 때문이다. 사육환경에서는 산란 후 처음 며칠 동안은 크게 위험하지 않기 때문에 나중에 재배열할 필요가 없도록 알을 즉시 옮기고 조정해야 한다. 검사, 치료, 세척을 위해 원래 있던 자리에서 알을 옮겨야 한다면 꼭대기 표면에 연필(젖은 잉크가 나오는 마커가 아닌)로 가볍게 표시해두는 것이 좋다. 그래야 같은 면이 위로 향하도록 제 위치에 돌려놓을 수 있다. 이런 예방책은 배아액 속에서 아래쪽으로 머리를 돌리거나 발달 중인 새끼가 알 내부의 정상적인 위치에서 벗어나 익사하는 것을 막는 데 도움이 된다.

들어간 자국이 있으면, 알에서 떨어진 상자 바깥쪽 가장자리 주변의 질석에 물을 추가로 부어준다. 종이가 젖어 있거나 미끈거리고, 알이 터질 듯이 부풀어 올랐다면 습도를 낮춰줘야 한다. 이럴 경우 상자뚜껑을 열어둔 채로 몇 시간 동안 수분을 증발시켜 약간 말려주도록 하자. 부화배지가 축축하거나 곰팡이냄새가 난다면 깨끗하고 잘 마른 질석으로 일부를 교체하도록 한다.

인큐베이팅

대부분의 파충류 사육자들은 비교적 일정한 온도를 유지할 수 있고 야간의 기온하락으로부터 알을 보호하는 데도 유리한 인큐베이터를 준비해 알을 관리한다. 인큐베이터는 오래된 수조와 히팅 패드(별로 권하고 싶지 않다!)를 이용해 직접 자작한 디자인의 제품부터, 연구소용으로 고안됐거나 고가의 비용이 드는 의료용 인큐베이터를 개조한 놀라운 제품에 이르기까지 정말 다양한 모델들을 볼 수 있다.

■ **인큐베이터의 설정** : 개인적으로 호바-베이터(Hova-Bator)라고 하는, 주로 스티로폼을 이용해 가금류 알용으로 단순하게 만든 46×20cm짜리 모델을 써본 바로는 아주 만족스러웠다. 대부분의 농업용 사료와 물품을 취급하는 매장에서는 이런 인큐베이터를 저렴한 가격에 판매하고 있으며, 파충류용품 숍에서도 비슷한 가격에 판매하고 있다. 작은 내부 팬이 달린 좀 더 비싼 모델도 시중에 나와 있지만, 콘 스네이크 알의 관리에는 불필요하다. 호바-베이터 같은 장치에는 마가린통이나 델리컵 같은 작은 크기의 용기가 잘 들어맞고, 알을 따로따로 보관할 수 있다는 장점이 있다.

또는 인큐베이터 바닥을 모두 물이끼나 질석으로 덮을 수도 있고, 알상자를 따로 준비할 필요없이 인큐베이터에 알을 곧바로 넣을 수도 있다. 인큐베이터의 발열체 주변을 기어 다니다가 부상을 입을 수 있으므로 새끼는 부화하자마자 즉시 다른 곳으로 옮겨야 한다.

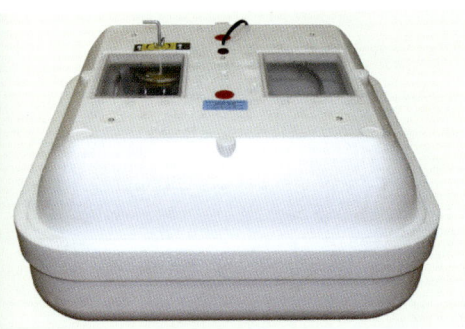

스티로폼을 이용한 호바-베이터 인큐베이터

인큐베이터마다 서로 다른 변수가 너무나 많기 때문에 각각의 모델에게 해당하는 조언을 하기란 사실상 불가능하다. 모델의 유형에 상관없이 광범위하게 적용할 수 있는 조언을 하나 하자면(경험을 통해 어렵게 얻은 것이다), 인큐베이터에 알을 넣기 전에 미리 이틀 정도 시험가동을 해보라는 것이다.

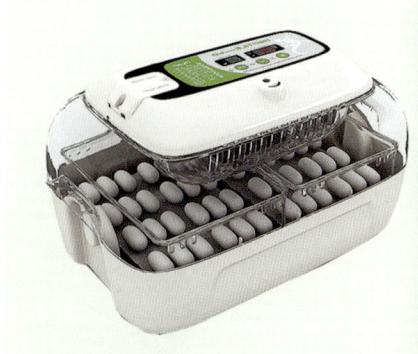

알을 점검하기 위해 인큐베이터를 열었을 때 온도가 갑자기 변하는 일을 방지할 수 있도록 우선 상당량의 부화배지를 안에 넣어주는 것이 좋다. 앞서 소개한 호바베이터 모델은 간단한 조절스위치조차 없기 때문에 처음에는 시행착오를 반복하면서 조금씩 조정해야 한다. 그때그때 각진 금속 손잡이를 1~2% 정도 돌려주면 온도를 약간 변경시킬 수 있다.

일단 설정을 마치고 나면 조절스위치에 부딪히지 않도록 주의하고, 세심한 재보정 및 온도의 재시험 없이는 설정을 함부로 바꾸지 말아야 한다. 섣부른 추측으로 온도조절장치를 재설정하면 과잉보정이 돼서 치명적인 실수를 초래할 수 있기 때문이다.

어떤 형태의 인큐베이터든 좋은 수은온도계(호바베이터의 경우 읽기는 어렵지만 정확한 소형온도계가 함께 제공된다)

다양한 형태의 인큐베이터

를 이용해 온도를 측정하되, 수은이 들어 있는 끝부분은 조만간 알이 들어찰 배지 속으로 2.5cm가량 들어가도록 묻어준다. 그렇게 해야 점검을 위해 인큐베이터를 열었을 때 차가운 공기의 유입으로 인한 급격한 온도변화를 겪지 않게 된다.

알껍데기에서는 가끔 다양한 형태의 곰팡이(mold), 흰곰팡이(mildew), 세균이 발생한다. 희고 솜털이 난 곰팡이류가 발생한다는 것은 습도가 너무 높거나 신선한 공기의 순환이 안 되고 있다는 의미다. 인큐베이터를 열어 환기를 시켜서 내부의 습기를 제거해주면 곰팡이와 세균의 증식을 지연시킬 수 있다.

좋은 알을 잃는 위험을 감수하지 않으려면, 오염방지를 위해 좋은 알로부터 나쁜 알을 분리하는 것이 가장 좋다.

인큐베이터에 환기 구멍을 몇 개 더 뚫어주는 것도 곰팡이의 창궐을 막는 데 도움이 된다. 부화배지를 가볍게 흩뜨려 공기가 안으로 들어갈 수 있게 하고, 배지의 축축한 부위에 갇혀 있는 알을 흩어놓는다. 이때 실온의 물에 알을 헹구고 키친타월로 가볍게 두드려 물기를 말려주는 것도 괜찮다. 이렇게 닦아내는 방법은, 부화 직전에 알이 최대로 부풀어 오르고 석회화가 덜 된 부위에서 예정보다 일찍 파열되는 문제가 발생했을 때 특히 유용하다.

알의 관리

경험상 산란이 이뤄지고 첫 2주 이내에 알 표면에 초록색이나 푸른색 곰팡이가 보이는 경우 알이 죽어간다는 징조라고 할 수 있다. 운동선수의 발 건강에 좋다는 클로트리마졸(clotrimazole; 진균에 의한 감염을 치료하는 항진균제. 상품명 Lotrimin) 같은 항진균성 파우더는 곰팡이로부터 공격을 받고 있는 알을 회생시키는 데 효과적으로 사용돼왔다. 구강청결제인 리스테린(Listerine; 상품명)을 면봉이나 천에 살짝 적셔 감염부위를 닦아내는 방법도 효과가 있다. 어설프게 도포해서 필요 이상의 소독액이 반투과성 껍데기를 통해 알 속으로 흡수되도록 하는 실수를 저지르지 않게끔 주의해야 한다. 이 경우 발달 중인 배아에 손상을 입힐 수 있기 때문이다.

■ **문제가 발생한 알의 관리** : 문제가 발생한 알(썩은 냄새로 확인)은 손실될 가능성이 크다. 앞서 언급한 조치로 알 색깔이 곧바로 돌아왔다면 효과가 있다고 생각되는 방법은 무엇이든 시도해 보자. 산란 후 11시간이 지난 시점에, 좋은 알을 잃는 위험을 감수하지 않으려면 오염방지를 위해 좋은 알로부터 나쁜 알을 분리하는 것이 가장 좋다. 알이 붙어 있어 떼어내야 하는 경우 작은 가위나 면도날로 감염된 알을 조심스럽게 잘라내되, 그 과정에서 좋은 알에 상처가 나지 않도록 주의한다. 제거되는 알에서 나온 남은 체액을 깨끗이 닦아낸다. 알이 너무 들러붙은 경우 좋은 알에 붙어 있는 나쁜 알의 껍데기를 약간 남겨둘 수도 있다(그래야 좋은 알에 상처가 나지 않는다).

나쁜 알을 항상 잘라내야만 하는 것은 아니다. 특히 최근에 산란한 클러치 중에서 문제가 있는 알에 손가락을 갖다 댔을 때 축 늘어지면 접합 부분에 물을 뿌리는 것도 알이 떨어지게 하는 데 도움이 된다. 좋은 알에 흡수될 수도 있는 화학살균제나 해로운 용액은 사용하지 말아야 한다. 나쁜 알이 한두 개 이상의 좋은 알과 붙어 있거나 제거하기 어렵다면 굳이 주변의 좋은 알에 위험을 줄 필요가 없다. 될 수 있으면 축축한 부분을 상당량 잘라내거나 닦아낸 다음 그냥 썩게 내버려두는 편이 낫다. 제거된 알의 껍데기가 몇 조각 남아 있더라도 좋은 알에 해가 되지는 않는다.

■ **건강한 알의 관리** : 건강한 알은 발달기간 내내 껍데기가 완전히 채워져 있다가 부화 직전에 팽만함을 잃고 살짝 주저앉는 것을 볼 수 있다. 실제 알 속의 새끼는 두 달 동안 산란 당시 알 지름의 절반 크기로 성장하는데, 수분이 완전히 유지된 알에서는 더 크고 무거운 새끼가 부화한다. 인큐베이팅을 한 지 8주가 지나기 전에 알이 안으로 움푹 들어가거나 오그라든다면 탈수가 발생했을 가능성이 있으므로 수분을 흡수시켜줘야 한다. 움푹 들어간 정도가 약 40% 미만인 경우 알에 맞닿은 부화배지를 적셔서 상자 내의 전반적인 습도를 높여주면 쉽게 해결된다.

문제를 더 빨리 해결하기 위해서는 알에 직접 분무함으로써 물이 빠르게 확산되도록 하면 된다. 이때 온도충격을 피하기 위해 인큐베이터 온도와 같은 온도의 물을 사용한다. 증발로 인해 알이 식는 것을 막으려면 물을 분사한 후 즉시 알을 덮는 것이 좋다. 가망이 없어 보일 정도로 쪼그라든 경우라도 구제될 수 있을 때를 대비해

가장자리에 있는 어두운 알은 죽어서 오그라든 것으로 나머지 알에는 아무런 영향을 미치지 않는다. 이런 알이 보이면 대부분의 사육자들은 바로 제거하는 경향이 있는데, 일반적으로 그럴 필요는 없다.

탈수된 모든 알에 이러한 조치를 취해야 한다. 소수이기는 하지만, 인큐베이션기간 중 뚜렷한 이유 없이 알이 상하는 일은 흔히 볼 수 있다. 그렇다고 해서 낙담할 필요는 없다. 콘 스네이크가 알을 많이 낳는 것도 바로 그런 이유에서다!

우리의 경우 대부분의 클러치가 거의 100% 부화하고 몇 개의 클러치는 부화에 실패해 전체가 죽고 완전히 없어지는 것이 일반적인데, 규모가 큰 번식그룹에서 85~90%의 최종부화율을 보이는 것은 전반적으로 상당히 우수한 성적이다. 형형색색의 곰팡이가 창궐하든 벌레나 구더기로 뒤덮이든, 실제로 나쁜 알은 그 옆에 있는 좋은 알에 거의 영향을 미치지 않는다. 우리는 '좋은 알은 상하지 않는다'는 오랜 통설에 동의하는 입장이며, 따라서 '미수정란은 어쨌든 죽을 것이라는 점만 생각하고 바로 제거하는 행동'은 절대 하지 않는다.

■**적절한 부화온도의 유지** : 콘 스네이크의 알은 29.5℃(최적의 부화온도)에서 약 9주 만에 부화하지만, 이 수치가 절대적인 것은 아니며 어느 정도 여유가 있다. 21~32℃에 이르는 범위의 부화온도에서 잘 견디는데, 특히 이러한 극단적인 범위의 수치가 대부분의 평균치가 아니라 하루 동안의 변동치를 나타낸다면 충분히 봐줄 만하다. 콘 스네이크 알의 건강한 부화를 위해서는 대체로 28~31℃의 온도를 유지하는 것이 가장 좋다. 지난 수십 년간 콘 스네이크 알이 이러한 온도요법에 따라 평균 73일(실제 부화기간은 69~80일)의 부화기간을 거쳐 부화하는 모습을 지켜봐왔다.

우리는 17개의 알이 있는 클러치에서 이례적으로 긴 120일의 부화기간을 거쳐 단 한 마리의 새끼만 부화한 기록도 가지고 있다. 이 경우는 분명히 비정상적인 사례이며, 좀처럼 견디기 힘든 낮은 온도, 알이나 배아의 유전적 결함 혹은 그 밖의 문제와 관련이 있을 수 있다. 그래도 부화하는 데 예상보다 오랜 시간이 걸리는 단 하나의 알도 포기하지 말라는 교훈을 얻은 사례라고 할 수 있겠다.

콘 스네이크 알은 28~31℃의 좁은 온도범위 내에서 평균 73일이면 부화가 이뤄진다.

낮은 온도보다는 높은 온도가 더 위험하며, 33.3℃에 한 시간만 노출되더라도 알에 치명적일 수 있다. 안전지대 내에서 최상의 결과를 얻기 위해서는 그 범위를 28~31℃까지 좁혀야 한다. 대부분의 사육자들은 2℃ 이상은 벗어나지 않는 정확한 판독값을 유지하기 위해 적절한 인큐베이터를 이용하고 있다. 콘 스네이크의 알을 이처럼 좁은 온도범위에서 꾸준히 유지관리하면, 정확한 온도에 따라 달라지겠지만 위에서 언급한 평균치보다 빠른 약 52~59일 사이에 부화할 것이다. 평균온도가 더 낮거나 약간 더 높아지면 일주일 이상 느려지거나 당겨질 수도 있다.

플로리다주 남부에서는 매우 간단한 방법을 따르는데, 따뜻한 기후조건을 가진 다른 지역에서도 적용할 수 있다. '여름철 실내온도 방식'이란 명칭이 붙은 이 방법에 따르면, 단열이 잘 되는 별채 내부의 선반 위에 알상자를 올려둔다. 이와 같은 장소는 인위적인 냉난방이 안 되면서도 극단적인 온도가 되지 않도록 관리할 수 있다. 실내온도는 뜨거운 오후가 끝나갈 무렵에 약 32℃ 정도까지 올랐다가, 아침이면 21~23℃까지 떨어진다. 알과 부화배지는 일반적으로 온도가 높을 때보다 1~2℃ 시원하고 낮을 때보다 1~2℃ 따뜻한 상태를 유지한다. 아직 완전히 밝혀지지는 않았지만, 실제로 우리는 적당한 온도변화가 부화에 이로울 수도 있다고 생각한다.

배아가 발달하는 과정에서 나타나는 특정 기능은 자연의 불안정한 조건에서 알이 일상적으로 경험하는 가벼운 수준의 온도변화에서 더 자연스럽게 진행될 수 있다. 알이 발달하고 자라면서 이따금씩 세로방향으로 아주 미세한 균열이 나타나는 경우가 있다. 이러한 현상은 지극히 정상적인 것이며, 알의 상태에는 아무런 문제가 되지 않는다. 이와 비슷하게 알에 수분이 과도하게 흡수되면서 나타나는 '튼 자국(stretch mark)'은 배아의 기형이나 사망으로 이어질 수도 있는 징후다.

두 경우를 구별하기란 매우 어려운데, 사육장에 깔린 바닥재의 습도를 측정하는 것이 일차적 단서가 된다. 만약 촉촉함 대신 젖은 것처럼 축축함이 느껴진다면 과도한 수분이 문제일 수 있다. 또한, 알껍데기가 단단한 정도 이상으로 느껴진다면(너무 부풀어 올라 조만간 터질 것처럼 보이는 경우), 같은 문제를 안고 있다는 징후일 수 있다. 산란상자를 처음 마련할 때 설명한 것과 같은 방식으로 바닥재를 말려주면 해결된다.

인큐베이션이 끝날 무렵, 특히 새끼 뱀이 알에서 나오기 직전의 3~6일 동안 알은 항상 안쪽으로 움푹 들어간 모습을 띤다. 알 속에서 노른자가 새끼의 몸으로 흡수되면서 나타나는 현상이기 때문에 이처럼 껍데기가 약간 함몰되는 것은 정상이라고 할 수 있다. 확실하지 않은 경우 이러한 현상이 나타났을 때 분무기를 이용해 공기를 주입함으로써 알을 부풀려주는 시도를 할 수도 있다. 하지만 부화기간이 6주 이상 경과한 경우 다시 부풀어 오르지 않을 수도 있다는 점을 염두에 두자.

■ **해충 관리** : 개미(토착종 및 외래종)들이 먹이를 찾아 이리저리 돌아다니다 부화 중인 파충류 알을 찾아낼 수 있다. 녀석들은 특히 죽어가는 알과 같은 문제가 있는 클러치로 모여들게 마련이다. 그중에서도 대식가인 아르헨티나개미(Argentine ant, *Linepithema humile*)는 간혹 사육장 안에 있는 뱀도 공격하기 때문에 캘리포니아에서 파충류를 기르는 사육자들에게는 상당한 골칫거리다. 의도치 않게 브라질에서 유입된 불개미(Fire ant)는 종종 미국 남동부에서 같은 문제를 일으키곤 한다.

개미 구제를 위해 특수 제조된 독미끼(bait poison)를 사용할 수 있으며, 원예용품점에서 구할 수 있다. 밥 애플게이트(Bob Applegate)가 권한, 가정에서 쉽게 준비할 수 있는 구제용 용액의 제조법 및 사용법은 다음과 같다. 우선 1%의 붕산 1티스푼, 설탕 3테이블스푼, 물 2컵을 섞어 용액을 만든다. 이렇게 만든 용액을 면봉에 적셔서 개미 구멍이 있는 작은 용기 안에 넣어둔다. 개미는 용액을 다시 개미둥지로 옮기고, 며칠 안으로 용액을 나눠먹은 수백 마리의 개미가 떼죽음을 당하게 된다.

최근 들어 뱀 사육주들을 괴롭히기 시작한 또 하나의 골칫거리는 1990년대 후반부터 나타난 벼룩파리(Phorid fly)다. 벼룩파리는 썩은 고기나 부패한 유기물(배설물, 탈피껍질, 죽은 먹잇감, 구토물, 부화 중인 알)처럼 먹이가 될 만한 것이라면 무엇이든

파리의 가장 큰 문제는 부화과정에 있는 알 속으로 들어가 배아를 공격한다는 점이다.

달려든다. 특히 습도가 지나치게 높은 알상자의 환기구를 통해 들어간 벼룩파리는 죽어가는 뱀 알, 구멍 난 알의 위나 근처에 어마어마한 양의 알을 낳는다. 수천 개의 알이 하루나 이틀 만에 부화하고, 희멀건 구더기 떼로 변신해 먹이를 찾는다.

벼룩파리가 갖는 또 다른 위험은 배설물을 뒤지며 먹이를 찾기 때문에 질병을 옮긴다는 점이다. 이전까지는 벼룩파리가 건강한 뱀 알은 공격하지 않고, 이들을 유인한 손상된 뱀 알이 제거되고 나면 구더기도 함께 제거되기 때문에 위협적이라기보다는 성가신 존재였다. 파리가 일으키는 가장 큰 문제는, 부화과정에 있는 알 속으로 구더기가 들어가 새끼 뱀이 모습을 완전히 갖추기 전에 공격한다는 점이다. 파리는 특히 알끈 틈새를 노리는 경우가 많은데, 이 틈새에 침투해 입구를 넓힌다.

우리는 파리에 대한 대응책으로 접착제를 바른 초미세 망사(실크스크린 망사가 효과가 있다)로 알상자에 있는 모든 환기구를 덮어뒀다. 용기를 닫을 때는 단단히 밀봉하도록 주의를 기울여야 한다. 상자 뚜껑의 밑부분 가장자리에 이끼 조각이나 그 밖의 재료가 끼어 작은 파리가 들어갈 수 있는 틈새가 생길 수 있으므로 주의 깊게 살펴보도록 하자. 파리가 이미 사육장이 있는 방 안에 들어와 있는 상황이라면 콘 스네이크 알을 확인할 때 알상자 속으로 파리가 들어가지 않도록 조심해야 한다.

과립형의 파리 독미끼(파리구제용으로 사료가게에서 구할 수 있다)를 얕은 접시에 담아 뱀 알을 인큐베이팅하는 방 안에 두면 파리의 개체 수를 좀 더 줄일 수 있다. 파리를

유인하는 향은 금세 날아가기 때문에 며칠에 한 번씩은 미끼를 새로운 것으로 교체해줘야 한다. 오래전부터 이용돼온 파리잡이 끈끈이도 방 안에 매달아두면 많은 벼룩파리를 제거하는 데 효과를 거둘 수 있다. 완전히 캄캄한 장소에 알상자를 두는 것도 파리에게 쉽게 발각되지 않는 방법이다. 또한, 자외선은 파리를 유인하는 효과가 있으므로 이러한 유인 원리에 기초한 방충제를 이용하는 것도 효과적이다. 우리는 감전시키는 것보다는 비눗물에 빠뜨려 죽이는 방법을 이용한다.

수분은 파리가 자랄 수 있는 이상적인 환경을 제공한다. 방 안에 둔 사육장을 포함해 주변의 공간이 깨끗하고 건조하게 유지될수록 살아남는 파리도 그만큼 줄어들게 될 것이다. 알에게 적당한 정도의 습도로 부화배지를 유지하되, 지나치지 않아야 파리가 꼬이지 않는다. 쓰레기통, 뱀 사육장, 싱크대, 배수구, 그 밖의 습하거나 지저분한 곳에 특히 신경을 써서 철저하게 관리하도록 하자.

부화

콘 스네이크의 알을 인큐베이터에 넣은 지 약 8주 정도가 지나면 멋진 일이 사육주를 기다리고 있다. 조만간 여러 개의 알껍데기 위쪽에서 작은 틈이 하나둘씩 벌어지기 시작하는 것을 볼 수 있을 것이다. 알 속에 있는 해츨링의 주둥이 끝부분에 일시적으로 난치(egg tooth)가 형성되는데, 해츨링이 이 난치로 알에 구멍을 뚫는 것이다. 그러면 머리가 튀어나오기 시작하며, 이 단계를 파이핑(pipping)이라 한다.

■**부화** : 해츨링은 간혹 몇 분 혹은 몇 시간 동안 움직임을 멈추는데, 이는 새끼가 낯설고 불확실한 세상을 향한 마지막 밀치기를 할 수 있도록 준비하는 휴식시간이다. 일부 브리더는 클러치의 알 가운데 첫 번째 알에서 새끼가 나오고 나서 24~48시간 이내에 머리가 밖으로 나오지 않은 알의 껍데기에 구멍을 내주기도 한다. 이렇게 하면 껍데기가 유난히 단단하거나 두꺼운 알에서 나오기가 쉬워진다.

마침내 모두 밖으로 나온 새끼의 몸은 반질반질할 정도로 흠뻑 젖어 있으며, 몸길이는 평균 25~30cm가량 된다. 정상적으로 부화해서 살아남은 새끼 중에는 몸길이가 20cm밖에 안 되는 녀석들도 있다. 그렇게 왜소한 새끼의 경우도 건강하고 정

한 클러치의 알에서 노멀(왼쪽)과 애너리스리스틱(오른쪽) 해츨링이 부화하고 있다. 녀석들이 출구를 만들기 위해 알 속에서 무턱대고 움직이면서 난치로 껍데기에 만들어놓은 구멍을 주의 깊게 살펴보기 바란다.

상적으로 자랄 수 있지만, 몸집이 작은 것과 관련된 발달상의 문제가 녀석들을 끊임없이 괴롭힐 수 있다. 이와 같이 유전될 수도 있는 바람직하지 않은 특성이 계속 이어지는 것을 막으려면 너무 작고 약한 녀석을 번식시켜서는 안 된다.

■**쌍둥이와 이두증** : 하나의 알에서 쌍둥이로 나오는 녀석들은 일반적으로 몸집이 작지만, 정상적인 속도로 성장한다. 1998년 아드리안 헤멘스(Adrian Hemens)가 부화시킨 쌍둥이 두 쌍 중에 한 쌍은 하나의 알에서 정상적인 새끼와 애너리스리스틱(anerythristic; 붉은 색소 결핍증) 새끼가 나왔다(이 경우는 확실히 이란성 쌍둥이다). 이 쌍둥이를 낳은 부모 뱀은 가까운 조상이 같은데, 이는 쌍둥이를 낳는 경향이 유전일 수 있음을 보여준다. 네 마리의 새끼 뱀 모두 태어나자마자 자발적으로 먹이를 먹고 잘 자랐다. 쌍둥이가 태어날 비율이 높은 알을 낳게 하는 선택적 번식은, 몸집이 평균치보다 작은 수많은 새끼 뱀을 얻더라도 상관없을 파충류 사업가에게는 해볼 만한 사업일 수 있다.

머리가 두 개 달린 채 태어나는 이두증(Bicephalism)은 쌍둥이를 만드는 과정에서 나타난 불완전한 현상이라 여겨지는데, 콘 스네이크에서도 발생한 사례가 있다. 1981년 크레이그 트럼바우어(Craig Trumbower)가 부화시켜 성체까지 사육한 암컷을 제외하고, 몇 개월 이상 살아남은 녀석은 거의 찾아볼 수 없다. 이때 살아남은 강인한 녀석들에게 샌디에이고동물원(San Diego Zoo)에서 텔마와 루이스(Thelma & Louise)라는 별명까지 붙여줬다. 이 뱀은 양쪽 머리에서 똑같이 먹이를 잘 받아먹었고, 몸길이가 거의 152cm까지 자랐으며 죽기 전에는 알을 낳는 데도 성공했다.

부화 이후 유체의 관리

알 밖으로 완전히 모습을 드러낸 후 새끼는 알상자 안에서 숨을 만한 은신처를 찾아내기 전까지 적게는 몇 분에서 많게는 몇 시간 동안 주변을 이리저리 탐색한다. 부화한 해츨링을 확인할 때 우리는 보통 먼저 알상자를 들어 올려 밑바닥을 올려다본다. 알의 일부 혹은 전체가 부화한 경우 새끼들은 간혹 한쪽 구석에 뒤엉켜 있어서 쉽게 눈에 띈다. 일반적으로 클러치의 알들은 대개 36시간 내에 부화할 것이다. 인큐베이션을 하는 동안 열 분포가 고르지 않으면 부화시간이 더 늘어날 수도 있으며, 따뜻한 알에서 가장 먼저 머리가 나온다.

■**사육장** : 새끼 콘 스네이크가 처음 머무는 사육장으로는 플라스틱 상자가 적당하다. 현재 플라스틱으로 만든 다양한 모델(스티렌은 투명하지만 깨지기 쉽고, 반투명의 폴리에틸렌은 내부를 쉽게 들여다볼 수 없으나 내구성은 강하다)의 상자가 가장 많이 사용된다. 플라스틱 제품은 저렴하고 구하기도 쉽다. 뚜껑은 꽉 닫을 수도 있고, 무거운 것을 올려두면 단단히 고정할 수도 있다. 투명한 뚜껑은 굳이 열어보거나 새끼를 방해하지 않고도 점검하는 동안 상자 내부를 들여다볼 수 있어서 선호하는 편이다. 밝은 색상에 통풍이 잘 되는 천장이 달린 중형 또는 대형 플라스틱 테라리움도 훌륭하며, 대부분의 대형 파충류 숍이나 할인매장에서 저렴한 가격으로 구할 수 있다.

해츨링 사육장으로 플라스틱 상자를 사용할 때는, 100% 밀봉되지는 않겠지만 4면에 적어도 몇 개의 공기 구멍을 만들어주는 것이 좋다. 각각의 공기 구멍은 지름이 3mm를 넘지 않아야 한다. 가장 흔히 쓰이는 플라스틱 상자의 크기는 대략 16×30×9.5cm다. 성장속도에 따라 차이는 있겠지만, 대개 한 마리의 콘 스네이크가 40.5~51cm의 길이로 자랄 때까지 6개월 이상 편안하게 지낼 수 있는 크기다.

대규모로 뱀을 기르는 일부 브리더는 부화하고 나서 처음 몇 달 동안은 새끼 콘 스네이크를 지름 10cm의 델리컵에서 관리하기도 한다. 델리컵은 플라스틱 상자에 비해 수용공간을 줄일 수 있다는 장점이 있으며, 나중에 새끼를 옮기는 데도 이용할 수 있다. 이렇게 좁은 공간에서는 먹이로 제공된 새끼 쥐를 뱀이 쉽게 찾아낼 수 있으며, 그 결과 자발적으로 먹이를 먹는 새끼의 비율이 높아지게 된다.

델리컵을 사용할 경우 한 가지 단점을 들자면, 컵에 맞춰 물그릇으로 쓸 만한 아주 작은 용기도 찾아야 한다는 점이다. 플라스틱 PVC 파이프 마개가 가장 흔히 사용되지만, 딱히 숨을 만한 곳이 없어 뱀이 물속에서 똬리를 트느라 물을 엎지르는 경우가 많다. 특히 뱀이 배설물에 갇히다시피 했을 때 무덥고 습한 날씨에는 과도한 습도 때문에 빠르게 곰팡이감염을 일으킬 수 있다. 일주일에 최소한 2회씩 청소를 해줄 텐데, 임시로 이런 곳에 수용된 녀석들로서는 고역임에 틀림없다.

■**바닥재** : 해츨링 사육장의 바닥재로 쓰이는 재료는 키친타월이나 신문지부터 잘게 찢은 아스펜 베딩에 이르기까지 다양하다. 아스펜 베딩의 경우 해츨링이 쉽게 먹이를 받아먹을 때까지 한두 달 동안은 사용하지 않는 것이 좋다. 간혹 새끼는 첫 번째 먹잇감을 제압하는 법을 배우는 동안 어려움을 겪게 마련인데, 그 과정에서 미립자로 된 바닥재 조각을 먹게 될 수도 있다. 종이 같은 일체형 소재는 이런 위험이 없을 뿐만 아니라 초기적응단계에서 비정상적인 배설물, 토한 먹이, 먹지 않은 핑키 등 문제의 소지가 있는 징후를 확인하기도 쉽다. 먹이를 먹일 때 새끼를 빈 델리컵으로 옮기는 것도 먹이가 아닌 것을 먹지 않도록 예방하는 또 다른 방법이다.

■**해츨링의 분양** : 새끼 뱀이 부화하자마자 분양하는 경우, 입양하는 사람이 경험 많은 사육자라면 비교적 안전하다. 적절한 보살핌을 받기만 한다면 녀석들은 스스로 살아남을 수 있다. 하지만 뱀이 첫 번째 탈피를 마치고 이상적으로 첫 번째 먹이를 소화할 수 있도록 최소

제6장 콘 스네이크의 번식과 실제 **207**

뱀은 번식기 동안 수정되지 못할 것 같으면 수정되지 않은 알(난자)을 체내로 다시 흡수할 수 있다.

2주의 보류기간을 둘 것을 권장한다. 초보사육자는 적어도 두세 차례 먹이를 이미 먹어본 새끼를 입양해야 한다. 호기심 많은 새 보호자(특히 어린아이들)가 새로 들인 반려뱀을 어떤 식으로 다룰지 예측할 수 없으므로 그런 가혹한 현실에 앞서 새끼 뱀이 자신만의 방식으로 먹이를 먹을 수 있도록 만들어주는 것이 현명하다.

알의 재흡수
몸이 부풀어 올라 임신한 것처럼 보이는 암컷이 알을 낳지 않는 경우도 간혹 있다. 암컷의 임신이 확실하다는 전제 하에, 이와 같이 알을 낳지 않는 현상이 나타나는 것은 발달 중인 알을 체내로 다시 흡수했거나 알을 낳은 직후 먹어버렸거나 둘 중 하나의 경우다. 어미 뱀이 자신의 알을 먹는 카니발리즘(cannibalism) 현상은 매우 드물게 나타난다. 다른 뱀과 관련해서는 그런 사례를 들어본 적이 있어도 콘 스네이크에서는 기록을 찾아볼 수 없다. 따라서 전자가 대체로 틀림없으나 혼란스러울 것이다.

뱀은 번식기 동안 수정되지 못할 것 같으면 수정되지 않은 알(난자)을 체내로 다시 흡수할 수 있다. 곧 부화할 알은 완전히 형태를 갖추고 세상 밖으로 나올 준비를 하고 있었을 테고, 뱃속에 수정란을 품은 암컷은 외형적으로 통통한 느낌이 들었을 것이다. 느낌이나 육안으로 덩어리를 셀 수도 있겠지만, 그것이 유전자 풀을 조성할 수 있는 알을 나타내는 것은 아니다. 해당 암컷이 한 마리의 수컷과 짝짓기를 했다면 이런 경우는 수컷에게 문제가 있을 가능성이 크다. 수컷은 암컷과 교미는 했지만 생식 불능이라서 생존 가능한 정자로 암컷을 임신시키지는 못한 것으로 보인다.

수정교배 여부와는 상관없이 짝짓기 이후에 암컷 콘 스네이크가 배란을 한다면(이런 일은 야생에서보다 사육환경에서 더 자주 벌어질 수도 있다), 배란으로 인해 배가 불룩해질 무렵에 녀석이 임신한 것처럼 보이기 시작한다. 이 때문에 많은 사육자들이 속아 넘어가 암컷이 조만간 알을 낳을 것이라고 기대했다가 몇 주가 지나 녀석이 본래의 모습으로 서서히 돌아오면 실망하기도 한다. 하지만 실제로 전혀 수정이 이뤄지지 않았다면 알은 아무런 흔적도 없이 어미의 몸으로 다시 흡수되고 말 것이다.

두 번째 클러치의 산란

앞서 언급한 것처럼, 콘 스네이크는 한 시즌에 한 개 이상의 클러치를 생산할 수도 있다. 야생에서는 매우 보기 드문 일이 분명하지만, 이상적인 번식조건에 가깝게 조성된 사육환경에서는 심심치 않게 일어난다. 특별한 사육방식은 일부 콘 스네이크에서 건강한 두 번째 클러치를 생산할 가능성을 높여줄 것이다. 모든 콘 스네이크가 유전적으로 알을 많이 낳는 것은 아니기 때문에 이런 지침을 따른다고 해서 반드시 성공이 보장되는 것은 아니다. 두 개의 클러치를 기대하고 있다면 해당 시즌의 첫 번째 산란을 하기 전에 여기에 필요한 적절한 준비를 해야 한다.

암컷이 겨울 쿨링을 마친 후 일주일에 두 번 혹은 세 번씩 많은 먹이를 주면 녀석이 체내에 충분한 영양분을 비축해 스트레스를 거의 받지 않고 첫 번째 클러치의 생산을 준비할 수 있다. 암컷의 먹이는 균형 잡힌 양질의 먹잇감으로 이뤄져야 한다. 자연상태의 불확실성이라는 조건이 아니라면 알을 낳기 위해 암컷이 몸집을 크게 줄일 필요는 없다. 산란을 위해 건강을 포함해 모든 것을 포기하는 암컷도 있다. 배아를 살리기 위해 충분한 영양분을 알로 보내려는 노력 끝에 근육, 칼슘(골 강도), 미량원소가 몸에서 빠져나가면서 육체적으로 고갈상태에 이르는 경우도 있다.

이상적인 번식조건에 가깝게 조성된 사육환경에서는 두 번째 클러치를 산란하는 경우가 심심치 않게 발생한다.

첫 번째 클러치를 낳은 뒤에 상당히 마르고 후줄근한 것처럼 보이는 암컷은 클러치를 두 개 생산할 만한 상태는 아닐 것이다. 반대로, 알을 낳기 전보다 크게 여위지 않고(출산 전의 4분의 1도 안 될 만큼만 몸집이 줄어듦) 등뼈가 튀어나온 흔적도 없는 암컷이라면, 한 시즌에 두 개의 클러치를 생산하는 부담을 감당할 수 있을 것이다.

두 번째 클러치의 생산이 가능한 콘 스네이크의 체내에서 알들이 저절로 만들어지는 것인지에 대해서는 논란의 여지가 있다. 일부 브리더는 그런 '결정'이 재료를 공급할 수 있는 암컷의 신체적 자원에 전적으로 달려 있다고 본다. 또 짝짓기가 최고조에 이르렀을 때 암컷의 몸이 계속된 열기나 광주기와 같은 신호를 받아들인다면 근처에 있는 다른 콘 스네이크의 몸에서 배출된 호르몬이 암컷이 다시 배란하도록 영향을 미칠 수 있다고 보는 이들도 있다. 어찌 됐든 변함없는 사실은, 두 번째 클러치를 생산할 수 있는 많은 콘 스네이크가 이와 같은 현상을 보일 것이라는 점이다. 따라서 첫 번째 클러치를 낳은 이후 상황을 지켜보는 것이 최선이다.

두 번째 산란이 진행 중이라는 징후는 암컷이 첫 번째 산란을 하고 몇 차례 먹이를 먹고 나서 더 이상 먹지 않는 것으로 확인할 수 있다. 첫 번째 산란 이후로 암컷이 수컷을 만난 적이 없다면 두 번째 클러치의 알은 비교적 개수가 적을 것이다. 첫 번째 클러치와 두 번째 클러치 사이의 주기를 보면, 첫 번째 클러치가 부화하는 때에 거의 근접해서 두 번째 클러치의 산란이 이뤄지는 것을 확인할 수 있다.

대규모 번식에 대한 통계자료

다음 페이지 표는 최대 규모의 콘 스네이크 번식그룹에 대한 통계자료를 기록한 것이다. 이 번식그룹은 1997년부터 2003년까지 7년에 걸쳐 최대의 자손을 생산하기 위해 집중적인 관리를 받았다. 수천 건의 번식을 토대로 한 통계규모에서 콘 스네이크의 잠재적 생산력을 분명히 보여준다. 이전까지만 해도 분석을 위해 이처럼 정확한 대규모 자료가 이용된 적은 없었다. 플로리다주 아처(Archer)에 소재한 고메 로덴트(Gourmet Rodent)사에서 빌 브란트(Bill Brant), 조 히두케(Joe Hiduke), 아담 블랙(Adam Black)이 기록해둔 이 같은 정보를 소개할 수 있게 된 것을 행운이라 생각한다.

표를 자세히 살펴보면, 집중적으로 사육된 암컷들은 첫 번째 클러치에서 한 클러치당 평균적으로 17개의 알을 낳았다. 그중에서 수정란은 평균 14.2개로 84%를 약간 넘는 수정률을 보였다. 두 번째 클러치까지 포함하면 암컷 한 마리가 낳은 전체적인 알의 개수는 26.4개로 증가했지만, 수정률은 74%로 떨어졌다. 암컷은 한 시즌에 평균적으로 1.7개의 클러치를 생산했다. 두 번째 클러치에서 수정란의 개수는 평균 5.3개로 떨어졌는데, 수정률이 첫 번째 클러치에 비해 63% 감소한 것이다.

암컷에 있어서 두 번째 클러치를 생산하는 것은 힘든 일이다. 이는 분명히 산란율저하라는 결과로 나타나지만, 브리더의 입장에서 보면 시간과 비용을 거의 들이지 않고도 암컷 한 마리당 5.3개의 알을 해마다 추가로 얻을 수 있는 셈이다. 따라서 콘 스네이크를 반려뱀으로 선택해 소규모로 기르면서 여분의 먹이와 관심을 아끼지 않는 개인사육자라면 수치상 이만큼의 증가율을 기대할 수 있을 것이다.

두 번째 클러치를 생산하는 경우 산란율은 첫 번째 클러치에 비해 감소하겠지만, 개인사육자 입장에서는 해마다 소량의 알을 추가로 얻을 수 있게 되는 셈이다.

콘 스네이크의 대규모 번식 통계(7년간 이뤄진 통계)							
	1997	1998	1999	2000	2001	2002	2003
연도별로 봄에 번식이 가능하다고 여겨지는 암컷(성숙한)의 총수	250	262	504	730	828	1087	1720
첫 번째 클러치 알의 총수	232	260	489	693	761	1074	1653
첫 번째 클러치를 낳는 암컷의 비율	92.80%	99.20%	97.00%	94.93%	91.91%	98.80%	96.10%
첫 번째 클러치 알의 총수 (수정란+미수정란)	3866	5056	8563	11350	12729	19298	30360
첫 번째 클러치의 수정란 수	3205	4460	7663	9868	10664	15163	24311
첫 번째 클러치의 수정률	82.90%	88.21%	89.72%	86.94%	83.78%	78.57%	80.08%
암컷 1마리당 평균 산란개수	15.46	19.3	16.99	15.55	15.37	17.75	17.65
암컷 1마리당 평균 수정란 개수	12.82	17.02	15.24	13.52	12.88	13.95	14.13
두 번째 클러치 알의 총수	211	207	408	540	590	737	1210
두 번째 클러치를 낳는 암컷의 비율	84.40%	79.01%	83.44%	77.92%	77.53%	68.62%	73.20%
두 번째 클러치 알의 총수 (수정란+미수정란)	2545	2447	4850	5503	6603	9131	14967
두 번째 클러치의 수정란 수	1652	1041	3130	3553	3882	5868	9071
두 번째 클러치의 수정률	64.91%	42.54%	64.54%	64.56%	58.79%	64.26%	60.61%
암컷 1마리당 평균 산란개수	10.18	9.34	9.62	7.54	7.97	8.40	8.7
암컷 1마리당 평균 수정란 개수	6.61	3.97	6.21	4.87	4.69	5.40	5.27
사육상태에서 7년 동안의 암컷 번식 통계							
암컷 1마리당 평균 산란개수 (첫 번째 및 두 번째 클러치)	25.81	28.64	26.61	23.09	23.35	26.15	26.35
암컷 1마리당 평균 수정란 개수 (첫 번째 및 두 번째 클러치)	19.45	21.00	21.45	18.38	17.57	19.35	19.41
암컷 1마리당 평균 클러치 수	1.78	1.78	1.78	1.69	1.63	1.67	1.66

Chapter 07
콘 스네이크의 다양한 모프

콘 스네이크의 모프를 분류하는 기준에 대해 살펴보고, 현재 개량된 아름다운 모프의 종류와 특징에 대해 알아본다.

01 section

자연 발생 모프

콘 스네이크를 반려뱀으로 선택할 때 애호가의 눈길을 사로잡는 첫 번째는 바로 화려한 색상이다. 그렇게 콘 스네이크를 입양해 사육하다 보면, 무수한 변이종이 나타날 수 있고 또 사육환경에서 누구나 쉽게 이런 특성을 조작할 수 있다는 것을 깨닫게 된다. 이는 마치 우리 안에 잠재된 예술가가 이미 우리를 매료시킨 캔버스를 사용해 탐구할 새로운 형태를 찾는 것과 같다고나 할까. 더욱이 고유의 아름다움이 우리를 유혹하기에 충분하지 않더라도, 콘 스네이크의 성공적 번식을 통해 얻을 수 있는 금전적 보상에 대한 전망이 눈앞에 어렴풋이 보이기 시작한다.

자연의 모프(Normal 종)

자연 발생하는 콘 스네이크 종에 대해서는 1장에서 간략하게 다룬 바 있다. 하지만 특정 아종은 물론 특정 지역의 개체들 사이에서도 엄청난 다양성을 자랑하는 천연색에 대한 언급은 실제로 빠져 있었다. 어떠한 사진으로도, 설령 수십 장의 사진을 확인한다 해도 다음번 표본이 어떻게 생겼을지 완벽하게 예측하기란 불가능하

콘 스네이크라고 해서 모두 매혹적인 아름다움을 지닌 것은 아니다! 사진은 플로리다주 남부에서 채집된 개체로, 콘 스네이크의 평균적인 외양을 보여주고 있다. 색상을 탁하게 만드는 멜라닌의 '지저분한 색조(dirty wash)'는 야생에서 살아가는 성체 콘 스네이크에게서 흔히 볼 수 있는 특징이다.

다. 경험이 부족한 사육자가 사진식별을 강조한 휴대용 도감을 통해 종을 확인하려고 하는 경우 이런 점을 놓치기 쉽다. 또한, 책이나 잡지에서는 사람들이 좋아할 만한 멋진 개체의 사진을 싣는 경향이 있어서 오해를 불러일으키기도 한다. 사람들은 그런 다양한 차이는 물론 사진작가가 자신의 사진을 판매하기 위해 가능한 한 가장 매력적인 피사체를 촬영하려는 강한 동기를 가지고 있다는 사실도 잊는다.

취미로 뱀을 기르는 이들은 정가표에 있는 사진 속의 뱀과 똑같은 뱀을 주문할 수 있다고 생각한다. 쇼핑몰에서 사람들을 관찰하면서 하루를 보낸 뒤에 평균적인 인간을 설명할 방법을 생각해보라고 하면 이런 이야기가 크게 와 닿을 것이다. 이성을 1부터 10까지의 척도로 평가해 본 적이 있다면, 다양한 차이가 존재하며 그런 차이야말로 관심과 욕망의 원천이 되기도 한다는 사실을 알고 있을 것이다.

이와 같은 설명은 콘 스네이크의 경우에도 똑같이 적용된다. 모든 휴대용 도감은 종별로 허용된 제한된 수의 사진을 통해 야생 콘 스네이크를 보여줘야 하는 난처한 딜레마에 직면해 있다. 어떤 콘 스네이크라도 정확히 똑같아 보이는 것은 없다.

따라서 여러분의 경험은 사진으로 인쇄된 극소수의 콘 스네이크 그리고 살아 있는 상태로 여러분이 볼 수 있는 콘 스네이크로 영영 국한될 것이다. 그렇다고 해서 전혀 실망할 필요는 없다. 실제로는 매우 반갑고 흥미로운 사실이기 때문이다! 이는 한마디로 콘 스네이크의 세계가 여전히 확장되고 있는 중이며, 계속되는 번식과 진화에 누구든 참여할 수 있는 여지가 많다는 것을 의미한다. 이번 장에서는 이미 밝혀진 콘 스네이크의 색상 및 패턴의 특성을 빠짐없이 살펴볼 예정이다.

콘 스네이크와 그 변이종의 유전적 특징을 파헤치기에 앞서 밑그림을 그리려면, 오늘날 흔히 볼 수 있는 콘 스네이크의 자연 발생 모프를 우선적으로 살펴볼 필요가 있다. 평균적인 콘 스네이크 표본의 경우 등 중심부를 따라 30~50개에 이르는 정사각형 또는 직사각형 모양의 커다란 반점이 일렬로 나타나 있다. 첫 번째 반점은 일반적으로 머리 꼭대기에 창끝처럼 생긴 반점에 연결돼 있고, 마지막 반점은 거의 꼬리 끝에 자리 잡고 있다. 이보다 작고 불규칙한 형태의 두 번째 반점 군락이 측면을 따라 등 반점과 교대로 나타나 있다. 하지만 측면의 반점이 등 반점에 비해 크기나 형태, 위치 면에서 굉장한 다양성을 보여주는 것을 확인할 수 있다.

어느 반점이든 윤곽선은 굵기가 다양하고 검은색이나 어두운 색조를 띠고 있으며, 중심부위는 붉은색, 주황색, 갈색, 혹은 이들의 조합으로 이뤄진 색을 띠고 있다. 반점 사이의 바탕색은 노란색부터 주황색에 가까운 붉은색을 띨 수도 있고, 회색이나 황갈색을 띨 수도 있다. 넓은 배면 비늘은 흰색, 노란색, 붉은색, 주황색을 띠기도 하고, 이와는 대조적으로 검은색을 띠며 일련의 기하학적 형태로 나타나기도 한다.

이와 같은 모든 특성은 선택적 번식을 통해 비교적 단기간(세대별로 평균 1~3년)에 걸쳐 변경될 수 있다. 콘 스네이크가 현재 진행 중인 파충류 프로젝트에서 인기 있는 연구종으로 자리 잡은 것도 바로 이런 이유가 한 부분을 차지하고 있다.

오키티 콘 스네이크(Okeetee corn snake)

오키티 콘 스네이크는 종을 통틀어 애호가들이 좋아하는 모든 특성을 갖추고 있는 전형적인 노멀 종이다. 칼 카우펠드(Carl Kauffeld)는 뱀 허핑(herping: 파충류와 양서류를 관찰하는 행위)에 관한 두 권의 책을 통해 이처럼 크고 건장한 '종'을 대중에게 널리 알렸다.

'오키티'라는 이름은 뉴욕의 스테이튼섬동물원(Staten Island Zoo)에서 운영하는 오키티 클럽(Okeetee Club)에 유치하기 위해 카우펠드와 동료들이 처음으로 채집한 뱀임을 기념해 붙여진 것이다. 오키티 클럽은 사우스캐롤라이나주의 재스퍼 카운티에 있는 5만 에이커(약 202㎢)의 개인 사냥보호구역으로 일반인에게는 개방하지 않는다. 오키티라는 이름은 오랜 시간 대중의 평가를 거쳐왔으며, 사우스캐롤라이나주 남부 연안에서 볼 수 있는 고전미가 느껴지는 콘 스네이크의 명칭이 됐다. 이후로 이 지역에는 해마다, 특히 봄철이면 현장채집을 통해 느낄 수 있는 흥분을 경험하려는 수집가들이 대거 모여들면서 콘 스네이크의 명소로 이름을 떨치게 됐다.

오키티는 별도의 아종이 아닐뿐더러 명확하게 정의된 종도 아니다. 오키티는 그저 사우스캐롤라이나주에 서식하는 매력적인 콘 스네이크에 붙여진 명칭일 뿐이고, 이처럼 '역사적인' 지역과의 유대관계를 증진하기 위한 목적에서 고수돼왔던 것이다. 공식적으로 현재 이 지역에 있는 거의 모든 땅은 사유지다. 남의 땅에 함부로 들어오는 뱀 사냥꾼에 고개를 젓지 않던 과거의 호시절처럼 '뱀이 나올 것 같은 자리'에 차를 세우고서 자루와 갈고리를 손에 들고 어슬렁거리는 것은 이제는 용납되지 않는다.

1. 오키티 지역에서 발견되는 개체들은 오랫동안 콘 스네이크가 보여주는 전형적인 아름다움으로 묘사됐다. 복부에 굵게 나타난 흑백의 패턴은 밝고 선명한 대비를 보이는 등 색깔과 함께 이들 콘 스네이크의 트레이드마크가 됐다. 2. 콘 스네이크 해츨링은 나중에 아름다운 주황색 색조를 나타낼 일반적인 노란색 보색을 만들어내지 못한다. 사진 속의 오키티 콘 스네이크는 1년 간격으로 태어난 형제로, 개체발생적인 색상변이 현상을 분명하게 보여준다.

오키티 콘 스네이크에는 진홍색의 등 반점이 뚜렷하고 시커먼 테두리를 두른 개체가 포함되지만, 그것이 전부는 아니다. 바탕색은 적갈색부터 밝은 주황색에 이르기까지 다양하게 나타나고, 특유의 검은색과 선명하고 깔끔한 대비를 이룬다. 일부 개체에서는 다른 개체에 비해 등과 측면에 각각 두 개씩의 흐릿한 검은 줄무늬가 온몸의 반점 위에 두드러지게 나타날 수도 있다. 눈에 띄는 검은 체크무늬가 배면을 뒤덮고 있고, 몸통은 흰 바탕색을 띠는 경향이 있다. 특히 몸 아래쪽으로는 배면 비늘이 체크무늬 사이에서 주황색을 띠고 있을 수 있다.

이처럼 일반적인 설명에 부합하는 매력적인 콘 스네이크는 노스캐롤라이나주 동부에서부터 플로리다주 북동부에 이르기까지 대서양 연안의 대평원에 서식한다고 알려져 있다. 더욱 중요하지만 가장 완벽한 사례를 찾느라 흔히 간과되는 사실은, 오키티 지역에 서식하는 콘 스네이크라고 해서 모두 고전미를 갖추고 있지는 않다는 점이다. 일부는 지극히 평범한 모습을 하고 있으며, 정말 별 볼일 없게 생긴 녀석들도 있다.

하지만 수년간 선택적 번식이 이뤄지고 나면, 전형적인 인공번식개체는 평균적인 콘 스네이크에 비해 기가 막힌 체색을 띠게 되는 경우가 많다. 안타까운 일은, 오키티라는 이름이 많은 수집가가 바라는 '기막힌 체색'과 동의어가 돼버렸기 때문에 딱히 다른 녀석들과 구별되지 않는 갓 태어난 평범한 해츨링 혹은 다른 종과 이종교배해 얻은 새끼

1. 사우스캐롤라이나주 오키티 지역이 원산지인 전형적인 콘 스네이크 성체는 이 지역에서 잡힌 모든 개체가 오늘날 선택적으로 번식되는 '10s'와 같은 것은 아님을 보여준다. **2.** 이처럼 선명한 대비를 보여주는 오키티 콘 스네이크는 브리더가 얻고자 하는 완벽한 모습이다. 수많은 아름다운 모프의 치열한 경쟁에도 불구하고, 이와 같이 깨끗하고 절묘한 색상을 자랑하는 뱀은 언제나 애호가들의 총애를 받는다.

를 팔아먹을 요량으로 이 이름을 그대로 이용한다는 점이다. 아주 어린 새끼의 경우에는 성체가 됐을 때 주황색이 얼마나 나타날지 쉽게 판단할 수 없기 때문이다.

마이애미 페이즈(Miami phase)

이 모프의 이름은 콘 스네이크가 고밀도로 서식하는 플로리다주 마이애미 남쪽과 서쪽의 농경지에서 흔히 발견되는 표본에서 유래됐다. 마이애미 페이즈 콘 스네이크는 일반적으로 은회색의 바탕색에 주황색 반점이 불규칙하게 섞여 있지만, 모든 개체가 여기서 설명한 기준에 완전히 부합하는 것은 아니다. 등 반점의 색깔은 일반적으로 붉은색보다는 주황색에 가깝고, 특히 측면으로 갈수록 희끄무레한 반점이 있거나 가운데가 옅은 경우가 많다. 최상의 상태에서 바탕색과 등 반점이 깨끗하고 고른 색조를 띠는 이 모프는 밝은 그레이 밴디드 킹스네이크(Gray-banded kingsnake, *Lampropeltis alterna*)와 비슷하다. 실제로 대부분의 개체는 회색과 주황색의 선명도나 균일성에 결함을 보인다.

이 지역에서 태어난 해츨링은 보통 다른 콘 스네이크에 비해 평균적인 크기가 약간 작은 경향이 있으며, 상당한 비율의 새끼가 첫 번째 먹이로 핑키보다는 도마뱀, 그중에서도 특히 아놀(Anole, Dactyloidae)을 선호한다. 일단 성장하기 시작하면 다른 콘 스네이크와 별다른 차이를 보이지 않는다. 마이애미 페이즈 콘 스네이크의 성체는 북부의 큰 콘 스네이크만큼 자랄 수 있지만, 대개는 그보다 작은 91~122cm 정도로 자란다.

다른 지역의 콘 스네이크가 마이애미 페이즈에서 나타나는 회색의 바탕색을 띠는 것은 드문 일이 아니다. 이런 특성이 플로리다주 남부에 서식하는 콘 스네이크에 국한된 것은 아니라는 점을 주목할 필요가 있다. 일부 브리더는 자신들이 기르는 마이애미 페이즈 콘 스네이크 번식그룹을 마이애미-데이드 카운

1. 플로리다주 남동부 끝이 원산지인 콘 스네이크는 흔히 이런 모습을 보인다. 회색 바탕색이 표준이지만, 바탕색의 선명도 및 바탕색과 주황색을 띤 붉은색 반점과의 대비가 두드러지지 않을 수도 있다. 2 브리더는 깨끗한 반점과 바탕색을 강조함으로써 전형적인 마이애미 페이즈 콘 스네이크를 개선하기 위해 노력한다.

> ### 햇밴드 테스트(Hatband Test)
>
> 어떠한 변이든, 향후 선택적 번식을 통해 콘 스네이크의 '새로운' 모프로 자리 잡을 수 있다는 사실은 분명하다. 다만, 확실하게 재현되고 가급적이면 강조되거나 과장될 수도 있는 특이하고 매력적인 형질을 가진, 눈에 띄는 표본을 주목하면 된다. 과학계에서 종을 설명하는 것처럼 색상변이나 패턴변이를 명명하는 공식적인 규칙이 없기 때문에 새로 탄생한 변이종이 대중의 눈에 확연히 들어오는지 확인하려면 새로운 변이종에 붙인 이름은 몇 년 동안 '시장 테스트'를 거쳐야 한다.
>
> 기억에 남는 이름은 해마다 반려동물 거래시장에서 성공을 거두고 있다. 그런 의미에서 볼 파이손(Ball python, *Python regius*)의 마케팅을 살펴보는 것도 괜찮다. 이런 이름은 호기심과 관심을 끌어들이려는 전략을 갖고 있다. 예를 들어, 콘 스네이크의 경우 크림시클(Creamsicle), 버터(Butter), 캔디케인(Candycane)처럼 형형색색의 맛있는 음식 이름을 갖다 붙이는 전략은 단순한 묘사에 그치지 않는다. 이와 같은 이름들은 해당 콘 스네이크에 대한 상상력과 욕망, 시장기마저 불러일으키게 된다.
>
> 궁극적으로 두 번째 특성인 장기적인 호감도는 변이가 세월의 시험을 견딜 수 있는지 여부를 결정할 것이다. 장기적으로 호감도가 높은 변이는 취미애호가와 브리더들이 인공번식을 통해 보존하는 공인된 모프로 계속해서 이용할 수 있을 것이다. 뱀의 경우 우리는 이런 현상을 '햇밴드 테스트(Hatband Test) 통과'라고 이름을 붙였다. 뱀 가죽이 카우보이모자 장식으로 이용된다는 점을 참작하고, 이를 시각적 매력의 폭과 내구성에 따라 유행의 영속성이 결정되는 의류 패션과 비교한 것이다. 근본적으로 새로운 콘 스네이크의 색상과 패턴 둘 중 하나 혹은 두 가지 모두 눈길을 끄는 장식이 된다면, 그 결과 이국적인 모자띠처럼 보인다면(물론 이런 이유로 뱀을 잡아 죽이는 것은 안 될 일이라고 본다) 해당 변이종은 대중으로부터 폭넓은 사랑을 받게 될 것이다.

티(Miami-Dade County) 표본으로 제한하려는 신중함을 보이겠지만, 많은 브리더들은 이들을 이종교배해 다양한 색깔과 패턴을 얻는 데 성공했다.[1] 그 결과 먹이습관이 좋고 색상 및 패턴에서 다양성을 보이는 개체가 높은 비율을 차지하게 됐다. 이와 같은 정보가 중요하다는 생각이 들면 브리더가 기른 뱀의 혈통에 대해 문의하자.

리치 주코브스키(Rich Zuchowski)는 밀크 스네이크 페이즈(Milk snake phase)라는 별명이 붙은 변이종을 만들어냈다. 이 변이종은 본질적으로 향상된 마이애미 페이즈 콘 스네이크로 볼 수 있으며, 일부 개체에서 깨끗한 회백색 바탕색에 매우 균일하게 나타나는 반점을 보인다. 밀크 스네이크 페이즈는 깨끗한 무늬를 가진 특정 밀크 스네이크(Milk snake, *Lampropeltis triangulum*)와 유사하기 때문에 오래전부터 인기가 많던 밀크 스네이크라는 이름의 강화된 버전으로 붙여준 것이다.

---

1 동계교배가 반복되면서 바람직하지 않은 열성유전자가 축적되고 점점 약해지는 자식약세현상(inbreeding depression)을 피하기 위해 전혀 관련이 없는 콘 스네이크끼리 교배했다.

유전과 색상돌연변이

유전이라는 단어만 봐도 "보나 마나 재미없겠군!"이라는 생각이 드는 독자도 분명 있을 것이다. 유전은 아무래도 복잡할 수밖에 없는 주제이므로 여기서는 사진을 이용해 설명하는 것이 좋을 것 같다. 게다가 나는 언제든 브리더에게 전화를 걸어, 만약 알비노를 얻기 위해 초록색 반점이 있는 스노우 스트라이프(Snow-stripe)를 고스트(Ghost) 잡종 헤테로(heterozygous; 이형접합체. 특정의 위치에서 서로 다른 대립인자를 갖는 것)와 교배하면 어떤 결과가 나오는지 물어볼 수 있다. 사람들이 유전을 얼마나 어려워하는지 누구보다 잘 알고 있기 때문에 설명은 최대한 간단하게 할 생각이다. 특히 우성유전과 열성유전에 관해 집중적으로 다루고, 복잡한 유전이론에 대한 세부적인 사항은 대부분 학술적인 생물학 문서를 참조해 설명할 것이다.

유전과 관련한 분야에 대해 이해하는 데는 인터넷 검색을 통해서도 도움을 받을 수 있다. 그러나 '유전과 콘 스네이크 모프'에 관한 새로운 정보를 소개하는 웹사이트가 해마다 늘어나고 있는 실정이며, 서류상으로 최신 정보를 소개하기란 불가능하다고 볼 수 있다. 또한, 많은 사이트는 인터넷상에 올린 자료의 주소인 URL을 매

우 규칙적으로 변경한다. 우리는 자체 웹사이트(www.cornutopia.com)를 통해 콘 스네이크에 관한 중요한 최신 정보와 사진을 제공하는 흥미로운 사이트들을 계속 업데이트할 예정이다. 또한, 도서 말미에 '부화한 새끼 중에 열성형질의 색상 및 패턴 돌연변이의 비율을 예측'하는 데 특별한 도움을 제공하는 웹사이트를 소개하고 있으므로 이를 참고하면 어느 정도 도움이 될 것이다.

유전에 대한 이해

색상변이종이 사육주들에게 많은 인기를 얻고 있는데, 여기서 색상변이란 현재 자연에서 발견되는 형태(노멀 또는 특별히 멋진 형태 포함)에만 국한되지 않는다. 브리더의 손을 거쳐 한 개체에서 열성유전자가 자신의 또 다른 복제유전자와 짝을 이뤘을 때 그 결과로 색상변이가 나타났다. 대표적인 사례는 아멜라니즘(amelanism; 일반적인 알비니즘)이며, 이후 개체 수가 급증함으로써 파충류사육문화와 콘 스네이크를 오늘날의 위치에 오르도록 하는 데 기여한 최초의 모프라고 할 수 있다.

불과 10~20년 전에 비해 특이하면서도 새로운 열성형질이 훨씬 빈번하게 나타나는 데는 두 가지 이유가 있다. 첫 번째는 파충류 사육에 대한 폭발적 인기 때문이다. 이로 인해 더 많은 사람들이 반려동물시장에 내놓을 야생 파충류를 포획하고 있다. 이전보다 많은 수의 콘 스네이크가 포획되면서 임신한 암컷 역시 그만큼 많이 잡혀 사육환경에서 알을 낳게 된다. 우리의 눈을 즐겁게 하는 콘 스네이크의 형질을 확산시키기 위해 인공번식기술이 광범위하게 이용되는 것에 자극을 받은 사냥꾼들은, 조금이라도 다른 모습을 보이는 개체를 찾으려고 혈안이 돼 있다. 사냥꾼들은 사람들이 뭔가 새로운 일, 특히 미래에 이익을 가져다주는 일이라면 기회를 잡기 위해 기꺼이 웃돈을 치를 준비가 돼 있다는 사실을 잘 알고 있다.

간혹 새로운 유전자는 야생에서의 생존에 적합하지 않게끔 동물을 변화시킨다. 아멜라니스틱(amelanistic)처럼 자연의 배경색과 어우러지지 않고 그 속에서 빛을 발하는 비정상적인 체색을 가진 개체는 천적에게 발각돼 잡아먹히기 쉽다. 아멜라니스틱의 색소결핍은 해로운 태양광선에 더욱 취약하게 만든다. 이들 개체는 설령 사람에게 발견되지 않더라도 일반적으로 어릴 때 죽는 경우가 허다하다.

우성형질과는 대조적으로 열성형질이 빈번하게 나타나는 두 번째 이유는 열성유전자가 지닌 특성 때문이다. 콘 스네이크는 인간과 마찬가지로 부모로부터 받은 두 개의 유전자가 쌍을 이뤄 표현형(phenotype; 한 유전자형이 발현되는 개별적 형질들의 총체. 외양)을 지배한다. 하나의 형질에 대해 부모가 모두 노멀(Normal) 유전자를 제공한다면 태어난 새끼는 노멀의 형질을 보여준다. 부모 중에 한쪽이 노멀 유전자를 전해주고 다른 한쪽은 노멀이 아닌 열성유전자를 전해주는 경우(콘 스네이크에서 검은색 색소의 결핍을 가져오는 데 필요한 한 쌍처럼)도 새끼는 여전히 노멀의 형질을 보여준다.

단일열성유전자(single recessive gene)는 혼자서도 검은색 색소의 정상적인 생산을 총괄할 수 있는 우성유전자에 의해 가려진다. 열성형질에 대한 유전자는 갖고 태어났지만 그 형질은 보이지 않는 새끼는 이형접합체(heterozygous)다. 이형접합이란 문자 그대로 특정한 형질에 대해 한 쌍의 다른 유전자를 갖는 혼합유전을 의미한다. 이형접합은 단일형질을 지배하는 두 유전자가 동일한 상태인 동형접합(homozygous)과 대조되는 개념이다. 이형접합이라는 용어는 파충류 분양자와 브리더들 사이에서 '헤테로(hetero)'나 '헷(het)'으로 간략하게 표시하기도 한다.

열성유전자가 콘 스네이크에서 아멜라니즘과 같은 비노멀의 모습을 가져오는 것은 그 열성유전자가 짝을 이뤄 동형접합 상태로 존재하기 때문이다. 쌍을 이룬 유전자 가운데 하나라도 검은색 색소를 가진 노멀(우성의) 유전자라면 그 유전자가 형질을 지배해 열성유전자가 영향력을 발휘하지 못하게 한다. 열성유전자가 영향력을 발휘하려면 동형접합 상태여야 한다. 열성유전자는, 새로운 유전자를 가진 혈통이 다른 개체가 아무런 계획 없이 들고나는 대규모의 자연개체군에서보다는 사육환경처럼 혈통이 같은 개체가 함께 번식하고 유전자 풀(gene pool; 어떤 생물집단 속에 있는 유전정보의 총량)을 공유하는 소규모 그룹에서 짝을 이룰 가능성이 크다.

특히 몇 세대에 걸쳐 짝짓기에 성공한 사육환경의 그룹은 야생에서 무작위로 뽑은 표본과 비교해 볼 때 훨씬 더 많은 유전물질을 공유하는 경향이 있다. 결과적으로 판단하면, 비슷한 유전자끼리는 더 자주 쌍을 이루며, 새로운 열성형질은 자유롭게 돌아다니는 야생의 개체군보다 사육환경에 있는 개체군에서 상대적으로 더 자주 나타난다는 것을 알 수 있다. 새로운 열성형질이 자연에서 발생할 경우 이 열성혈질을 이용한 새로운 돌연변이가 나타나고, 그 결과 잠재적으로 개체 수를 증가시킴으로써 장기적으로 볼 때 개체군 전체에 이롭다는 것을 증명할 수 있게 된다.

만약 열성형질이 개체의 생존확률을 높이지 못한다면(우리가 좋아하는 대부분의 멋진 특성이 그렇지 않다) 실험과정에서 소수의 개체들이 제거되고, 그런 형질을 보여주는 개체는 유전자를 물려줄 수 있을 만큼 나이가 들기 전에 죽고 말 것이다. 새로운 형질을 보여주는 콘 스네이크가 높이 평가되는 사육환경에서는 이와 정반대의 상황이 벌어진다. 사육환경의 개체들은 잘 길러져서 생존 가능성이 커진다. 선택압력(다양한 형질 중 환경에 적합한 형질이 선택되도록 하는 압력)에서 나타나는 이러한 차이로 인해 야생 유전자 풀과 사육환경의 유전자 풀이 대를 거듭하면서 서서히 멀어지게 된다.

많은 브리더 지망생은 가능한 한 사육환경에서 파충류의 동계교배(inbreeding; 혈통에서 서로 밀접한 관련이 있는 개체와의 짝짓기. 근친교배)는 피하도록 주의를 받았지만, 그 이유에 대해서는 정확히 알지 못한다. 쉽게 설명하자면, 동계교배가 가계도에서 좋거나 나쁜 형질을 한데 끌어 모으기 때문이다. 따라서 이들 유전자를 보유한 두 개체가 짝짓기를 하고 나서 바람직하지 않은 형질이 나타날 가능성이 커진다. 많은 개체에 열성형질들이 숨겨져 있으며, 이러한 형질은 이형접합 상태로 내재돼 있다. 이들 유전자는 다른 콘 스네이크에 있는 비슷한 열성유전자와 짝을 이루는 경향이 있으며, 주변에 있는 짝짓기 상대가 그런 유전자를 갖고 있으면 더 빨리 발현될 수 있다.

사육환경에서 파충류의 동계교배를 가능한 한 피하도록 권고하는 이유는, 동계교배가 가계도에서 좋거나 나쁜 형질을 한데 끌어 모은다는 사실 때문이다. 이들 유전자를 보유한 두 개체가 짝짓기를 하고 나서 바람직하지 않은 형질이 나타날 가능성이 커진다.

콘 스네이크의 체색과 패턴에 영향을 미치는 많은 돌연변이처럼, 야생에서 불리할 수 있는 형질은 안전한 사육환경에서는 아무 해가 없을뿐더러 오히려 바람직할 수 있다. 하지만 구부러진 등이나 기형적인 비늘 및 눈 같은 바람직하지 않은 형질이 나타나기도 한다. 브리더는 번식군을 신중하게 선택해야 한다. 신체적 기형이 있는 뱀은 도태시키고, 바람직하며 해가 없는 형질을 보이는 뱀만 번식해야 한다.

다양한 색상 및 패턴의 형질을 혼합시키는 작업은 취미애호가 사이에서 인기 있는 소일거리가 됐다. 다행히 이는 동계교배에 의한 약화현상을 방지해준다. '자식약세증후군(inbreeding depression syndrome)'의 일반적인 영향은 짧은 몸길이, 저체중, 눈의 결함, 알의 개수와 클러치 크기의 감소, 불완전한 골격, 불임 등으로 나타난다. 새로운 형질을 얻기 위해 관련이 없는 콘 스네이크끼리 이종교배하면 몇 세대에 걸친 동계교배 끝에 숨겨진 열성유전자가 모두 되살아날 수 있다. 잡종강세현상(phenomenon of hybrid vigor)으로 불리는 이 과정은 야생에서 흔히 볼 수 있으며, 특히 건강한 개체군을 유지하려면 필수적이다. 자연에서는 봄에 멀리 떨어진 곳으로 이동해 짝을 찾는 수컷 콘 스네이크의 습성을 통해 잡종강세가 이뤄진다.

참고로 우리는 머지않은 미래에 기이한 신체적 이상을 의도적으로 발생시킬 가능성도 배제해서는 안 된다. 이상증세를 보이는 갓 태어난 해츨링의 경우 99%의 사람들이 바람직하지 않은 것으로 여겨 즉시 처분할 수도 있을 테지만, 나머지 1%의 사람이 그런 돌연변이를 육성하고 그 특성을 지속시켜 심각한 결함을 고유한 장점으로 부각시킬 수도 있을 것이다. 이런 상황은 현재 루시스틱(leucistic, pure white; 색소세포의 부족으로 동물의 체모나 피부색이 흰색으로 나타나는 돌연변이 현상) 텍사스 랫 스네이크(Texas rat snake, *Pantherophis obsoletus lindheimeri*) 혈통에서 나타나고 있으며, 그중 일부는 툭 튀어나온 큰 눈을 유전으로 물려받는다. 대부분의 사람들은 이 같은 신체적 특징을 피해야 할 부정적 속성으로 보고 있으며, 그중 몇몇은 그런 속성이 뱀에게 해를 끼친다고 믿고 이러한 특성을 강조하려는 노력은 하지 않는다.

아멜라니즘(amelanism; 멜라닌결핍증)

알비노(albino; 백색증), 아멜(amel), 레드 알비노(red albino)로도 알려진, '검은색 색소의 결핍'을 의미하는 유전형질의 적절한 명칭은 아멜라니스틱(amelanistic)이다. 이러한 용어의 혼동은 알비노가 흰색을 의미하는 라틴어 알부스(albus)에서 유래한 사실에서 비롯됐다. 인간의 유일한 색소인 멜라닌이 결핍된 상태에도 적용된다.

아멜라니즘은 야생에서 살아가는 모든 종류의 척추동물에서 가장 많이 발생하는 돌연변이 중 하나다. 하지만 포유류에서와 같이 아멜라니즘의 결과가 흰 체색으로 나타난다는 오랜 가정은 다양한 피부색소를 가진 파충류에는 적용되지 않는다. 콘 스네이크 역시 붉은 색소와 노란 색소를 갖고 있고, 피부에는 흰색, 프리즘 같은 광채, 그 밖의 미묘한 색조를 연출하는 홍색소포(iridophore; 어류와 파충류에서 은백색, 녹청색 등을 나타내는 색소세포) 또는 반사세포(reflective cell)로 불리는 세포층이 있다.

콘 스네이크에서 검은색을 제거하면 눈부신 색이 남게 되는데, 멜라닌으로 덮이지 않으면 노멀보다 더 밝게 보이는 경우가 많다. 콘 스네이크가 지닌 다양한 색상들은 유전학을 복잡하게 만들지만, 한편으로는 유전자를 혼합하고 짝을 맞추면 훨씬 더 많은 색상조합이 가능해진다는 장점이 있다. 갓 태어난 해츨링은 부화하고 나서 처음 몇 달 동안 노란색 색소가 발달하는데, 이런 이유로 성체가 되면 어떤 색을 띨지 즉각적으로 예측하는 것이 어려워진다. 그나마 희망이 있다면, 어두운 적갈색을 띤 새끼의 경우 꾸준하면서도 빠르게 좋아질 것이라는 사실이다.

아멜라니스틱 콘 스네이크에서 붉은색, 노란색, 검은색, 흰색의 다양한 색조는 원래의 노멀 조상의 모습이 어떠하냐에 따라 다양한 방식으로 결합한다. 무엇보다 중요한 것은, 각각의 색이 녀석들의 몸에 어느 정도로 퍼져 있으며 정확히 신체의 어느 부위에 분포돼 있는지 여부다. 1980년대 초중반 파충류 애호가들은 단지 아멜라니스틱 콘 스네이크에 대한 무분별한 번식에 주력하지 않았다. 우리를 포함한 몇몇 브리더들은 앞서 논의한 노멀 콘 스네이크와 마찬가지로 이미 극단적이거나 특이한 체색을 보일 조짐이 있는 개체를 대상으로 선택적 번식을 시작했다.

오늘날 가장 인기 있는 변이종 가운데 하나는 흰 반점이 거의 없거나 전혀 없이 깨끗하면서, 약간 밝은 주황색 바탕에 진홍색부터 붉은 기가 도는 주황색까지 다양한 색의 반점을 보여준다. 이 변이에 대한 연구를 통해 우리가 얻은 최초의 콘 스네이크는 오하이오

1. 아멜라니스틱 콘 스네이크는 특유의 밝은 색깔 덕분에 반려뱀으로 폭발적인 인기를 누리고 있다. 녀석들은 부화 직후에는 주로 붉은색과 흰색을 띠다가 생후 1년이 지나면 노란색 색소가 발달하면서 이들 색을 대신한다. 2. 선글로우 아멜라니스틱 콘스네이크를 번식할 때 붉은색과 주황색만을 남겨둔 채 흰 반점을 모두 제거하는 것이 목표다.

주의 노름 댐(Norm Damm), 궁극적으로는 캘리포니아주의 빈스 샤이트(Vince Scheidt)까지 거슬러 올라간다. 우리를 비롯한 몇몇 브리더는 여러 세대에 걸쳐 몇 가지 형질을 선택함으로써 오늘날 대부분의 표본에서 찾아볼 수 있는 일관된 색을 얻을 수 있었다. 처음에 우리는 이런 모프를 노화이트 알비노(No-white albino)로 불렀지만, 나중에는 기억하기 쉬우면서 분양되기 쉽도록 선글로우(Sunglow)로 바꿔 불렀다.

콘 스네이크에서 이처럼 특이한 변이종을 만들어낸 것은 선풍적인 유행을 일으키는 데도 도움이 됐다. 오늘날 수천 명의 개인 브리더들이 이와 비슷한 '선택적 번식 프로젝트'와 그렇게 얻은 자손에 대한 후속 마케팅에 참여함에 따라 이런 관행은 널

리 받아들여졌다. 믿을 수 없을 정도로 밝은 붉은색을 나타내는 콘 스네이크 모프에 피처럼 붉은 색상을 띠는 혈통을 추가하면서 붉은색을 강화하기 위한 다양한 노력이 전개되고 있다. 일각에서는 밝게 빛나는 노란색 배경에 진홍색 반점이 돋보이는 최고의 변이종을 목표로, 노화이트 컬러의 범위를 주로 옐로우 크림시클(Yellow creamsicle)과 버터(Butter) 콘 스네이크로 번식시키려는 시도가 이뤄지고 있다.

1980년대 중반부터 후반까지 우리는 사육 중이던 콘 스네이크 그룹에서 반점 주변에 유난히 큰 흰색 테두리가 있는 몇 마리를 발견했고, 특별 프로젝트를 위해 따로 선별해뒀다. 마이크와 린다 크릭(Mike and Linda Krick)에게서 온 특정 개체는 그런 형질에 대해 특별한 자질이 있었다. 그룹 내에 새끼가 늘어남에 따라 우리는 반점의 일반적인 검은 테두리가 흰색으로 바뀐 것 말고는 그토록 매력적인 녀석들 일부가 전형적인 오키티 콘 스네이크를 연상케 한다는 점에 주목했다. 녀석들은 검은색 색소의 결핍 때문에 훨씬 화려한 색깔을 띠면서 여전히 좋은 대비를 보였다. 바탕색은 반점의 색조보다 뚜렷하게 밝은 톤의 누르스름한 주황색이어서 또 다른 대비를 선사했다.

자연스럽게 우리는 이 형질을 유지하기 위해 선택적 번식을 시작했고, 특히 흰 테두리가 더 넓은 개체를 얻기 위해 노력했다. 그 뒤로 효과를 높일 수 있는 특성을 보이는 다른 콘 스네이크도 이종교배에 들어갔다. 혈통이 아닌 외모에 중점을 뒀기 때문에 모두가 오키티 혈통의 후손일 필요는 없었다. 이들은 처음에는 리버스 오키티(reverse Okeetee)로 알려졌다가 나중에는 외모만 보고 알비노 오키티로 알려지게 됐다.

1. 알비노 오키티 콘 스네이크는 검은색의 넓은 등쪽 반점 고리가 흰색으로 반전된 노멀 오키티 콘 스네이크의 아멜라니스틱 버전처럼 보인다.   2. 사진의 멋진 알비노 오키티는 극단적인 흰색 반점 테두리를 보여주며, 캔디케인 콘 스네이크의 번식목표와 마찬가지로 바탕색에 있던 노란색을 제거했다.

노란 바탕색의 비중이 어느 정도인지에 따라 콘 스네이크 성체의 모습에 엄청난 영향을 미칠 수 있다. 사진의 녀석들은 모두 그레이트 플레인스 랫 스네이크(Great Plains rat snake) 알비노 개체다.

한편, 브리티시컬럼비아주 밴쿠버의 글렌 슬렘머(Glen Slemmer)는 황금빛을 띤 옐로우-오렌지 콘 스네이크 변이종을 만들기 위해 그레이트 플레인스 랫 스네이크(Great Plains rat snake, *Pantherophis emoryi*)와 아멜라니스틱 콘 스네이크를 이종교배해 노란 색소의 양을 증가시키고 붉은 색소의 양은 감소시키는 데 성공했다. 아종 간 교잡의 결과는 황금빛을 띤 노란색에서 주황색을 띤 스카치캔디색에 이르기까지 다양하게 나타난다. 여기에서 변함없는 한 가지 요인은 붉은색이 결여된다는 점이다.

에모리(emoryi) 혈통에 따라 클러치의 크기는 순수한 콘 스네이크보다 작은 경향이 있지만, 새끼는 더 크고 튼튼하며 먹이로 핑키를 잘 받아먹는 모습을 볼 수 있다. 이들 뱀에는 디저트로 인기 있는 아이스 바를 닮은 파스텔 톤의 주황색 때문에 크림시클(Creamsicle; 미국의 아이스크림으로 바닐라 아이스크림을 과일주스 셔벗으로 둘러싼 형태)이라는 이름이 붙여졌다. 지금까지도 반려뱀시장에서 기억하기 좋은 인기 뱀으로 자리 잡은 데는 우스꽝스러운 별명이 한몫했다. 콘 스네이크와 에모리의 이종교배를 통해 얻은 노멀 색상의 교배종은 루트 비어(Root beer) 콘 스네이크로 알려졌다.

크림시클 프로젝트의 목표는 다른 방식으로 실현됐다. 바로 에모리 랫 스네이크 (Emory's rat snake or Great Plains rat snake, *Pantherophis emoryi*) 아멜라니스틱인데, 이 뱀은 돈 소더버그(Don Soderberg)가 개량한 변이종으로 1990년대 후반에 이르러서야 처음으로 번식에 성공했다. 간단하게 '아멜(amel)'로 계속해서 불리는 기존의 형태와 구별하기 위해 우리는 이 새로운 유전자에 '아멜2(amel2)'라는 이름을 붙였다. 아멜2는 머지않아 이종교배를 통해 다른 콘 스네이크(*E. guttata*) 계통과 완벽하게 섞일 것이다. 그 결과 크림시클 프로젝트가 목표한 바를 광범위하게 재현하는 과정에서 노란색과 붉은색의 수많은 조합을 다채롭게 연출할 것으로 보인다.

본래의 아멜 유전자에 맞는 유전자를 보여주거나 그런 유전자를 보유한 다른 콘 스네이크와 아멜2를 교배하는 것에는 부정적인 측면도 있다. 그중 하나를 꼽자면, 아멜과 아멜2 두 가지 유형의 아멜라니즘은 유전적으로 양립할 수 없다는 점이다. 부모로부터 아멜라니스틱 유전자의 한 가지 유형을 빌리는 교배를 통해 자손에게 함께 전달된 아멜과 아멜2 유전자는 동형접합 상태로 결합해 검은색 색소가 없는 개체를 만든다. 따라서 장차 아멜라니스틱 콘 스네이크는 아멜라니즘의 두 가지 유형을 모두 보여주거나 이형접합체일 것이다. 그런 콘 스네이크는 서로 구별이 안 되기 때문에 두 마리의 아멜을 함께 기르는 경우, 아멜이 아닌 새끼를 얻게 되거나 일부는 정상이고 일부는 식별이 안 되는 아멜 새끼를 얻게 되면 실망할 수도 있다.

또 다른 문제는, 순수주의를 지향하는 사람의 경우 순수한 콘 스네이크가 다른 어떤 것과도 섞이는 걸 원치 않는다는 점이다. 특히 지금은 에모리 랫 스네이크를 완전한 종(*Pantherophis emoryi*)으로 보는 사람들도 있기 때문에 더욱 그렇다. 크림시클이 다른 조합에 필요한 레시피의 일부가 되는 순간 이들 혈통은 씨가 마를 수도 있다. 따라서 번식그룹 내에서 혈통을 정확히 기록하는 것은 물론 새끼를 분양하거나 양도할 때도 혈통을 제대로 기술하는 것이 매우 중요하다고 하겠다.

캔디케인(Candycane)은 아멜라니스틱 콘 스네이크의 네 번째 품종이다. 이상적으로는 밝은 레드-오렌지의 반점을 가진 희끄무레한 뱀이라고 할 수 있다. 글렌 섬머(Glen Slemmer)가 개량한 이 종은 케빈 엥에(Kevin Enge)가 등 쪽에 있는 반점 사이에 바탕색이 약간 들어간 성체를 선별 교배해 개선하고 이름을 붙여줬다. 반점 사이에 깨끗하고 밝은 회색이 들어간 마이애미 페이즈 콘 스네이크 혈통은, 옅은 바탕색을 보이는 일부 에모리 랫 스네이크와 크림시클, 기타 아멜라니스틱 콘 스네이크와 마찬가지로 오리지널 번식그룹에 기여했다.

캔디케인의 체색은 안정적으로 만들어내기 어렵다는 사실이 입증됐으며, 최근에 와서야 흰 바탕색을 가진 새끼를 쉽게 구할 수 있게 됐다. 캔디케인을 얻기 위해 많은 브리더가 독자적인 노력을 펼쳤고, 그 결과 일부 혈통은 다른 혈통에 비해 약간 다른 '성분'이나 유전적 배경을 갖게 될 것이다.

콘 스네이크는 나이가 들면서 노란색 색소가 생기기 때문에 모든 계통의 새끼는 캔디케인의 모습을 보이는 경우가 많지만, 시간이 지나면 바탕색에 노란색과 주황색이 발현된다. 따라서 어떤 새끼가 성체가 됐을 때 희끄무레한 바탕색과 가장 큰 대비를 보여줄지 예측하기란 매우 어려운 일이다.

1. 캔디케인 콘 스네이크는 최대한 순백의 바탕색에 밝은 붉은색(혹은 주황색) 반점만이 대조를 이루는, 막대사탕이라는 이름과 비슷한 모습으로 번식된다.
2. 플로레슨트(Fluorescent)는 붉은색을 띤 밝은 주황색 바탕색에 치중된 아멜라니스틱 콘 스네이크 모프를 적절히 설명해준다. 넓은 흰색 반점 테두리는 무리 속에서 녀석을 돋보이게 해준다.

캔디케인 변이종을 개선하는 과정에서 신중을 기하는 브리더는 영구적으로 기를 종자를 결정하기 위해 언제나 자신이 실제로 원하는 것보다 더 많은 수의 새끼를 적어도 6~12개월 동안 보유한다. 이는 번식그룹을 개선할 수 있는 유일하게 믿을 만한 방법인데, 각 개체별로 성숙기 동안 서서히 변화를 겪으면서 최종적인 외양이 형성되기 때문이다. 이 계통 또는 그 밖의 다른 계통의 해츨링을 입양할 때는 이 점을 염두에 둬야 한다. 발달이 진행 중인 노란색 색소가 성체의 외양을 형성하는 데 있어서 중요한 역할을 하게 되는데, 전문브리더조차도 아주 어린 나이의 개체들 속에서 항상 최고의 해츨링을 찾아내지는 못한다.

다섯 번째 변이종에는 플로레슨트 오렌지(Fluorescent orange; 형광성 주황색)라는 이름이 붙여졌다. 이 변이종은 한 쌍의 아멜라니스틱 콘 스네이크 형제에서 유래했다. 리치 주코브스키(Rich Zuchowski)에 따르면, 1987년 부화 당시 이들 중에 암컷은 파이발디즘(piebaldism; 얼룩백색증)의 징후를 보였다고 한다. 플로레슨트 오렌지 콘 스네이크는 밝은 색을 띠는 알비노 오키티 콘 스네이크와 여러모로 닮은 점이 많다. 무작위의 흰 반점은 뒤를 이은 세대에서는 다시 나타나지 않았지만, 등 반점과 접한 흰 테두리는 더 넓고 굵으며 반점 사이의 바탕색은 유난히 선명한 주황색을 띤다.

애너리스리즘(anerythrism; 붉은색 색소의 결핍)

애너리스리즘은 멜라니스틱(melanistic; 흑색증), 애너리스리스틱(anerythristic; 애너리스리즘), 애너리(anery), A형 애너리스리즘(type A anerythrism), 블랙 알비노(black albino) 등 여러 명칭으로 알려져 혼동을 초래한다. 애너리스리즘이 나타나는 콘 스네이크는 열성형질의 유전적 결함을 가지고 있어서 아멜라니스틱 콘 스네이크에게 검은색 색소가 결핍된 것처럼 붉은색과 대부분의 노란색 색소를 형성하지 못한다.

겉으로 보기에 이들 콘 스네이크는 그레이 랫 스네이크(Gray rat snake, *Pantherophis spiloides*), 에모리 랫 스네이크(Emory's rat snake, *Pantherophis emoryi*), 블랙앤화이트(black and white) 또는 세피아(sepia; 암갈색) 톤이 나타나는 전형적인 콘 스네이크와 비슷하다. 노멀 패턴의 반점을 가진 다른 콘 스네이크에 비해 회색, 갈색, 검은색이 우위를 차지한다. 목 아래, 턱, 입술 부위에 보이는 노란색 흔적을 제외하면 다른 색은 두드러지게 나타나지 않는다. 이런 흔적은 카로티노이드(carotenoid; 자연식품 속에 흔히 들어 있는 붉은색과 노란색 색소)가 개별적으로 축적되면서 형성될 수 있다.

남아 있는 노란색은 백업시스템(backup system; 혹은 예비시스템)에 의해 노란색 색소를 만들어내는 실질적인 신체기능으로 발전할 수도 있다. 아직 밝혀지지 않은 어떤 이유들로 인해 잔여 색소는 목과 입술에 노란색을 추가하게 돼 있고, 그것이 노란색을 만들어내는 유일한 시스템인 경우에도 여전히 그렇게 진행되고 있다. 이런 추정은 일부 몸집이 큰 애너리스리스틱이 나이가 듦에 따라 칙칙한 갈색으로 바래는 경향을 설명할 수도 있다. 나이 든 뱀 중 많은 수는 어린 시절의 높은 흑백대

A형 애너리스리스틱 콘 스네이크는 모든 붉은색 색소와 대부분의 노란색 색소가 결핍돼 있다. 남아 있는 노란색은 일반적으로 성체의 턱과 목 부위에 집중돼 있는 것을 확인할 수 있다.

비를 모호하게 만드는 매우 적은 양의 붉은색 및 노란색 색소를 갖고 있다. 이 경우 나이 든 개체에게 노멀 콘 스네이크 색소를 주입하는 메커니즘이 있어야 하는데, 먹이공급원을 통한 점진적인 증가를 예로 들 수 있다. 이는 '모 아니면 도(all-or-nothing)'의 특징이 있다고 여겨지는 열성돌연변이에 의해 기본시스템이 유전적으로 제거됐을 때 색소가 형성되는 방법이 여러 가지일 수 있다는 점을 의미한다.

A형 애너리스리즘은 야생의 개체군에서는 수차례 나타난 적이 있다. 해질녘 임모칼리 트라이앵글(Immokalee Triangle; 플로리다주 남서부의 세 도시 임모칼리, 포트마이어스, 무어헤이븐 사이에 있는 지역을 뭉뚱그려 일컫는 말)에서 이 뱀이 도로를 장식하는 광경을 발견하기란 그리 어렵지 않다. 이 지역에 사는 사람들은 그레이 랫 스네이크로 부를 만큼 이 뱀을 자주 본다. 진짜 그레이 랫 스네이크는 플로리다주의 남쪽에서는 발견되지 않는다. 좀 더 흔하게 나타나는 것으로 보아 붉은색 색소의 결핍이 이 뱀의 생존 가능성에 과도한 부담을 주는 것 같지는 않다. 최근 수십 년간 이 지역에서 뱀을 채집하는 사냥꾼이 더 많아진 것 때문에 이런 추세가 뒤집힐는지는 분명치 않다.

1. 사진의 애너리 콘 스네이크는 극단적인 노란색을 띠고 있어서 화려한 색이 없는 전형적인 개체에 비해 훨씬 매력적이다. 겉모습으로 봐서는 블랙 랫 스네이크(Black rat snake, *Pantherophis obsoletus*)와의 교잡종일 수 있다.　**2.** 이 녀석은 오리지널 파인 아일랜드 출신 암컷으로, 나중에 차콜 또는 B형 애너리스리스틱으로 판명됐다.

플로리다주 남서부 야생에서 잡힌, 붉은색 색소가 결핍된 표본의 상당수는 일반적인 A형 애너리스리즘 콘 스네이크다. 이 유형은 스노우 콘 스네이크와 고스트 콘 스네이크를 비롯해 붉은색 색소와 노란색 색소가 없는 초기의 콤보 모프(combination morph; 콤비네이션 변이종)를 만드는 데 도움이 됐다.

애너리스리즘의 스톤 워시 모프(stonewashed morph; 오래된 느낌을 연출하고자 특수 세탁한 데님 진처럼 빛바랜 모습을 보이는 모프)가 한때 거래된 적도 있지만, 더 이상 그 이름은 사용되지 않는다. 이런 외양에 영향을 미치는 미묘한 색상 또는 패턴과 관련된 유전자가 더 있을 가능성도 있고, 아니면 아직 폭넓게 발견되거나 인정받지 못한 노멀 애너리스리스틱의 변이종에 불과할 수도 있다(프로스티드-frosted-콘 스네이크처럼 관련된 변이종에 어떤 것이 있는지는 뒤에서 간략히 살펴볼 예정이다).

표준열성방식으로 유전된 애너리스리즘의 한 형태를 보이는 개체를 몇 년 동안 기르다 보니, 이 형질을 포함하는 짝짓기로부터 생산되는 자손을 예측하는 일이 비교적 쉬워졌다. 그러다가 1984년에 외양이 특이한 61cm 길이의 암컷을 입양했을 때 우리는 두 번째 형태의 애너리스리즘을 우연히 발견했다. 녀석은 플로리다주 리 카운티 연안에 있는 파인 아일랜드(Pine Island) 출신이었다. 녀석에게는 다른 표본의 목 부위에서 나타나는 노란색이 보이지 않았다. 기본 색조는 밝지 않은 은회색으로 갈색이 도는 노란색 색조는 찾아볼 수 없었고, 전형적인 애너리 콘 스네이크처럼 색조대비가 뚜렷하지도 않았다. 아주 화려하다거나 놀라운 차이를 보여준 것은

차콜 콘 스네이크는 B형 애너리스리즘이다. 이들 종은 A형의 턱과 목에 보이는 노란색조차 갖고 있지 않지만, 일부 B형은 소량의 노란색을 갖고 있다.

아니었지만, 그 시기 파충류시장에서 새로운 것을 적극적으로 찾고 있었던 우리는 녀석을 한눈에 알아볼 수 있었다. 비록 처음 만난 암컷에게서는 노란색을 볼 수 없었지만, 차콜(Charcoal) 콘 스네이크는 그들이 노란색을 만들 수 있다는 것을 입증했고, 그 결과 차콜과 본래의 애너리스리스틱을 구별하기가 더 어려워졌다.

파인 아일랜드 출신 암컷을 A형 애너리스리즘 및 스노우 콘 스네이크와 교배해 애너리스리스틱과 노멀 새끼를 모두 낳았을 때 우리는 일종의 새로운 유전자를 찾아냈다고 생각했다. 암컷의 애너리스리즘이 교배에 이용된 수컷의 A형 애너리스리즘과 같았다면 노멀 색상의 자손이 생산되는 것은 불가능했을 것이다. 동일한 열성형질(부모 모두 다른 형질에 대해 이형접합이 아니라고 가정하면)을 보여주는 부모 콘 스네이크는 자신들과 같은 형질을 지닌 자손을 더 많이 낳을 수 있다고 여겨진다.

몇 차례 더 번식을 시도한 끝에 우리는 마침내 암컷이 새로운 유전자인 B형 애너리스리즘을 보일 뿐만 아니라, 그보다 흔한 A형 유전자도 보유하고 있다는 결론에 이르렀다. 이 새로운 변이종은 이전에는 뮤티드(Muted)라는 이름으로 불렸지만, 애호가들 사이에서 차콜이라는 명칭이 인기를 얻으면서 모프(혹은 유통명) 이름으로 대체됐다. 해츨링은 특이하게 눈과 머리비늘에 희미하게 푸른빛을 띠고 있는데, 이런 점은 한배의 새끼들 중에 A형 애너리스리즘을 보이는 녀석들과 구별된다.

모든 콘 스네이크 모프와 마찬가지로, 블랙 알비노 사이에도 변이가 존재한다. 그중 일부 개체의 경우 충분히 분화된 검은 반점과 옅은 회백색의 바탕색을 갖고 있어 큰 대조를 이루는 것을 볼 수 있다. 파스텔이란 형용사는 특정 표본에 대한 수식어로 자리 잡고 있는데, 특히 고스트와 밝은 색상의 애너리스틱 교잡종들 중 반점 사이에 상당한 양의 분홍빛을 띠는 오렌지색이 나타날 때 사용된다.

우리는 전체적으로 매우 어두운 개체들을 봐왔지만, 멜라니스틱(melanistic; 멜라닌이 평균 이상의 비율로 분포해 외양을 지배하는 상태)으로 간주될 만큼 균일하게 검은색을 띤 녀석은 없었다. 이론적으로 보면, 진정한 멜라니스틱 콘 스네이크는 블랙 랫 스네이크(Black rat snake, *Pantherophis obsoletus*)나 블랙 레이서(Black racer or Eastern racer, *Coluber constrictor*)와 매우 유사해 보여야 한다. 멜라니스틱에 아주 가까운 개체가 몇 년 전 캔자스주에서 발견된 적이 있고, 돈 소더버그가 녀석에게 초콜릿 에모리(Chocolate Emory's)라는 별명을 붙여줬다. 그는 녀석의 짙은 고동색이 유전적으로 열성형질임을 이미 입증해 보였고, 다른 모프에 대한 가능성을 탐색하기 위해 조만간 녀석을 여러 가지 방식으로 교배할 예정이다.

하이포멜라니즘(hypomelanism, 멜라닌저하증)

지금까지 색상이 있거나 없거나 둘 중 하나인 아멜라니즘과 같은 '모 아니면 도' 형질에 대해 살펴봤다. 콘 스네이크가 갖고 있는 멜라닌의 양 역시 패턴의 모든 부분에서 더티 워시(dirty wash)의 양 및 검은색의 강도와 밀도를 전담하는 유전자의 영향을 받는다. 일반적으로 반점의 경계가 모호하고 밝은 색을 띠는 플로리다키스 저지대에 서식하는 콘 스네이크처럼, 자연 개체군에서는 이러한 형질에 상당한 변이가 존재하는 것이 일반적인 경향이다. 콘 스네이크가 나이가 듦에 따라 멜라닌의 양 역시 증가하는데, 몸집이 크고 나이 든 개체의 경우 몸길이가 61cm에 이르는 한창때보다 외양이 탁해지는(어두운) 것도 바로 이 때문이다.

사진의 초콜릿 에모리는 콘 스네이크에서 살펴본 진짜 멜라니즘에 가까운 모습을 보인다.

그러나 한배에서 태어난 형제들 사이에서도 두드러지게 나타나는 검은색의 범위는 놀라울 정도로 다양할 수 있다. 여러분이 마지막으로 확인한 개체와 비교했을 때 멜라닌이 감소한 경우라면 하이포멜라니스틱(hypomelanistic)으로 설명할 수 있다. 이는 다음에 소개할 예정인 하이포멜라니즘(hypomelanism)과는 다르다.

취미로 파충류를 기르는 사람들이 많아지면서 선택적 번식을 통해 조작할 수 있는 색상 및 패턴의 팔레트에 추가할 그 밖의 돌연변이를 주의 깊게 찾는 이들이 생겨나기 시작했다. 콘 스네이크뿐만 아니라 다른 종에서도 나타나는 단순 열성형질 중 하나는, 이제부터 다루게 될 유전적으로 검은색 색소가 열성 감소하는 하이포멜라니즘(나중에 다른 형태의 하이포멜라니즘이 알려짐에 따라 'Hypo A'로 불리게 됨)이다.

우리는 1980년대 중반에 플로리다주 세인트클라우드에서 열린 '조지 반 혼의 파충류세계(George Van Horn's Reptile World)'에 전시된 녀석을 통해 처음으로 하이포멜라니즘을 알게 됐다. 우리는 아멜라니즘에서 설명한 것과 똑같은 전략으로 새끼를

1. 사진의 하이포 콘 스네이크의 말안장 같은 고리와 복부의 체크무늬에 나타난 검은색의 갈변 혹은 퇴색은 하이포멜라니즘의 영향을 분명히 보여준다.
2. 하이포로 추정되는 또 다른 개체에는 '크리스마스 콘 스네이크'라는 이름이 붙여졌다. 이들의 혈통은 사우스캐롤라이나주 다우푸스키제도(Daufuskie Island)에서 발견된 몇 마리의 표본으로 거슬러 올라갈 수 있다. 초기 번식은 그것이 하이포멜라니즘의 뚜렷한 유전적 형태임을 나타낸다.

얻었고 결국 번식에 성공했다. 그즈음 존 콜(John Cole) 역시 플로리다주 탬파(Tampa) 지역에서 온, 하이포멜라니즘으로 보이는 녀석을 우연히 발견해 시험번식을 진행하고 있었다. 얼마 후에 존 콜과 우리는 표본을 교환하는 방식으로 힘을 모았다.

하이포멜라니즘 콘 스네이크의 눈은 색소를 어느 정도 갖고 있더라도 일반적인 콘 스네이크의 눈보다는 밝으면서 아멜라니스틱 콘 스네이크의 분홍색 눈보다는 여전히 어둡다. 검은색 색소의 분포는 몸의 나머지 부분에 걸쳐 등과 배면 모두에서 감소한다. 남아 있는 멜라닌 자체의 강도는 개체에 따라 다르게 감소하는데, 초콜릿만큼 진한 고동색이나 청동 색조를 보이던 검은 영역이 거의 사라지다시피 하는 경우가 더러 있다.

더 어두운 하이포멜라니스틱 개체는 밝은 빛 아래에서 어두운 색소의 특성을 관찰하면 식별이 된다. 어두운 색상은 얼핏 완전히 시커멓게 보일 수도 있지만, 일반적으로 검은색이라기보다는 암회색을 띤 청동색이라고 할 수 있다. 결국 검은색 색소의 감소 수준은 바탕색의 밝기에 영향을 준다.

하이포멜라니스틱(hypo 및 rosy로도 불림) 콘 스네이크는 적어도 아멜라니스틱 콘 스네이크만큼 매력적인 특징을 갖고 있다. 남아 있는 어두운 색상이 깨끗하게 정돈된 강렬한 붉은색과 노란색에 흥미로운 대비를 선사하기 때문이다. 녀석들은 해츨링일 때는 전반적으로 밝은 색을 띠고 있어서 같은 클러치에서 태어난 노멀 콘 스네이크와 쉽게 구별된다. 우리가 10년 이상 번식시켜온 변이종은 단순 열성형질로

해츨링일 때 하이포 콘 스네이크는 노멀 콘 스네이크와 쉽게 구별된다. 검은색 색소가 줄어든 덕분에, 노멀로 태어난 형제 옆에 있는 모습을 확인하면 상대적으로 '밝게' 돋보이기 때문이다.

분명히 유전된 것이지만, 자연적 변이가 여전히 각 개체에게 영향을 발휘해 노멀 콘 스네이크 개체들 사이에서 나타나는 만큼의 차이를 실질적으로 만들어낸다. 잠재된 밝기의 수준을 알아보기 위한 노력의 일환으로, 브리더들은 하이포멜라니즘을 보이는 개체를 기존에 알려진 거의 모든 콘 스네이크 혈통과 교배했다. 돈 소더버그는 기본적인 마이애미 페이즈에 하이포멜라니스틱 유전자를 도입해 이른바 하이포 마이애미(Hypo Miami)로 불리는 멋진 변이종을 만들어냈다. 리치 주코브스키는 동일한 조합을 이용해 하이포 마이애미에 비해 붉은 기가 도는 주황색은 늘어난 대신 회색 바탕색은 줄어든 크림슨(Crimson) 콘 스네이크를 만들어냈다.

하이포멜라니즘은 프로스티드 콘 스네이크에서 볼 수 있는 이상한 현상의 근원일 수도 있다. 일반적인 붉은색이나 노란색 둘 중에 하나 혹은 두 가지 모두 감소해도 완전히 없어지는 것은 아닌 하이포잰시즘(hypoxanthism)도 생각해볼 수 있다. 그런 변이종 역시 진작부터 존재했지만, 아직 눈에 띄지 않은 것일 수도 있다. 선택적 번식에 대한 이해의 폭이 넓어지고, 이를 이용해 해마다 놀라운 수의 신품종이 만들어

짐에 따라 많은 애호가들은 이제 이처럼 뚜렷하게 인식되지 않은 변이종에 지대한 관심을 보이고 있다. 최근 들어 하이포멜라니즘은 이해와 예측이 어려운 완전히 새로운 문제가 되고 있다. 우선 1990년대에 우리가 보유하고 있는 순수 오키티 콘 스네이크 번식군에서 새로운 유형의 하이포 유전자가 출현한 것이다. 이 유전자는 검은색 색소가 일반적인 경우보다 적은 양으로 오키티 패턴과 색상을 나타낸다는 점을 제외하면, 기존의 하이포 유전자와 상당히 흡사해 보였다. 그 후로 이들 변이종에는 하이포 오키티(Hypo Okeetee), 선키스트(Sunkissed; Sunkist or Hypo B) 오키티라는 이름이 붙여졌다. 리치 주코브스키는 두 가지 유형을 처음으로 함께 번식해 모두 노멀인 개체를 만들어냄으로써 이들이 별개의 유전자임을 증명하기도 했다.

안타깝게도, 이 혈통에서 나온 일부 개체는 새로운 하이포효과가 있든 없든 열성유전이 이뤄질 수도 있는 문제 유전자를 가지고 있다. 스타게이징(stargazing; 뱀의 경추근육이 수축하며 목과 머리를 하늘로 쭉 펴는 현상)으로 불리는 기형을 초래하는 이 유전자는 한배의 새끼들 중 일부에게 영향을 미친다(헤테로 부모에게서 나온 한 클러치의 새끼들이 열성형질을 물려받을 때와 마찬가지로 4분의 1가량이 영향을 받는다). 문제 유전자를 물려받은 새끼는 부화 직후에 운동능력에서 문제점을 드러낸다. 움직이지 않는 상태에서는 종종 정상으로 보이지만, 목과 몸의 앞부분을 이상한 각도로 구부리면서 불안하게 움직이기도 하고 간혹 몸이 뒤집힌 채 기어 다니기도 한다. 그런 새끼들은 이 형질에 대한 두 개의 열성유전자를 모두 받은 것으로 간주해 안락사를 시킨다.

같은 클러치에서 나온 정상적인 다른 새끼들의 경우 이러한 형질을 가지고 있을 수도 있고 그렇지 않을 수도 있지만, 지금까지 그 형질 자체와 결부된 문제를 보인 개체는 없었다. 결국 신중한 시험번식, 기록보관, 번식그룹에서 열성유전자를 보유한 개체 제외를 통해 이와 같이 해로운 유전자를 제거할 수 있을 것이다. 일부 브리더는 이처럼 숨겨진 결함이 없는 부모 종자가 어떤 것인지 이미 입증했을 수도 있지만, 알려지지 않은 혈통에서 나온 새로운 하이포가 그것의 유전자형을 보이려면 열성유전자를 보유한 개체로 번식하는 과정을 몇 차례 거쳐야 할 것이다.

기존의 다른 유형과 양립할 수 없는 것으로 입증된 세 번째 유형의 하이포(Hypo C)가 있다. 원래는 트랜스 하이포(Trans hypo; Transparent hypo)로 알려져 있었지만, 최근에는 라바(Lava) 콘 스네이크로 불리고 있다. 2004년 번식시즌에는 하이포 콘 스네이크의 여러 혈통을 설명해줄 유전을 밝혀내고자 파충류 전문가들 사이에서 전례 없는 합동시험번식이 시도됐다. 라바 콘 스네이크를 스탠다드 하이포(Standard hypo), 선키스트(Sunkissed, Hypo Okeetee), 울트라 하이포(Ultra hypo), '드림(Dream; 아래에 언급된 하이포처럼 생긴 새로운 변이일 가능성이 있음)'과 교배시키는 시험번식을 시도했다. 시험번식에서 태어난 해츨링은 모두 노멀이었고, 이로써 라바 콘 스네이크가 다른 콘 스네이크와 양립할 수 없는 별개의 유형임이 입증됐다.

라바 콘 스네이크는 사우스캐롤라이나주의 재스퍼 카운티 야생에서 잡힌 콘 스네이크에서 유래됐다. 1992년 고든 슈에트(Gordon Schuett)는 이 콘 스네이크를 캘리포니아주의 조 피어스(Joe Pierce)에게 넘겼다. 울트라

1. 하이포멜라니즘은 그레이트 플레인스 랫 스네이크에서도 나타난다. **2.** 오키티는 '선키스트(Sunkissed, Sunkist)' 콘 스네이크로 이름 붙인 밝은 혈통으로 이어지는 고유의 하이포멜라니즘 변이종을 만들었다.

하이포 혈통과 매우 흡사한 이 콘 스네이크에서 생산된 하이포는 다른 두 유형과 약간 다른 외양을 가지고 있는데, 검은색 색소에 대해 우윳빛의 반투명함을 보인다. 녀석들은 일반적으로 다른 하이포에 비해 전체적으로 밝은 색조를 보이며, 어두운 눈동자를 가진 어두운 아멜라니스틱 콘 스네이크와 거의 비슷하다.

이 혈통은 이미 애너리스리스틱과 교배해 아이스 고스트(Ice ghost)로 알려진 조합이 생산됐다. 조 피어스를 비롯한 브리더들은 이를 차콜(Charcoal), 라벤더(Lavender), 캐러멜(Caramel)과 같은 그 밖의 단순 열성 모프와 결합하는 프로그램의 초기 단계에 진입했다. 이 하이포는 매우 밝으면서도 다른 모습을 보이는 복합적 특성을 가진 콘 스네이크를 만들어낼 수 있는 것으로 보인다.

라바 콘 스네이크는 하이포멜라니즘의 또 다른 유형의 결과물일 수 있다. 이 혈통은 현재 기존에 알려진 다른 변이종과의 관계 규명을 위한 연구가 한창 진행 중이다.

네 번째 하이포는 '울트라 하이포(Ultra hypo 혹은 Hypo D)'라는 이름이 붙여졌다. 꼭 그런 것은 아니지만, 분홍색 눈이 나타나지 않고 거의 아멜라니스틱처럼 보일 정도로 멜라닌이 부족한 콘 스네이크를 만들어낸다. 매력이 넘치는 울트라 하이포는 선키스트 및 라바뿐만 아니라 스탠다드 하이포와도 양립할 수 없는 것으로 입증됐다. 그러나 대부분의 울트라 하이포는 이형접합 상태에서 스탠다드 하이포 유전자를 갖고 있으며, 바로 이 점이 초보브리더에게 혼란을 주는 요인이 된다.

파충류시장에도 양립할 수 없는 그 밖의 하이포가 존재할 가능성이 있다. 일부 브리더는 '드림(Dream)', '펌킨(Pumpkin)', '크리스마스(Christmas)', '선셋(Sunset)', 기타 이름으로 하이포 외양을 보이는 뱀을 분양하고 있다. 우리가 아는 바로는, 대부분은 광범위한 시험번식을 통해 앞에서 말한 초기 하이포와 별개라는 것이 입증되지 않았다. 리치 주코브스키는 스스로 하나 이상의 새로운 유형을 얻을 수 있을 것으로 보지만, 아직 그것을 기존에 알려진 유형으로 번식시키지는 못했다.

더욱 혼란스러운 것은, 시험을 거친 네 가지 유형의 하이포 유전자 중 하나가 특이한 방식으로 아멜라니즘과 상호작용하고 그런 특성과 공우성(co-dominant; 열성도 우성도 아닌 방식으로 서로에게 상호작용하는 유전자) 관계를 가질 수도 있다는 점이다. 하이포 멜라니즘의 비밀을 밝히려는 시험번식이 계속 진행됨에 따라 '울트라멜(ultramel; 울트라 하이포와 아멜라니스틱의 중간 형태)' 같은 이름을 더 자주 듣게 될 수도 있다.

일단 브리더가 모든 하이포 유형을 충분히 섞고 나면, 기존의 다른 유형과 교배할 때까지는 누구든 자신이 어떤 하이포를 갖고 있는지 알기가 매우 어려울 것이다. 이런 난국을 피하고자 우리는 될 수 있으면 하이포 오키티를 기존의 다른 유형에게서 분리하기 위해 신경을 썼다. 그러나 모든 하이포 유형의 개체군이 완전히 폐쇄된 상태를 유지할 수 없다면, 특정 콤보를 만들려고 할 때 더블이나 트리플 하이포 혹은 헷(이형접합)이 슬그머니 들어가 상황을 더 어렵게 만들 것이다.

캐러멜(Caramel)

캐러멜 모프는 플로리다주 케이프 코랄(Cape Coral; 남서부 연안 저지대)의 현지에서 잡힌 암컷 콘 스네이크를 눈여겨본 리치 주코브스키가 만들어낸 것이다. 그 뱀은 적갈색 반점 주위에 노란 밀짚색의 홍조를 띤 노멀 개체였다. 그는 녀석을 이용해 선택적 번식을 하면 특별한 울트라엘로우(Ultrayellow) 콘 스네이크 변이종을 만들어낼 수 있다는 것을 직감했다. 그는 몇 세대에 걸쳐 이런 프로젝트를 추진했고, 그중 일부는 뒤에서 다룰 예정이다. 실제로 그는 주황색에서 벗어나 하이퍼잰시즘(hyperxanthism)으로 나아가는 경향을 가속화하고 있는데, 이는 평균적인 콘 스네이크에서 일반적으로 볼 수 있는 것보다 노란색이 더욱 강화된 것이다.

리치 주코브스키가 오리지널 종자를 스노우(나중에는 아멜라니스틱까지)에 교배시켜 나온 F1 자손은 모두 노멀의 모습을 하고 있었다. 이는 노란색을 띤 오리지널 암컷이 A형 애너리스리즘이나 아멜라니즘에 대해 이형접합체라는 것을 보여주는 합리적인 증거였다. 그 F1 형제를 교배하면 소수의 아멜라니스틱이 나왔고, 그중 일부는 약간 강화된 노란색을 나타냈다. 이 해츨링들 중 일부는 처음에는 애너리스리스틱과 스노우 콘 스네이크로 여겨졌다. 애너리스리스틱은 검은색 대신 갈색을 띠는

캐러멜 콘 스네이크에 있어서 노란색 색소는 반점과 바탕색을 돋보이게 해준다. 평균적인 콘 스네이크에서 일반적으로 볼 수 있는 것보다 노란색이 더욱 강화된 하이퍼잰시즘은 이런 현상을 설명할 수 있는 또 다른 방식일 것이다.

경향이 있었고, 일반적으로 어린 콘 스네이크에서 그렇듯이 노란색 색소가 서서히 채워져 결국 이 모프를 특히 강렬하면서도 매력적으로 보이도록 만들었다. 이들은 현재 캐러멜 콘 스네이크로 알려져 있다. 스노우 역시 훨씬 더 노랗게 변하게 되면서 나중에는 버터 콘 스네이크로 인정받았다. 어떤 면에서는 애너리스리즘을 모방하거나 압도하는 새로운 유전자가 존재하는 것처럼 보이지만, 기존의 애너리스리즘은 물론 A형 애너리스리즘, 차콜 가운데 어느 것도 아님이 입증됐다. 그것은 단순 열성유전자로 유전되며, 그 정체성의 본질과 쓰임새의 범위를 알아내기 위한 번식프로젝트가 여기저기서 진행되면서 집중적인 조사가 이뤄지고 있다.

최근에는 캐러멜 헷 또는 캐러멜과 아멜(amel; 버터) 헷 자손이 특정한 노란색을 띤다는 점에 많은 브리더가 주목하고 있다. 이는 동형접합의 자손에서만 나타나는 단순 열성형질이라면 불가능한 일이다. 이 부분이 논의에 부쳐졌고, 노란색이 드러나는 유력한 이유는 캐러멜 유전자 자체의 영향과 상관없이 그간 대부분의 노란색 새끼들을 브리더가 억제해왔기(숨겨왔기) 때문이라는 점에 어느 정도 공감대가 형성됐다.

옅은 회백색 바탕에 분홍빛이 도는 퍼플-그레이 패턴이 펼쳐진 라벤더는 사진의 콘 스네이크와 같은 모프를 설명하는 데 딱 맞는 이름이다. 라벤더는 밝은 자줏빛을 띠고, 간혹 분홍색으로 빛나는 눈을 보여주기도 한다.

이것이 사실이라면 의도적인 선택적 번식으로 인해 앞으로는 노란색이 점점 늘어날 것이다. 시험번식이 진행됨에 따라 이에 대한 진실이 밝혀질 것으로 보인다.

라벤더(Lavender)

라벤더는 옅은 회백색 바탕에 분홍빛이 도는 퍼플-그레이 패턴이 펼쳐진 기이한 색상의 모프로, 겉으로는 애너리스리즘의 매력적인 변이종처럼 보인다. 1985년, 리치 주코브스키는 에그 바인딩으로 죽은 암컷에게서 나온 F2(F1 세대의 두 개체를 교배시켜 얻는 잡종 2세대) 클러치에서 최초의 라벤더 콘 스네이크를 부화시켰다. 녀석의 조부모는 플로리다주 서부 연안 저지대에 있는 사라소타-푼타(Sarasota-Punta) 고르다 지역의 야생에서 잡힌 노멀 콘 스네이크와 교배한 '스노우' 콘 스네이크였다.

처음에는 노멀 콘 스네이크 새끼처럼 보였고, 주코브스키의 아내인 코니(Connie)는 약간 특이한 초콜릿 브라운색을 보이는 이 녀석을 모카(Mocha)라고 불렀다. 녀석은 점차 자라면서 따뜻한 느낌을 주는 붉은색 색조를 잃고 서서히 변하기 시작했

플로리다주 남서부는 콘 스네이크 유전자 창고?

앞서 소개한 모든 모프의 사례에 대한 기록을 자세히 살펴보면, 기이한 연관성이 분명하게 드러난다. 핑크 스노우, 화이트 스노우, 펄(Pearl) 콘 스네이크 배후에 있는 라벤더 계통은 플로리다주 남서부 연안에 서식하는 조상으로부터 유래한다는 사실이다. 이는 블리자드(Blizzard)와 지그재그(Zigzag)를 만드는 차콜(B형 애너리스리스틱)을 도입한 파인 아일랜드(Pine Island) 콘 스네이크 암컷의 기원이 된 지역과 근본적으로 동일한 지역이다. 초기 대부분의 변이종, 즉 좀 더 흔한 A형 애너리스리스틱 표본 역시 플로리다주 남서부 지역의 내륙에 기원을 두고 있다. 그야말로 콘 스네이크의 집결지인 셈이다! 같은 지역에서 나온 캐러멜 혈통은 기존의 콘 스네이크 모프와 특이한 상호작용을 하면서 붉은색과 노란색 색소에 영향을 미치는 새로운 유전자를 가진 것처럼 보인다.

플로리다주 남서부는 이 모든 사례에 반복되는 연결고리인 것 같다. 이 같은 일련의 사실은 같은 퍼즐의 일부 조각이 될 수 있을까? 플로리다주 남서부 연안의 넓은 지역에 분포하는 콘 스네이크 개체군에 실제로 널리 퍼진 새로운 돌연변이 유전자(혹은 복수의 유전자)가 존재할 수 있을까? 현재 그중 하나는 여러 가지 경로를 통해 몰래 잠입해 우리를 당황스럽게 하고 있다. 그것 역시 열성일까, 아니면 진짜 색깔도 모른 채 우리가 스튜 속에 던져 넣은 다른 색깔에 그냥 가려져 있는 것뿐일까? 그것은 아멜라니스틱 콘 스네이크에 대한 설명 이후로 이제껏 한 번도 언급한 적이 없는 홍색세포에 영향을 줄 수 있을까? 아니면 전혀 다른 그 무엇일까? 이 문제를 의도적으로 혼동하지 않도록 하기 위해, 특히 캐러멜 콘 스네이크의 역사는 일부 캐러멜 콘 스네이크가 실제로 리치 주코브스키가 노란색을 띠는 최초의 캐러멜 암컷과 스노우 수컷을 처음 교배하면서 다시 도입된 A형 애너리스리즘에 대해 이형접합체라는 것이 증명됐다는 점에서 흥미롭다. 이는 그의 라벤더 콘 스네이크 혈통과 상황이 비슷하며, 공교롭게도 우리의 차콜 콘 스네이크의 상황이기도 하다. 그 혈통을 탐구하기 위해 첫 번째 교배에서 우리 역시 수컷 스노우를 선택했다.

A형 애너리스리즘 같은 기존의 열성 요인이 초기에 도입됨에 따라 10년이 지나 나타나는 새로운 모프 중 일부의 정확한 레시피를 해독하는 일은 불투명해졌다. 그로 인해 최근에 나타난 새로운 콘 스네이크의 유전적 혈통에 대해 이해하는 것은 복잡해지겠지만, 초기의 어리석은 행동에는 나름의 목적이 있었다. 스노우 콘 스네이크를 최초의 교배 상대로 이용한 것은 당시에 새로 발견된 종이 이미 우리에게 친숙한 돌연변이 형질에 대한 유전자를 발현하는지(위장된 형태로) 아니면 가지고 있는지 알아보기 위한 리트머스 테스트나 다름없었다. 1980년대 중반까지만 해도 오늘날처럼 다양한 형질이 존재하지 않았기 때문에, 초보자에게는 아멜라니즘과 A형 애너리스리즘처럼 일반적인 두 가지 형질이 스노우 콘 스네이크와의 교배를 통한 테스트에 가장 쉽게 이용됐다. 교배를 통해 얻은 F1 자손을 몇 년 뒤에 역교배시켜 F2 세대에서 어떤 형질이 나타나는지를 관찰했다.

조사 중이던 형질에 대해 이형접합체일 수도 있는 표본을 피하려면 태생이 멀고 완전한 노멀인 콘 스네이크를 첫 번째 짝으로 이용하는 것도 대비전략으로는 훌륭했을 것이다. 위에서 언급한 세 가지 모프로 작업하게 된 세 마리 콘 스네이크가 모두 암컷만 아니었어도 우리는 그런 선택을 했을 것이다. 녀석들이 수컷이었다면 노멀, 스노우를 비롯한 다수의 암컷과 교배해 표현형 및 유전자형 효과와 다른 모프와의 관계를 더 빨리 판단할 수 있었을 것이다. 당시 선택한 실험경로와는 상관없이

> 여기서 빈드시 짚고 넘어가야 할 점은, 갑자기 나타난 새로운 콘 스네이크가 정말 유전적으로 새로운 것인지 아니면 단순히 다르게 보일 뿐인지를 밝힐 필요가 있다는 것이다. 이는 다수의 콘 스네이크 모프가 아직 무수히 많은 형태로 볼 수 있을 만큼 오래 지속되지 않았기 때문에 오늘날 특히 의미가 있다. 그것은 코끼리의 다른 부분을 느끼고 묘사하면서 자신이 전체 그림을 '보고 있다'고 생각하는 우화 속 맹인을 떠올리게 한다. 그러는 사이 점점 더 많은 수의 파충류 애호가들이 이미 존재하는 모프에서 약간 벗어난 표본에 성급히 달려들어 새로운 이름표를 붙이고 있다. 새로운 것을 창조해 이름을 붙여주고 싶은 열정에서 그러는 이들도 있겠지만, 상업적으로 마케팅 우위를 점하려는 욕심에 사로잡힌 이들도 있다. 기존의 유전적 변이와 몇 세대에 걸친 교배 끝에 '새로이' 얻은 형질을 시험해보는 과정이 생략됐기 때문에 이들의 관계는 점점 모호해지고 있다.
>
> 매우 꼼꼼한 영혼의 소유자가 진지하게 시간을 내서 얽히고설킨 유전관계를 풀겠다는 결심을 하기 전까지 콘 스네이크의 비밀에 대해 어떤 식으로든 확실한 결론을 내리기에는 너무 이른 감이 있다. 설령 여기서 아무것도 얻지 못한다 하더라도 플로리다주 서부 연안 저지대가 눈에 띄는 수많은 콘 스네이크 유전자의 원천이었음은 누구도 반박할 수 없는 사실이다. 이 지역은 하이포멜라니스틱과 모틀리(motley)도 우리에게 안겨줬음을 잊지 말자!

다. 이는 애너리스리스틱 콘 스네이크가 나이가 듦에 따라 붉은색과 노란색이 서서히 축적되면서 갈색 톤으로 바뀌기 시작하는 것과는 반대가 되는 상황이다. 라벤더라는 이름은 성체를 더 정확하게 묘사하며, 인터넷을 통해 일 년 넘게 이뤄진 활발한 격론 끝에 가장 보편적으로 인정받은 용어로 부상했다. 이 유전자가 노멀로 보이는 다른 프로젝트의 후손들에서 숨겨진 채 수집가들 사이에 퍼지면서, 존 알브레히트(John Albrecht)와 단 토마스코(Dan Thomasco)가 번식 중인 개체에서 잠재돼 있던 가변성이 다시 나타났다. 녀석들은 흔히 주황색에서 분홍색에 이르는 색조를 보이는 바탕색과 간혹 자주색에서 회색의 색조를 보이는 등 반점을 갖고 있었다.

프로젝트 초기에 얻은 라벤더 중 일부 개체의 경우 섬뜩할 정도로 매력적인 빨간 눈을 가지고 있었고, 마치 안에서 빛이 나오는 것 같은 느낌을 줬다. 이런 점은 처음에는 관심을 받지 못하다가 제프 요헤(Jeff Yohe)에 의해 나중에서야 주목을 받았으며, 리치 주코브스키가 그의 뱀에 관심을 보이게 된 계기가 됐다. 최근의 연구에 따르면, 이런 눈 색깔은 고스트 콘 스네이크에서도 나타났기 때문에 라벤더와는 별도로 유전되는 것처럼 보인다는 사실이 밝혀졌다. 열성 하이포멜라니즘을 보이는 뱀으로 조합되면 진홍색을 보이는 눈의 분홍색 색조가 증폭된다. 생쥐와 랫에서도 이와 비슷한 형질이 나타나는 것을 찾아볼 수 있는데, 이는 배색 효과를 위해 오로지 눈만을 표적으로 삼는 최초의 콘 스네이크 형질로 밝혀질 수도 있다.

파이발디즘(piebaldism), 칼리코(Calico), 관련 특성

파이발디즘(piebaldism; 부분백색증)은 다양한 크기의 흰색 영역이 일반적인 색상과 패턴의 일부를 대체하는 비정상적인 색소침착을 총칭하는 용어다. 일부 개체의 경우 흰색 영역이 신체의 대부분을 차지하고 있는 것을 볼 수 있으며, 붉은색, 노란색, 검은색의 작은 점 및 반점만 남아 있다. 그 밖의 개체는 몸 전체에 걸쳐 무색의 반점이 추가로 흩어져 있고, 등 쪽의 반점까지 유난히 확장된 흰색 테두리가 나타난다.

파이발디즘은 1980년대 중반 애리조나주 투손(Tucson)에 있는 드웨인 콜링스(Dwain Collings)가 소유한 콘 스네이크 가운데 암컷 개체를 통해 처음 발견됐다. 플로리다키스에서 포획한 것으로 알려져 있던 개체였으며, 흰색 반점이 녀석의 몸 전체에서 차지하는 비율은 10%를 넘지 않았던 것으로 기억한다. 이 암컷은 노멀로 보이는 F1 자손을 낳았는데, 1980년대에 우리 스톡과 베른 벡텔(Bern Bechtel) 사이에 진행된 협력사업을 통해 함께 양육된 뒤 다시 어미에게 돌려보내졌다.

파이발디즘 개체는 시중에서 찾아보기가 힘들다. 파이발디즘이 나타나면 일반적인 색상 가운데 작고 불규칙한 흰색의 반점이 흔히 보인다. 야생에서 잡힌 노멀 콘 스네이크(위)에서는 목 부위의 작은 반점으로 나타나 있고, 블러드 레드 콘 스네이크(아래)에서는 꼬리 부근 측면에 큰 반점으로 나타나 있다.

시험번식 결과, 그들 중 희망하는 유전자를 보유한 개체를 교배하고 나서 2년이 지나 노멀로 보이는 자손만을 얻었다. 파이발디즘 형질이 유전되지 않는 것처럼 보였기 때문에 포기하고, 인공번식 중인 노멀 콘 스네이크처럼 '기대하는 헷'을 퍼뜨렸다. 파이발디즘은 의도하지 않은 형질인 것 같았다. 적어도 당시에는 그런 생각이 들었다.

애리조나주의 질리안 카울스(Jillian Cowles)는 누구보다 오랫동안 이 프로젝트를 진행했고, 마침내 암컷이 생산한 F2 세대 중 일부를 통해 파이발드(piebald) 효과가 발현되기까지 2~3년 걸린다는 사실을 증명했다. 파이발드(piebald) 효과가 발현되자 흰 반점이 드러났는데, 때로는 서서히 혹은 탈피를 하자마자 갑자기 나타나기도 했다.

흰 반점이 나타날 때면 언제나 그 자리는 비늘이 심하게 일그러졌는데, 색소파괴과정이 진행되는 것처럼 보였다. 이런 현상은 그 혈통에서 파이발드를 보이지 않는 자손에게서 나타났고, 이는 그 변이종으로부터 매우 가변적인 색상변화만 그대로 둔 채 건강한 콘 스네이크를 생산하는 것이 가능하다는 희망을 남겼다. 파이발디즘이 주로 암컷에서 발생한다는 사실과 더불어 성체가 되고 나서야 증상이 나타난다는 점은, 사람에 있어서 간혹 치명적인 결과를 가져오기도 하는 루프스(lupus; 피부 및 관절과 여러 장기에서 다양한 증상을 나타내는 자가면역질환)와 아주 유사하다.

'칼리코(Calico)'는 노멀 콘 스네이크 색상의 '감춰진(hidden)' 색으로 시작하는 문제가 있는 변이다. 이 결함을 가진 뱀은 나이가 들면서 몸통의 여러 부위에 무작위로 탈색이 이뤄진다. 유전적 기형은 지금까지 이 형질이 수반됐고, 문제가 없는 혈통을 개량하는 데 방해가 됐다. 이를 해결하려는 번식프로젝트가 계속되고 있다.

다른 콘 스네이크는 흰색 반점이 한두 개 나타났다. 우리는 현지에서 포획한 녀석도 보유하고 있었지만, 지금까지 예상대로 건강한 파이발드 또는 칼리코 콘 스네이크를 생산한 개체는 전혀 없었다. 우리는 파이발디즘 유형이 볼 파이손(Ball python, *Python regius*)에 이미 존재한다는 사실에 고무돼 있으며, 이 경우 파이발디즘이 열성유전에 따라 전해진다는 것이 확실히 입증됐다. 이 프로젝트의 목표는 오늘날 파충류사육문화의 정신을 구체화하는 것이다.

최근에는 콘 스네이크의 또 다른 새 변이종이 우리의 관심을 끌었다. 1996년에 조 히두케(Joe Hiduke)와 빌 브란트(Bill Brant)는 두 마리의 수컷 스노우 콘 스네이크를 부화시켰다. 녀석들은 온몸에 무작위로 흩어진 완전히 붉은색의 작은 반점들을 갖고 있었다. 이처럼 순홍색의 작은 반점을 가진 콘 스네이크는 스탠다드 스노우 콘 스네이크의 일상적인 짝짓기에서 예기치 않게 나온 것이다. 녀석들은 헤츨링 때는 평범한 흰색에 반투명한 모습을 보여 전형적인 스노우 콘 스네이크와 흡사하지만, 서너 번의 탈피를 거치고 나면 붉은색 비늘이 조금씩 발달하기 시작한다. 붉은색 반점의 크기는 서서히 커지는데, 간혹 무작위로 무리를 이루기도 한다. 조와 빌이 이 뱀을 보유하게 돼 변화의 진행을 모니터할 수 있었다. 두 마리 수컷 모두 성숙해 1998년에 처음으로 자손을 낳았다. 새끼들은 매우 튼튼하고 건강했으며, 붉은 반점이나 그 밖의 영역에서 비늘에 결함이 있다는 증거는 찾을 수 없었다.

이 모프에 있어서 최종적인 붉은색에 얽힌 유전과 그 범위에 관한 연구는 여전히 걸음마 수준에 있다. 여기서 언급하는 이유는, 앞에서 설명한 파이발디즘의 경우와 명백하지만 정반대의 유사성을 보이기 때문이다. 첫 번째 번식 이후로 많은 자손들이 생산됐고, 두 마리의 수컷 스노우는 이제 증조부가 됐다. 유감스럽게도, 파이발드 효과는 단순 열성형질임이 입증되지 않았다.

2003년, 구오메이 로덴트(Gourmet Rodent; 플로리다주 뉴베리에 있는 세계 최대의 파충류 번식업체) 사에서 심홍색 작은 반점을 가진 성체 두 마리가 처음으로 교배됐다. 오리지널 수컷의 헷 새끼로 추정되는 자손들이 모두 그랬던 것처럼, 녀석들의 자손은 하나같이 노멀 색상의 스노우였다. 이상하게도, 심홍색의 작은 반점을 가진 다른 새끼들이 무리 중에서 갑자기 나타났으나, 우리의 판단으로는 오리지널 수컷과 직접적인 관련이 없는 것으로 보였다. 이 형질의 유전 가능성에 대해서는 지금까지도 알려진 것이 전혀 없다.

1. 심홍색 반점이 있는 콘 스네이크가 반려뱀으로 입지를 굳히지 못한 것은 그 유전방식이 여전히 수수께끼로 남아 있기 때문이다. 그 유전의 영향으로 처음 등장한 모프인 스노우 콘 스네이크는 나이가 들면서 간격이 제멋대로인 붉은 반점이 서서히 나타난다.
2. 심홍색 반점이 있는 콘 스네이크와 달리 패러독스 콘 스네이크는 부화할 때부터 색상 이상을 보인다. 또한, 머리에 검은색 기가 희미하게 나타나는데, 이에 대한 유전적 배경은 명확히 밝혀지지 않았다.

사진의 주버나일 개체는 블러드 레드 두 마리를 교배해 얻은 것이다. 하이포멜라니스틱의 영향을 받아 작은 반점이 무작위로 나타난 것으로 보인다.

1993년에 제프 리셔(Jeff Risher)는 두 마리의 스트라이프 스노우(Striped snow)를 번식시켰는데, 둘을 입수한 출처가 서로 달라서 관련이 없을 것으로 보이는 개체였다. 이 둘로부터 생산된 클러치에서 전형적인 아멜라니스틱 한 쌍을 제외하고 나면, 1996년부터 2002년까지 아멜라니스틱, 스트라이프, 스노우를 비롯해 대략 123마리에 이르는 다양한 새끼를 종류별로 얻었다. 그중에는 머리에 검은색이 보이는 스노우라 해서 제프 리셔가 '패러독스(paradox)'라고 이름 붙인 암컷도 있었다.

2002년에 이 패러독스는 자신의 아버지 개체와 교배됐고, 거기서 나온 두 마리의 아멜라니스틱 역시 머리에 검은색이 나타났다. 검은색이 약간 도는 이들 아멜라니스틱과 스노우에게 앞으로 어떤 일이 펼쳐질지 지켜보는 일은 틀림없이 흥미진진할 것이다. 그 밖에도 흰색, 검은색, 붉은색, 하이포멜라니스틱 기미가 보이는 개성 있는 콘 스네이크가 다양한 번식그룹에서 무작위로 나타났다. 이런 녀석들에 대해 유전적으로 알려진 사실은 없지만, 이들의 존재는 앞으로 콘 스네이크 번식프로그램을 진행할 때 브리더에게 상당한 재미와 고민을 동시에 안겨줄 것이다!

패턴돌연변이

색상은 콘 스네이크의 외양을 보여주는 한 부분에 불과하다. 어떤 패턴이 만들어질지는 완전히 분리된 유전자 세트가 결정한다. 이 유전자는 색상 유전자와 마찬가지로 선택적 영향을 받으며, 대자연과 파충류 브리더의 창의적인 손길을 거쳐 수정된 두 번째 주요 형질인 패턴을 만들어낸다. 현재까지 밝혀진 콘 스네이크에 존재하는 패턴변이의 유형은 다음과 같다.

모틀리/스트라이프(Motley/Striped)
모틀리는 등 쪽의 반점을 길게 늘이고 결합하는 경향을 보이는 유전적 돌연변이다. 모틀리는 결합된 반점 또는 부분적으로 결합된 반점들이 사다리 같은 형태부터 등 표면을 따라 완벽하게 균일한 모습을 보이는 스트라이프 형태에 이르기까지 다양하게 나타난다. 결과는 상상을 초월할 정도로 다양할 수 있다! 이런 패턴이 등을 가로지르는 임의의 영역에서 일반적인 반점 또는 부분적으로 융합한 반점과 섞여 길게 뻗은 파티셜 스트라이프(partial stripe)를 형성하는 것도 종종 볼 수 있다.

줄무늬 형태의 반점이 길게 늘어진 이 콘 스네이크에서는 모틀리 형질이 뚜렷하게 나타나지 않는다.

1. 모틀리 콘 스네이크는 일반적으로 등에 길게 늘어진 안장무늬 반점을 갖고 있다. 반점은 머리에 가까울수록 강하게 연결되는 경향이 있다. 이 색상변이는 '파스텔 모틀리(Pastel motley)'라고 불리며, '파스텔'이란 용어는 보통 화려한 노란색을 띤 분홍색 고스트 콘 스네이크에 적용된다. 2. 마이애미 페이즈 색상에 나타난 모틀리 패턴변이

등 쪽에 있는 검은색 색소의 분포 역시 영향을 받는 것 같다. 많은 노멀 콘 스네이크에서 볼 수 있는 것처럼 반점에 검은 테두리가 나타나는 경우는 매우 드물며, 이 뱀들은 일반적으로 검은색 색소를 적게 가지고 있는 것으로 보인다. 이러한 요인은 일반적인 색깔을 지닌 모틀리 콘 스네이크에서 흔히 하이포멜라니스틱 효과를 만들어낸다.

패턴 교란은 측면의 반점에도 영향을 미친다. 기본적으로 반점을 없애든지 흡수하는 경향을 보이며, 적어도 점과 줄이 여기저기 흩어진 잔해 수준으로까지 감소시킨다. 모틀리는 검은색을 띤 배면의 체크무늬가 완전히 혹은 거의 사라질 정도로 이차적인 영향을 미친다. 흥미로운 점은, 과거 세대에서는 체크무늬가 전혀 나타나지 않았지만, 최근에 등장한 새로운 모틀리 세대의 일부는 검은색이 배면에서 5%까지 나타났으며 점차 증가세를 보인다는 사실이다. 일부는 배면에 붉은색과 주황색의 다양한 색조를 보이는 개체도 있고, 옅은 후추색이 들어간 담백한 흰색을 띤 개체도 있다.

모틀리 돌연변이는, 플로리다주 서부 연안 저지대를 따라 흩어진 지역까지 그 기원을 더듬어 올라가는 개체로 이뤄진 많은 번식군에서 자연스럽게 나타났다. 콘 스네이크가 어디서든 눈에 띨 정도로 많이 서식하는 힐즈버러, 피넬라스, 매너티, 사라소타 카운티는 실제로 이런 특성을 보이는 사례를 가장 많이 제공해줬다. 하지만 적어도 한 가지 모틀리 표본은 조지아주의 아델 주변에서 온 것이다.

더 어두운 색조로 테두리를 두른 고립된 작은 원들만이 서로 연결된 반점 사이의 바탕에 남아 있을 때 우리는 이런 모틀리 변이가 허리케인(Hurricane) 콘 스네이크

등 반점 사이에 있는 바탕색이 더 어두운 테두리(모틀리 콘 스네이크의 등줄기를 타고 내려오는)로 둘러싸인 원으로 나타날 때 '허리케인(Hurricane)'이란 이름이 붙여진다.

로 분양된다는 이야기를 전해 들었다. 모가 나거나 비대칭적으로 기하학적인 패턴을 언급할 때 쓰이는 카오스(Chaos)라는 용어는 노멀 콘 스네이크와 이종교배해 얻은 모틀리/스트라이프 교배종에서 유래한 것이다. 큐브(Cubed)는 특히 기원이 같은 등 쪽의 고립된 사각형 반점을 보여주는 콘 스네이크에 붙여진 이름이다.

제프 리셔는 스트라이프 콘 스네이크 조상이 포함된 교배를 통해 태양의 흑점을 연상케 하는 매력적인 선스폿(Sunspot) 콘 스네이크의 패턴을 만들어냈으며, 동일한 시험번식에서 나중에 다루게 될 패턴리스(Patternless) 콘 스네이크를 만들어내기도 했다. 선스폿 콘 스네이크는 반점 수가 매우 적은 모틀리 콘 스네이크와 외양이 비슷하게 생겼지만, 실제 교배과정에서 모틀리는 전혀 이용되지 않았다.

스트라이프 콘 스네이크는 등의 중앙선을 따라 옅은 주황색을 띤 넓은 줄이 있고, 그 옆에는 짙은 붉은색을 띤 좁은 줄이 이어져 있다. 측면에서 이보다 짙은 또 다른 한 쌍의 줄무늬도 종종 모습을 보이지만, 일반적으로 선명하지 않고 짧은 선으로 끊어지고 말 때가 많다. 꼬리에 반점의 흔적이 흔히 남아 있으며 몸의 다른 부분에 있는 줄무늬에서도 드물게 나타나지만, 등 쪽에는 반점이 전혀 없다.

선명한 흑점(sunspot) 패턴은 줄무늬가 포함된 혈통에서 비롯된 것인데, 이는 눈길을 끄는 디자인의 배후 요소로서 모틀리 유전자와 연관이 있을 수도 있고 없을 수도 있다.

등 쪽에 완전하게 줄무늬가 나타나는 사례는 매우 드물지만, 존재하는 것 또한 사실이다. 이런 형질이 나타나면 배면의 검은 체크무늬 역시 사라진다. 이러한 형질을 서로 교배했을 때 노멀 패턴이 있는 자손이 나오지 않는다는 사실로 미뤄볼 때, 스트라이프와 모틀리 패턴을 가진 콘 스네이크를 번식시킨다 해도 항상 부모와 정확하게 똑같은 패턴을 가진 새끼가 나오는 것은 아니라고 할 수 있다.

스트라이프와 모틀리는 서로 관련이 있는 패턴돌연변이로 입증됐다. 이 둘을 교배하면, 긴 반점으로 '간신히 모틀리 축에 낀' 녀석부터 어느 정도 완전하다고 볼 수 있는 스트라이프에 이르기까지 100% 기이한 패턴의 자손이 나온다. 한 가지 변함없는 것은 모두 하나같이 배면에 체크무늬를 갖고 있지 않다는 사실이다. 이는 스트라이프와 모틀리가 모두 대립유전자(對立遺傳子, alleles; 대립형질을 지배하는 한 쌍의 유전자. 염색체 위의 같은 유전자에 위치하며, 서로 우성과 열성 관계에 있는 것이 보통이다)일 수 있으며, 같은 개체에 함께 존재할 때는 서로 공우성임을 보여주는 것이다. 노멀 콘 스네이크 패턴 유전자와 결합할 때 둘 중 하나만 열성이라는 의미다.

사진의 아멜라니스틱 스트라이프 콘 스네이크에서 보이는 것처럼, 줄무늬의 선이 완벽한 평행선을 이루면서 바탕색과 선명한 대조를 이룰 때 가장 보기 좋다.

그러나 콘 스네이크에 존재하는 한 쌍의 패턴 유전자가 모틀리 대립유전자와 스트라이프 대립유전자의 조합인 경우라면, 이들 유전자는 모틀리, 스트라이프, 혹은 이 둘의 혼합체로 발현될 것이다. 설령 가능하다고 해도, 위에서 언급한 둘을 교배해 완전한 스트라이프 패턴을 보이는 새끼를 얻는 일은 드물 것이라고 생각한다. 이어지는 세대에서도 모틀리의 줄무늬는 순수한 스트라이프의 모양과는 거리가 있다. 마이크 놀란(Mike Nolan)의 혈통에서 얻은 스트라이프 콘 스네이크에서 일반적으로 볼 수 있듯이, 폭이 일정하지 않고 변하는 줄무늬가 대개 이를 입증해준다.

마이크 매키천(Mike McEachern)이 가능성을 제안했던 1991년 이후로 우리는 다른 브리더와 함께 이를 시험해보기 위해 수차례 교배를 시도했다. 이처럼 스트라이프와 모틀리 콘 스네이크는 유전적으로 동일한 형질이 다른 형태로 나타난 것으로 보인다. 모틀리(앞으로 이어지는 논의에서는 스트라이프를 여기에 포함하는 것으로 한다)는 앞으로 콘 스네이크의 새로운 디자이너 모프(designer morph; 선택적 번식을 통해 인위적으로 개량되는 모프를 이름)를 만들기 위한 지속적인 시험번식에서 가장 큰 잠재력을 보여줄 수도 있다.

밴디드 모틀리 콘 스네이크에서 확대된 반점이 두드러지게 나타나 있는 것을 볼 수 있다.

밴디드(Banded)

콘 스네이크에서 밴디드 패턴의 변이는 현재 여러 혈통을 따라 개량되고 있다. 일부 경우에는 모틀리 유전자의 도입에 의존하기도 한다. 돈 소더보그(Don Soderberg)는 고정형의 굉장한 밴디드 모틀리 혈통을 만들어냈다. 그가 만든 밴디드 모틀리 혈통은 관련이 없는 전형적인 모틀리와 교배할 때 다양한 패턴의 온갖 모틀리를 만들어낸다. 다른 혈통은 먼 친척인 에모리 계통 또는 순수한 콘 스네이크의 여러 세대에 걸친 선택적 번식에 의존할 수도 있다. 등 쪽에 있는 일반적인 정사각형 또는 직사각형의 반점은 옆으로 뻗어 나가 끝부분이 굽고 안장처럼 생긴 무늬를 형성하는데, 이는 마치 뱀의 등에 길쭉한 타원을 걸쳐놓은 것처럼 보인다.

고리 무늬를 지닌 밀크 스네이크(Milk snake, *Lampropeltis triangulum*)에서 볼 수 있는 것처럼, 복판에서부터 등을 완전히 가로질러 몸통을 따라 이어지는 깔끔한 교차 밴드가 돋보이는 콘 스네이크를 얻는 것이 개량의 목표다. 새들백(Saddleback)은 이런 패턴을 보여주는 콘 스네이크에 붙여진 또 다른 이름이다. 리치 주코브스키가 매력적인 효과를 향상시키기 위해 택한 한 가지 방법은, 밴드 패턴을 자신의 밀크

측면의 반점을 흡수하고 배면에서 등을 가로질러 뻗는 커다란 안장을 두른 '밴디드' 콘 스네이크의 개량이 진행 중이다.

스네이크 페이즈 콘 스네이크(Milk snake phase corn snake)의 색상 형질과 결합하는 것이다. 이는 돈 소더버그가 자신이 보유한 미국 북동부 출신 밀크 스네이크를 마이애미 페이즈 콘 스네이크(Miami phase corn snake)와 교배해서 밴드가 바탕색으로부터 과감하게 도드라지는 고대비 콘 스네이크를 만든 프로젝트를 모방한 것이다.

지그재그/지퍼(Zigzag/Zipper)

1984년에 일반적인 패턴을 보이는 콘 스네이크가 포함된 프로젝트를 진행했는데, 지그재그/지퍼 현상은 여기서 생산된 개체를 통해 우연히 시작됐다. 한 마리는 플로리다주 파인 아일랜드에서 온 우리의 오리지널 차콜 암컷이었다. 우리는 새로운 모프를 연구하기 위해 몇 세대에 걸쳐 근친교배를 시도했고, 서로 어우러진 반점을 가진 개체 수가 점차 늘어나는 것을 발견했다. 그중 몇 마리는 지퍼처럼 지그재그 형태의 반점이 길게 펼쳐진 형태를 보여줬다. 정확히 표현하자면, 등 중간 부분에 있는 일반적인 정사각형 또는 직사각형의 반점이 세로로 길게 나뉜 것처럼 보였다. 일부의 반점은 앞뒤로 미끄러져 나갔어도 여전히 가장자리에 연결돼 있었다.

사진 속 노멀 색상의 콘 스네이크는 깨끗하고 윤곽이 뚜렷한 지그재그 패턴을 보여준다. 이 줄무늬는 등을 따라 어느 지점에선가 연결된 반점들로 이뤄진 하나의 넓은 줄무늬처럼 보인다.

극단적인 사례를 보이는 개체끼리 교배한 결과, 얼마 안 가서 지그재그 패턴을 보이는 자손이 95%까지 생산됐다. 단순 열성형질이 함께 교배될 경우 나타나는 결과가 그렇듯 지그재그가 100% 생산되는 것은 아니지만, 좀 더 극단적인 개체의 경우 그렇지 않은 개체에 비해 일반적으로 한 클러치에서 더 높은 비율의 지그재그를 생산했고, 연결된 패턴을 가진 개체의 비율 또한 상대적으로 높게 나왔다.

노멀 패턴이 있는 해츨링도 여전히 혈통에 나타난다. 특히 지그재그의 후손 중에 해당 형질에 대해 이형접합체였을 것으로 보이는 개체(노멀 패턴을 가진)를 교배할 때면 빈번하게 나타난다. 이는 유전의 방식이 간단치 않고 아직은 명쾌하게 이해할 수 있는 단계가 아님을 의미한다. 아마도 선택적 번식을 통해 나온 형질처럼 작용하는 것 같다. 지그재그 성체 두 마리를 교배해 노멀로 보이는 새끼를 100% 얻을 수도 있겠지만, 이는 대개 비슷해 보이는 두 혈통의 성체를 교배할 때 가능하다.

리치 주코브스키는 등에 불규칙한 반점과 줄무늬, 작은 점이 예측 불가능한 패턴으로 쪼개지는 다소 다른 형태의 뱀을 보유하고 있다. 그는 녀석에게 아즈텍(aztec)이라는 이름을 붙여줬다. 아즈텍은 존 알브레히트(John Albrecht)가 라벤더 콘 스네이크

일부 지그재그 콘 스네이크에서 사진처럼 등 패턴이 굉장히 비대칭적이고 선이 흐트러진 경우는 아즈텍(aztec)으로 불린다. 이 녀석도 색깔로 보면 애너리다.

프로젝트를 연구하는 과정에서 얻은 새로운 분파로, 비대칭의 패턴을 보이는 지그재그의 다른 혈통이다. 이후 우리가 보유한 지그재그의 일부에서도 아즈텍 특유의 예측 불가능한 상태로 갈라지는 경우가 나타났기 때문에 동일한 유전자가 두 형태 모두에 작용할 수도 있다는 생각이 들었다. 앤디 바(Andy Barr)는 매우 뚜렷하고 두꺼운 줄무늬가 등 중심선을 따라 물결처럼 움직이는 듯한 지그재그 콘 스네이크의 또 다른 혈통을 연구하는 중이다. 이런 혈통이 유전 가능한 새로운 패턴 형질을 나타내는지는 아직 알려진 바가 없지만, 실제로 더욱 깔끔하면서도 윤곽이 뚜렷한 유형으로 인기를 얻을 것으로 보인다. 이것은 적어도 어느 정도는 우리가 가진 오리지널 지그재그 변이종에서 관련 없는 번식군을 제외하고 만들어진 것이다.

향후 새로운 패턴변이로 바뀔 수 있는 것은 앞서 애너리스리즘에서 다룬 돈 소더버그의 초콜릿 에모리 랫 스네이크에서 나타난다. 녀석들의 등 반점은 상당수가 대각선으로 쪼개진 것처럼 보이는데, 실제로 측면의 반점과 같은 크기의 작은 점들이 몸통을 따라 평행에 가깝게 번갈아가며 줄지어 있다. 이와 같은 점무늬 효과는 처음에 나타났던 초콜릿 색상변이와 함께 단순 열성 형태로 유전돼왔다. 조금

블러드 레드 콘 스네이크의 배면에는 검은 체크무늬가 없다. 붉은색 홍조의 양은 개체마다 큰 차이를 보일 수 있다.

이라도 관계가 있다면 지그재그 패턴으로 상상하는 것이 어렵지 않을 테지만, 이처럼 새로운 모습은 전혀 다른 것으로 입증될 것이다. 콘 스네이크에서는 색상변이가 패턴변이보다 훨씬 많이 나타나기 때문에 파충류사육문화에서 이처럼 새로운 지평을 여는 일은 모두의 환영을 받게 마련이다!

플레인 벨리(Plain belly)

배면에 검은색을 띤 기하학적 체크무늬가 없는 개체는, 등 쪽의 패턴이상을 보이는 개체보다는 두드러지지 않겠지만 적어도 두 가지의 모프에서는 이와 상관없이 나타나는 것을 볼 수 있다. 배면에 나타나는 일반적인 검은 반점의 양은 자연에서는 개체 사이에 상당한 차이가 있을 수 있지만, 검은 반점이 조금이라도 있느냐 없느냐 하는 단순한 사실은 '모 아니면 도(all-or-nothing)'라는 유전형질의 지배를 받는 것처럼 보인다. 초기세대에서 이는 블러드 레드(Blood-red)의 경우에 단순 열성형질인 것처럼 보였다. 블러드 레드에서는 단색으로 나타난 등 부위의 붉은 정도와 상관없이 배면 반점의 결핍이 명백히 유전된다. 하지만 널리 퍼진 측면의 패턴과도 관계가 있을 수 있다. 이에 대해서는 블러드 레드 편에서 살펴볼 예정이다. 흥미롭게도, 우리는 블러드 레드 다섯 마리와 노멀의 교배를 통해 배면의 체크무늬가 거의 없거나, 배면의 중심부위는 근본적으로 선명하게 남겨둔 채 가장자리를 따라 무늬가 축소된 자손을 몇 마리 얻었다. 모틀리/스트라이프의 경우 패턴이 없는 배면은, 발현정도와 상관없이 등 부위의 이상을 동반할 때 발생한다. 우리는 이형접합인 모틀리 콘 스네이크에서는 플레인 벨리를 본 적이 없다. 게다가 블러드 레드와 모틀리 사이에서 얻은 새끼의 배면에는 노멀 패턴이 나타나는데, 이는 플레인 벨리 형질이 두 돌연변이 사이에서 비대립유전자임을 보여준다.

패턴리스(Patternless)

제프 리셔는 패러독스 색상돌연변이 외에도 아멜, 애너리, 스노우 등 다양한 패턴리스 형태를 보여주는 24마리의 새끼를 얻었다. 패턴리스 표본은 거의 단색에 가까운 성체에서 줄무늬가 만들어내는 극단적인 효과를 보여줄 수도 있지만, 이 역시 아직은 확실하게 단정 지을 수 없다. 스티븐 파울러(Stephen Fowler)와 크레이그 보이드(Craig Boyd)는 그래니트(Granite) 모프라고 이름 붙인 매우 흥미로운 개체를 보유하고 있다. 미세한 반점을 보이는 그래니트 모프는 로지 랫 스네이크(Rosy rat snake; 플로리다키스)에서 유래한 것이다.

로지 랫 스네이크는 등 쪽의 어느 부위에서도 이렇다 할 얼룩이나 안장무늬 반점을 찾아볼 수 없다는 이유로 패턴리스로 분류될 수도 있는 종이다. 같은 혈통에서 스트라이프, 패턴리스, 그래니트 모프가 생산됐으며, 임의의 클러치에서 이들 모프의 한 가지 혹은 모든 사례를 찾아볼 수 있다. 다른 스트라이프나 패턴리스 모프와 이들 모프의 관계는 아직은 입증된 바가 없다.

플로리다키스가 원산지인 로지 랫 스네이크로부터 패턴리스/스트라이프 새 변이종인 그래니트(Granite) 콘 스네이크를 만들어냈다.

04 section

모프의 믹싱과 매칭
(mixing&matching)

앞에서 설명한 단일형질로 존재하는 색상변이와 패턴변이는 일반적으로 단순유전에 따라 번식되며, 이미 진행 중인 선택적 번식에도 투입되고 있다. 가까운 미래에는 틀림없이 더 새로운 변이가 등장해 다채로움을 더할 것이다. 그중 예측되는 몇 가지는 하이포멜라니즘과 맞먹을 정도로 노란색과 붉은색 색소가 줄어든 돌연변이다. 누군가는 이와 정반대의 극단적인 형태(두 색소의 양이 비정상적일 정도로 지나친)를 발견하게 될지도 모르겠다. 후자는 블러드 레드(붉은색), 캐러멜 콘 스네이크(노란색)를 통해 이미 드러났다. 오늘날 브리더가 선택할 수 있는 색상의 폭을 넓히기 위해 이들 모프처럼 유전 가능한 새로운 형질을 찾아내려는 노력이 한창이다.

새로운 변이가 출현하기를 기다리고 그런 형질이 유전될 수 있기를 기대하는 것 말고도, 기존의 형질을 두 가지 이상 조합해 새로운 콘 스네이크 모프를 인위적으로 만들어낼 수도 있다. 현재 우리에게 가장 친숙한 이중열성(double recessive) 돌연변이인 스노우 콘 스네이크는 두 번째 기본 성분인 A형 애너리스리즘이 나타나고 나서 얼마 되지 않아 초기 유행을 주도했다. 오늘날 전 세계적으로 수천 곳이 넘는 번식군에서

스노우 콘 스네이크는 '서릿발 같은 흰색'을 띠는 체색 때문에 붙여진 이름으로, 검은색 색소와 붉은색 색소가 없다.

믹싱과 매칭을 확대하려는 노력이 펼쳐지고 있다. 새로이 생산된 표현형(phenotype; 유전자와 환경의 영향에 의해 형성되는 형질)에 이름이 늦게 적용되기 때문에, 빠르게 변하는 최신의 동향과 동떨어지게 되고 유전적 특성을 완전하게 설명하기도 불가능하다. 새로운 모프가 기존의 모프와 다른 부분이 있는지, 조금이라도 재현 가능한지를 알아보기 위해 그와 비슷한 기존의 모프에 대한 시험번식도 거치지 않은 채 이름이 붙여지는 것도 있다. 이렇게 만들어진 새로운 변이종은 시간이 지남에 따라 인기의 척도인 햇밴드 테스트(hatband test)를 견디지 못하면 대부분 추려질 테지만, 그 중 몇몇은 간신히 테스트를 통과할 것이다. 충성스러운 추종자들이 이를 받아들이고 더욱 강화한다거나 변이종에 변화를 주고 향상하기 위해 노력하면서 결국은 인정을 받게 될 것이다. 오래갈 것으로 보이거나 시선을 사로잡는 일부 변이종은 사진을 넣어 뒤에서 설명할 예정이다.

스노우(Snow)

스노우 콘 스네이크는 최초의 흰색 뱀이자 사육환경에서 의도적으로 만들어진 역사상 최초의 이중열성(double recessive) 뱀이었다. 스노우는 아멜라니즘과 애너리스리즘에 대한 열성유전자를 하나의 개체 속에 결합하는 논리적 실험을 통해 얻은 결과물이었다. 이러한 형질이 동시에 나타나면 검은색과 붉은색 모두 발현하지 않게 된다.

앞서 언급한 두 형질은 홍색소포와 약간의 노란색을 남겨 콘 스네이크에게 색을 입힐 수도 있는데, 근본적으로 흰색을 띠는 모프지만 패턴을 쉽게 묘사할 수 있을 만큼의 옅은 색소가 여전히 남아 있다. 이는 1970년대

1. 스노우 콘 스네이크는 최초로 널리 번식된 이중열성 형질이었다. 노멀 콘 스네이크와 극단적으로 다른 색상은 처음 등장했던 25년 전 대중의 관심을 끌었다.   2. 스노우 콘 스네이크 일부에서는 반점이 좀 더 초록빛을 띠고 나타나기도 하며, 파충류시장에서 이따금 '그린 블로치드 스노우(Green-blotched snow)'라는 이름으로 유통된다.

반점과 반점 사이에 분홍빛이 도는 색조가 널리 퍼지면서 이와 같은 표본에는 '스트로베리 콘 스네이크(Strawberry corn snake)'라는 유통명이 붙게 됐다. '버블검 스노우(Bubblegum snow)'로 부르는 사람들도 일부 있지만, 역사적으로 볼 때 그 이름은 초록빛을 띤 반점이 있는 개체를 위한 것이다.

중반 동일한 결과물을 얻기 위해 서로 독자적인 노력을 펼치면서도 어떤 결과가 나올지 확신이 서지 않던 글렌 슬렘머(Glen Slemmer)와 베른 벡텔(Bern Bechtel)에게는 다소 놀라운 일이었다. 슬렘머는 벡텔보다 일 년 앞서 결과물을 얻었다.

브리더들은 이미 초록색 반점이 있는 스노우처럼 가장 극단적인 형태의 콘 스네이크 분양에 들어갔다. 그런 개체는 등 반점이 누르스름한 초록색을 띠고 있는데, 이는 대부분의 뱀 표피에 있지만 잘 알려지지 않은 반사세포층이 빛과 상호작용한 결과로 보인다. 버블검 스노우(Bubblegum snow) 역시 흰색 배경에 분홍 색조가 돋보이도록 개선되고 있다. 버블검 스노우는 케빈 스티븐스(Kevin Stevens)가 영국에서 번식하고 분양하는 스트로베리 스노우(Strawberry snow)와 유사할 수도 있다.

하이포멜라니스틱 스노우 콘 스네이크는 서로 다른 세 가지 열성형질에 대해 동형접합체이며, 돈 소더버그가 코럴 스노우(Coral snow)로 분양하고 있다. 유감스럽지만, 스노우 콘 스네이크 해츨링은 거의 똑같을 정도로 비슷해 보인다. 그렇게 '점진적으로 드러나는 색조'를 얻기 위해 선택적 번식을 진행한 스노우가 의도한 대로 발현되는지 확인하려면 부화를 마치고 6개월 넘게 지켜봐야 할 수도 있다.

1. 오팔(Opal, 전에는 '펄 콘 스네이크'로 불림)은 간혹 완전한 순백색을 띠기도 하지만, 흰색과 함께 선명한 분홍색이나 노란색을 띠기도 한다. 오팔은 라벤더와 아멜라니스틱을 교배해 생산된 모프이다. 2. 마치 눈보라가 몰아치는 언덕에 서 있는 것처럼, 블리자드 콘 스네이크에서 볼 수 있는 색은 흰색뿐이다. 실제로는 나이가 들면서 노란색의 미세한 흔적이 패턴에 조금씩 스며들기 시작한다.

몇 년 전까지만 해도 모든 스노우 콘 스네이크는 흔히 볼 수 있는 A형 애너리스리즘에서 유래한 것이었다. 이에 우리는 리치 주코브스키, 존 코울(John Cole), 아트 메이어(Art Meyer)와 함께 그것이 어떻게 다른지를 알아보기 위해 불가피하게 차콜(B형 애너리스리스틱)을 이 계통에 포함해 번식시켰다.

차콜 콘 스네이크에게 나타나는 노란색의 결핍은 스노우 콘 스네이크의 반점을 거의 제거하는 다소 극적인 효과를 가져왔고, 그 결과 순백색으로 나타났던 것이다. 우리는 이런 형태에 블리자드(Blizzard)라는 이름을 붙였다. 블리자드(눈보라)라는 이름에서 알 수 있듯이, 눈에 보이는 색은 온통 흰색이다. 안타깝게도, 모든 개체가 우리가 바라던 만큼 순백색으로 성장하지는 않았다.

그중 몇몇 개체에는 반점이 있었을 자리에 노란색 고리의 흔적이 여전히 남아 있는 반면에, 다른 녀석들은 밝은 빛에서나 겨우 보일 정도로 희미한 그림자 패턴을 가지고 있었다. 마치 작은 강아지가 새하얀 눈밭을 돌아다니면서 지저분하게 더럽혀놓은 것처럼 보였다! 콘 스네이크에서는 노란색 색소가 더디게 형성되기 때문에 갓 태어난 해츨링에서는 이와 같은 노란색을 보이는 경향이 뚜렷하게 드러나지 않는다.

우리가 처음에 입수한 파인 아일랜드 출신 암컷조차도 A형 애너리스리즘에 대해 명백하게 이형접합체였다는 사실을 잊지 말자. 이와 같은 현상은 일부 블리자드 콘 스네이크에 노란색이 남아 있었다거나, 또는 의도치 않게 이뤄졌을 수도 있는 교배의 결과가 원인으로 작용해 나타날 수도 있는 것이다.

존 알브레히트가 연구한 화이트 콘 스네이크의 또 다른 변이종에는 핑크 스노우(Pink snow)와 화이트 스노우(White snow)라는 이름이 붙여졌다. 두 가지 변이종 모두 리치 주코브스키의 라벤더(Lavender; Mocha) 콘 스네이크 혈통에서 파생된 것이다. 핑크 혈통은 아멜라니즘과 라벤더를 교배해 장밋빛을 띤 분홍색이 도드라지는 것으로 보인다. 또 다른 화이트 혈통은 라벤더, 아멜라니즘, A형 애너리스리즘을 결합한 트리플 동형접합체일 수도 있는 순백에 가까운 콘 스네이크로, 지금은 더 이상 거의 사용되지 않는 이름인 펄(Pearl) 콘 스네이크로 불렸던 적이 있다.

모든 색상과 패턴을 지우는 루시즘(leucism; 백변종)이라는 또 다른 열성형질과 혼동해서는 안 된다. 오늘날 이 보기 드문 형질의 가장 잘 알려진 형태는 텍사스 랫 스네이크(Texas rat snake, *Pantherophis obsoletus lindheimeri*)의 밝은 화이트 변이종인 루시스틱 텍사스 랫 스네이크(Leucistic Texas rat snake)다. 우리가 알고 있기로는, 콘 스네이크에서는 진정한 멜라니즘과 마찬가지로 루시즘 역시 아직 나타나지 않았다.

그럼에도 불구하고, 일부의 블리자드와 아멜라니스틱 라벤더 콘 스네이크에서는 극단적인 화이트가 나타나기도 한다. 오팔(Opal)은 이런 경우 아멜라니스틱 라벤더에 가장 널리 쓰이는 명칭이다. 이 책에서는 다양한 콘 스네이크 모프를 소개하고 있지만, 다양한 종류의 애너리스리즘과 일부의 다중열성 모프에서 이들이 맡은 역할과 관련해서는 언제나 불확실성이 따른다. 다음에 소개하는 애너리스리즘을 포함한 그 밖의 콘 스네이크 모프에 대한 논의를 먼저 살펴보고 나서 그런 불확실성을 다루는 것이 가장 좋은 방법이다.

버터(Butter)

캐러멜을 아멜라니즘과 결합하면, 성체가 됐을 때 황금색에 가까운 노란색이 몸 전체를 뒤덮는 하이퍼잰식(hyperxanthic) 스노우로 보이는 콘 스네이크가 나타난다. 해츨링은 연갈색을 띤 반점이 있는 새끼 스노우와 마찬가지로, 약간 하얀색에서 출발한다. 예상대로 노란색 색소의 강도와 분포는 콘 스네이크가 적어도 생후 몇 개월에서 일 년에 이를 때까지는 그다지 뚜렷하게 나타나지 않는다. 성체가 된 버터 콘 스네이크는 가장 강렬한 노란색을 보이는 크림시클 콘 스네이크와 비슷하지

버터 콘 스네이크는 일부 콘 스네이크 변이종의 붉은색과 검은색 아래에 다량의 노란색이 잠재해 있다는 것을 증명하는 살아 있는 증거나 다름없다. 이들 콘 스네이크는 실제로 노란색 색소의 양이나 분배를 개선하는 유전자를 갖고 있을 수도 있다. 그레이트 플레인스 랫 스네이크 혈통이 노란색 색소의 형성에 관여한 적은 없다.

만, 크림시클이 흔히 그렇듯 복숭앗빛을 띤 주황색으로 기울어지는 경향은 보이지 않는다. 크림시클과 달리 버터 콘 스네이크는 서부 종인 그레이트 플레인스 랫 스네이크(Great Plains rat snake, *E. guttata emoryi*)가 관련된 교잡종이 아니다. 리치 주코브스키는 자신이 만든 변이종에 버터 콘 스네이크라는 유통명을 붙였다.

앰버(Amber)

강한 노란색 형질을 가진 캐러멜 개체를 하이포멜라니즘을 보이는 개체와 교배하면 황금빛을 띤 앰버(amber; 호박색)부터 보기 좋게 밝은 녹갈색 앰버까지 다양한 앰버 콘 스네이크가 생산된다. 검은색이 나타내는 마스킹 효과를 약하게 줄여주면 노란색이 훨씬 도드라지게 보일 수 있다. 앰버 콘 스네이크는 아직 다른 콘 스네이크 모프의 믹싱과 매칭에 이용되지 않은 두 가지 흥미로운 유전자(캐러멜과 하이포멜라니즘)를 획득할 수 있는 이상적인 모프로 보인다. 원래의 하이포 유전자 대신에 울트라 하이포 유전자를 이용해 생산된 최근의 앰버는, 눈이 더 어두워진 것만 제외

1. 앰버 콘 스네이크는 캐러멜과 하이포멜라니즘 두 가지 열성형질을 조합한 결과물이다. **2.** '울트라 앰버(Ultra amber)'는 캐러멜을 기존의 하이포 혈통 대신 새로운 형태의 '울트라 하이포'와 교배해서 나왔다. 초기 결과는 전망이 좋아 보인다.

하면 버터 콘 스네이크에 훨씬 가까운 모습을 보인다. 녀석들은 이미 인기를 얻고 있는 기존의 앰버 혈통에 매우 매력적이고도 특이한 변화를 가미한 것이다.

블러드 레드(Blood-red)

블러드 레드 콘 스네이크(블러드 콘 스네이크로도 불림)는 야생 콘 스네이크와 사육환경에서 만든 디자이너 모프의 중간쯤에 해당하는 흥미로운 모프다. 이 모프는 1970~1980년대에 에드 리치(Ed Leach)가 처음으로 만들어냈다. 그는 플로리다주 북동부의 팔랏카시(Palatka) 북쪽 지역에서 발견한 뱀을 이용해 교배를 시작했다. 그곳에서 발견된 상당수의 콘 스네이크는 성체일 때 붉은 기가 도는 주황색 바탕에 붉은 반점을 보이며 단색을 띠는 경향이 있는데, 그런 점이 에드를 사로잡아 실험까지 이르게 된 것이다. 어떤 개체는 반점 주위에 감소된 검은색 테두리 덕분에 특히 멋지고 화려한 붉은 천연색을 연출한다. 많은 경우 측면에 있는 반점은 거의 눈에 띄지 않는다. 바탕색이 반점의 색과 일치하는 경향은 하이퍼 에리스리즘(hyper-erythrism; 과적색증. 붉은색 색소의 양이 비정상적으로 많이 나타나는 현상)의 한 형태일 수도 있으며, 단순 열성형질과는 달리 개체에 따라 일정치 않게 유전된다.

에드가 생산한 초기의 블러드 레드를 근친교배했을 때는 자손에게서 배면의 검은색 체크무늬를 전혀 찾아볼 수 없었다. 교배종은 강렬하고 붉은 천연색이 등에 나타나 있었고, 검은 반점 테두리가 상당히 줄어든 데다 이와 관련된 측면의 반점도 줄어들었다. 배면 패턴의 결핍은 번식 초기에는 단순 열성형질로 보였지만, 최근에 이종교배한 콘 스네이크에서 우리는 이에 대한 확실한 증거를 목격하기 시작했다. 반면에 등 색상과 패턴의 속성 및 검은 테두리의 감소는, '모 아니면 도'의 형질이라기보다는 번식그룹 내에서 일어날 수 있는 모든 상황의 단계마다 나타났다.

두 형질이 항상 완벽하게 연결되는 것은 아니다. 이종교배가 이뤄진 개체들 중에는 등 쪽에 선명한 블러드 레드 혈통의 특징을 보여주면서도 배면 패턴의 결핍은 물려받지 않은 개체도 일부 존재했기 때문이다. 그러나 파충류시장에서 전통적인 블러드 레드 콘 스네이크로 인정되려면 두 형질이 모두 존재해야 한다는 인식이 일반적으로 받아들여지고 있다. 이처럼 형질이 복잡하게 합쳐진 유전에는 꼭 단순 열성형질로 유전될 필요는 없는 두 개 이상의 유전자 혹은 일부 유전자의 다중대립유전자가 관여돼 있을 가능성도 있다.

최근의 논쟁은 블러드 레드를 단독으로 색상 돌연변이로 부르는 것과 패턴돌연변이 양상(줄어든 검은색 테두리)을 별개로 인정해야 하는지에 역점을 두고 있다. 블러드 레드 돌연변이가 그토록 매력적으로 보이는 데는 강렬한 붉은색도 한몫하지만, 패턴을 이루는 검은색 색소의 확산도 그에 못지않게 중요하다.

두 가지 요인 모두 높은 수준을 보여줘야 훌륭한 것으로 평가하겠지만, 디퓨즈 패턴은 붉은색의 강도와는 별도로 유전될 수 있는 것으로 보인다. 패턴의 감소, 그중에서도 특히 측면 패턴의 감소는 원래 블러드 레드 디퓨전에서 인정된 바와 같이 여겼으면 한다.

1. 갓 부화한 블러드 레드 콘 스네이크의 머리는 회색이고, 반점의 검은 테두리는 거의 없다시피 희미해서 앞으로 있을 변화를 암시하는 미묘한 징후를 보인다.   2. 5세 이상의 블러드 레드 성체는 배면에 검은 반점이나 체크무늬가 없는 것을 포함해, 패턴의 흔적이 거의 없거나 전혀 없이 짙은 붉은색을 띠며 이상적인 모습이 나타난다.

사진에서 전형적인 블러드 레드 옆에 나란히 있는 하이포멜라니스틱 블러드 레드와 같이, 노멀 블러드 레드 콘 스네이크에서 '숨겨진' 검은색 색소의 양은 상당 부분 제거될 때 최고의 평가를 받는다.

현재 많은 브리더가 블러드 레드 디퓨전을 버터 모프와 조합하는 작업을 진행하고 있는 중이며, 붉은색은 제거하되 빛바랜 패턴은 남겨두는 방식으로 단색의 황금빛 노란색 콘 스네이크가 나오기를 희망하고 있다. 취미애호가들의 열정과 창의성을 고려해볼 때, 라벤더를 비롯한 그 밖의 모프가 뒤따라 나올 것으로 기대된다.

블러드 레드 콘 스네이크는 세상에 나온 이후로 아멜라니스틱, 애너리스리스틱, 하이포멜라니스틱, 그 밖의 몇몇 관계없는 혈통과 이종교배된 것은 물론, 순수 혈통을 유지하기 위해 동계교배되기도 했다. 캐러멜 콘 스네이크 혈통이 노란색을 통해 많은 기회를 제공하는 것처럼, 블러드 레드는 아직 제대로 탐구되지 않은 다른 변이종의 붉은색을 강화하는 데 유용하다는 것을 입증해야 한다. 간혹 이러한 혼합을 통해 생산된 결과물은 더 이상 순수 블러드 레드 혈통으로는 볼 수 없지만, 보기 드문 아름다움을 뽐내는 일부 자손에서 강화된 붉은색을 생성해주고 있다.

이종교배는 일반적으로 붉은색의 순도를 낮춘다. 따라서 발육이 끝나고 어떤 모습을 보일지 알아보려면 많은 수의 자손을 길러야 한다. 원래의 붉은색을 더욱 강화하기 위해 최상의 교배 품종을 선별할 수 있으려면 이처럼 더 많은 노력이 필요하다.

크림슨 콘 스네이크는 강화된 마이애미 페이즈 콘 스네이크로, 이 역시 하이포멜라니스틱이다. 옅은 바탕색과 대조적으로 선명한 붉은색 반점을 강조하기 위해 하이포 유전자를 추가함으로써 지저분한 색을 깨끗이 제거한다.

크림슨(Crimson)

크림슨은 리치 주코브스키가 마이애미 페이즈 콘 스네이크를 새롭게 개선한 품종이다. 붉은 기가 도는 주황색 반점과 은빛의 바탕색을 더욱 밝고 깨끗하게 만들기 위한 목적으로 번식을 시도했는데, 반점을 보여줄 수 있을 만큼은 충분히 남겨두되 몸 전체의 지저분한 멜라닌 색조를 줄이기 위해 하이포멜라니즘과 교배했다. 대부분의 크림슨은 마이애미 페이즈만큼 은빛 바탕색이 두드러지지 않으면서도 전형적인 하이포멜라니스틱과도 다르게 보인다. 돈 소더버그가 만들어낸 하이포 마이애미(Hypo Miami)는 지금까지 봐왔던 어떤 크림슨 콘 스네이크보다 은회색 바탕색을 강조한 것을 확인할 수 있다.

고스트(Ghost)

하이포멜라니즘과 A형 애너리스리즘을 조합하면 옅은 색깔의 고스트 개체를 얻게 되는데, 고스트라는 이름은 유령처럼 희미하게 빛바랜 이미지를 나타낸다. 상당수의 고스트가 라벤더, 분홍색, 노란색의 정교한 색조를 보여주며, 패턴으로 나타난 회색 테두리와 대비를 이뤄 더욱 강화되고 깊어진다. 고스트, 특히 분홍색과 베이지 색조가 돋보이는 모틀리 고스트를 설명하기 위해 간혹 파스텔이라는 용어가 쓰이기도 한다. 일부 개체에 발달하는 더욱 미묘한 색조는 생후 몇 개월이 지나야만 나타난다.

우리는 처음에 A형 애너리스리즘만을 이용해 오리지널 고스트 콘 스네이크를 만들었지만, 하이포멜라니즘에 차콜을 도입해 색깔은 비슷하지만 특이해 보이는 개체를 만들어낸 브리더도 있다는 걸 알게 됐다. 이처럼 차콜을 기반으로 한 변이종을 구별하기 위해 차콜 고스트(Charcoal ghost)와 팬텀(Phantom)이라는 이름이 사용되고 있다.

이미 우리를 포함한 많은 사람들이 겉모습만으로 이 변이종을 구별하는 데 어려움을

1. 고스트 전체에서도 유난히 옅은 사진의 개체에서 볼 수 있듯이, 고스트 콘 스네이크는 다른 콘 스네이크 변이종만큼이나 다양하게 나타난다.   **2.** 사진의 두 마리의 다른 고스트 콘 스네이크 변이종은 성체가 됐을 때의 체색이 얼마나 예측불가인지를 보여준다.

겪고 있기 때문에 이들의 유전적 혈통을 추적하기란 점점 더 어려워질 것으로 보인다. 새로운 유형의 다양한 하이포멜라니즘을 이용해 고스트를 만들다 보면 선택의 폭도 그만큼 넓어지겠지만, 특정 개체와 교배를 시도했을 때 더 많은 고스트를 만들어낼 수 있는 '고스트'를 선택하는 일 또한 더 어려워질 것이다.

퓨터(Pewter)

차콜과 디퓨즈 패턴을 보이는 블러드 레드를 교배하면 퓨터가 나온다. 퓨터는 성체가 되면 등 쪽 반점이 거의 바탕색 수준으로 희미해져가는 중간 정도의 회색을 띠는 뱀이다. 등의 반점은 나이가 들면서 뚜렷한 윤곽을 잃어가다가 마침내 성체

블러드 레드가 나이가 들수록 점점 더 붉은색을 띠는 것처럼, 퓨터는 나이가 들면서 등 쪽 반점이 거의 바탕색 수준으로 서서히 희미해지면서 단색의 회색을 띠게 된다. 사진은 퓨터 성체 수컷

가 되면 바탕색에 감춰지다시피 한 모호하게 흐릿한 패턴을 보여준다. 일부 개체는 미세한 검은 '먼지(dusting)' 같은 모습을 보이는데, 이 같은 이중열성형질 덕분에 페퍼(Pepper) 콘 스네이크라는 별명까지 얻었다. 이들 변이종도 블러드 레드 혈통이라 일부 성체는 다른 개체에 비해 더욱 선명한 반점 패턴이 남아 있다.

프로스티드(Frosted)

지금까지 프로스티드 형질의 언급을 미뤄둔 것은 적절한 분류방법에 대한 확신이 서지 않아서다. 다양한 색상을 보이는 몇 가지 표본에서 살펴본 결과는, 특히 등 반점 내부에 있는 비늘을 희게 만드는 희미한 반점이었다. 결과적으로 서리가 내려앉은 듯한 모습은 독특한 대비효과를 더해준다. 한 변이종은 플로리다주 탬파에 기원을 두고 있는데, 20여 년 전에 마이크 팔콘(Mike Falcon), 앤디 바(Andy Barr), 존 코울(John Cole)의 콘 스네이크와 교배가 이뤄졌다. 여기에는 그 지역에서 잡힌 특이한 뱀이 포함돼 있었는데, 이 뱀은 처음에 콘 스네이크와 옐로우 랫 스네이크(Yellow rat snake, *Spilotes pullatus*) 사이의 교잡종(*E. obsoleta quadrivittata*)으로 의심을

프로스티드 콘 스네이크의 모습을 어떤 식으로 분류해야 할지 아직은 확실히 정해진 것이 없다. 다만 각 비늘의 색소를 중앙 용골, 특히 각각의 반점 안에 집중시켜 전체적으로 특유의 희끄무레한 반점 효과를 더해준다는 점만 밝혀둔다.

받았고, 시험번식을 통해 얻은 첫 번째 세대에서 하이포멜라니즘을 보이는 스노우 콘 스네이크와 교배됐다. 지금 생각해보면, 녀석은 잡종이 아니라 당시만 해도 인정받지 못한 초기 하이포멜라니스틱 콘 스네이크였던 것 같다. 프로스티드는 겉모습만 볼 때 색 감소 현상을 보이는 다른 열성 모프와 상호작용한 결과일 수도 있지만, 이런 형질이 어떤 식으로 섞이고 유전되는지는 아직 명확히 밝혀진 것이 없다.

패턴 형질의 결합(변이와 교잡, intergradation/hybridization)

콘 스네이크는 간혹 두 가지 이상의 색상과 결합된 패턴 형질을 보여준다. 이러한 개체들 중 가장 특이하면서도 화려한 모습을 보여주는 개체들을 일부 소개하겠다. 콘 스네이크의 아종(*E. guttata guttata*)은 미시시피강 서쪽의 서부 종(*emoryi, meahllmorum, slowinskii*)과 함께 다른 종류로 서서히 변화하고 있다. 이러한 단계적 종의 변화(Intergrade)는 같은 종의 서로 다른 아종이 지리적으로 만나는 곳에서 자연스럽게 발생하며, 그런 녀석들은 함께 번식해 겉으로 드러나는 부모의 모든 것을 닮은 자손을 생산한다. 이런 변이를 막을 만한 심각한 생물학적 장벽은 존재하지 않는다.

크림시클 모틀리 콘 스네이크

뉴저지주, 플로리다주, 유타주, 멕시코에서 포획된 콘 스네이크(E. guttata) 종 개체를 사육환경에서 교배하면, 녀석들이 일반적인 상황에서 야생과 전혀 접촉한 적이 없다 하더라도 여전히 서서히 변화하는 모습을 보인다. 강제변이(forced intergradation)로 알려진 이런 현상은 실험적 교배를 통해 온갖 콘 스네이크 종을 망라해 광범위하게 만들어내는 오늘날 브리더가 지닌 능력의 산물이라는 생각이 든다.

하이브리드(hybrid; 잡종)는 서로 다른 종의 교배를 통해 나온 결과물이다. 종에 대한 엄격한 정의(이종교배를 하더라도 비슷한 다른 모든 집단과 생식적으로 구분되는 유기체 집단이라는)를 고집하고 그것이 절대적으로 옳다고 생각한다면, 기술적으로는 하이브리드의 생산이란 불가능한 일이다. 콘 스네이크와 옐로우 랫 스네이크의 교잡은 야생과 사육환경에서 모두 이뤄진다. 블랙 랫 스네이크(Black rat snake, E. obsoleta bairdi 혹은 E. bairdi)도 사육환경에서 콘 스네이크와 함께 생존 가능한 자손을 만들어냈다.

콘 스네이크는 또한 콜루브리드의 다른 종은 물론 속과의 교배에 서서히 발을 들여놓고 있다. 여기에는 일반적인 종 내 교배가 이뤄지기 직전에 번식욕구가 최고조에 이르렀을 때 짝짓기 상대를 바꾸는 방법도 포함된다.

모틀리(Motley) 콘 스네이크 새끼 세 마리. 각각 애너리(Anery), 크림시클(Creamsicle), 아멜라니스틱(Amelanistic)이다. 모틀리는 배면이 선명하고 반전된 반점 패턴이 있다. 스트라이프 또는 대시(dash)로 나타날 수도 있다.

강렬한 노란색 반점을 보이는 하이포 오키티(Hypo Okeetee) 콘 스네이크

2003년에 부화한 몇몇 블러드 레드(Bloodred). 해츨링은 머리가 유난히 옅은 색을 보였다(노멀과 하이포 사례 둘 다). 우리는 이런 녀석들을 선택적 번식에 이용해 앞으로 나올 세대에서 이 같은 형질이 강화되면 어떤 극단적 결과가 나타날지 살펴볼 계획이다.

하이 화이트 아멜라니스틱 콘 스네이크(Hi-white amelanistic corn)

밴디드 캔디케인 콘 스네이크(Banded candycane corn)

스트라이프 고스트 콘 스네이크(Striped ghost corn)

색종이 조각을 뿌린 듯한 콘페티 콘 스네이크(Confetti corn). 콘페티 콘 스네이크의 유전에 대해서는 아직 밝혀지지 않았다.

하이포 라벤더 콘 스네이크(Hypo lavender corn)

검은색 색소의 흔적이 나타나는 아멜라니스틱 콘 스네이크(Amelanistic corn). 매우 특이한 사례로 보인다.

얼룩덜룩한 붉은 점들이 보이는 '프렉클드 고스트(Freckled ghost)' 콘 스네이크. 이 경우도 매우 특이한 사례다.

패턴리스 에너리 콘 스네이크(Patternless anery corn)

에너리 허리케인 모틀리 콘 스네이크(Anery hurricane motley corn)

스트라이프 선글로우 콘 스네이크(Striped sunglow corn)

모틀리 선글로우 콘 스네이크(Motley sunglow corn)

알비노 초콜릿 그레이트 플레인스 랫 스네이크(Albino chocolate Great Plains rat snake)

모틀리/스트라이프 마이애미 헤이즈 콘 스네이크(Motley/Striped Miami phase corn)

스트라이프 블러드 레드 콘 스네이크(Striped bloodred corn) 새끼

'정글 콘 스네이크(Jungle corn)'는 콘 스네이크와 캘리포니아 킹 스네이크(California kingsnake)의 하이브리드 종에 붙여진 이름이다. 이런 식의 종간 교배는 1980년대 말에 처음 이뤄진 것으로 보인다.

〈참고할 만한 웹사이트〉

양서파충류수의사협회(Association of Reptile & Amphibian Veterinarians, ARAV)
1300명 이상의 전문가와 애호가로 구성된 국제적인 비영리단체로 파충류의 수의과 치료, 사육, 교육을 통한 교배, 의견교환 증진에 힘쓰고 있다. 협회는 각종 정보가 담긴 회보를 펴내고 연례회의를 개최하고 있으며, 미국과 세계 각지에서 사육주들이 인근의 파충류 전문 수의사를 찾는 데 도움을 주기 위해 웹사이트에 명단을 올려두고 있다. 누구나 ARAV의 회원이 될 수 있다. www.arav.org

반려동물산업공동자문위원회(Pet Industry Joint Advisory Council, PIJAC)
PIJAC는 세계 최대의 반려동물무역협회로 반려동물과 이를 보유한 일반인, 반려동물산업의 이해관계가 달린 법률과 법령의 제정을 지지하거나 반대하는 활동을 하고 있다. 이 위원회의 목표는 파충류를 포함한 반려동물의 유용성을 보장함으로써 전반적인 반려동물산업을 유지하는 것이다. 위원회는 반려동물 전문 숍, 반려동물의 공급과 규제, 반려동물 소유권에 대한 장애요인을 포함한 정부 차원의 문제, 교육, 정보제공에도 역점을 둔다. PIJAC는 파충류 사육을 막으려는 사람들에 맞서 싸운다. www.pijac.org

서프위제츠 유전학 정보와 사용지침서(Serpwidgets' Genetics Info & Tutorial)
찰스 프리첼(Charles Pritzel)의 폭넓은 웹사이트는 콘 스네이크의 유전을 깊이 있게 이해하는 데 도움이 된다. 이 사이트는 명확한 설명과 더불어 친숙한 콘 스네이크의 색상 및 패턴 형질을 설명하는 퓨넷 스퀘어(Punnett square) 예시를 단계별로 이용한다. serpwidgets.com/Genetics/genetics.html

The additional photographs in this book are by (courtesies given in parentheses) Bill Love, pp. 14 (Jessica Upton), 22 (Flavio Valdez), 17 (Codty and Bill Pierce), 16, 18, 44, 59 (Glades Herp, Inc.), 70, 77, 97, 80, 102, 107, 104 (T-Rex Products, Inc.), 117, 118, 166, 167 (Simon Fung), 169, 183, 186, 189, 190, 191, 194, 193, 200, 205, 215, 216, 218, 219 (Glades Herp, Inc.), 220 top, 229 bottom, 229 bottom, 235, 236 top (Jim Priest), 236 bottom (Frank Pinello), 239 (Stephen Fowler), 240 (Gourmet Rodent), 241, 243 top (S. Fowler), 250, 252 top (Gourmet Rodent), 252 bottom (Jeff Risher), 253 (F. Pinello), 255 (Mark and Kim Bell), 257, 258 (J. Risher), 261 (Jim Stelpflug), 262 (Andy Barr), 263, 265 (S. Fowler), 268 top, 267 (Vincent Russo), 268 bottom, 269 (Gourmet Rodent), 270 top (S. Fowler), 272, 273 right (Mike Shiver), 274 top, 275, 277 top (Gourmet Rodent), 278, 279 (Steve Roylance), 281 middle (Larry Keller), 281 bottom, 282 top, 282 bottom (S. Roylance), 283 top (Paul Belmore and Tammy Titus), 283 middle (J. Stelpflug), 283 bottom (J. Priest), 284 top (J. Stelpflug), 284 middle (J. Risher), 286 middle (Rich Hume); Don Soderberg, pp. 19 top, 219 bottom, 220 bottom, 230 top, 230 bottom, 231, 233 top, 233 bottom, 237, 243 bottom, 247, 256 bottom, 259, 260, 270 bottom, 273 left, 274 bottom, 276, 277 bottom, 279, 282 middle, 284 bottom, 285, 286 top and bottom; Kasi Russell and KJ Lodrique, Jr., p. 19 middle; Joan Alderson, p. 19 bottom; Charles Pritzel, p. 244; Tim Rainwater, p. 251; Daniel Bohle, p. 264